Diez mujeres *de* la Biblia

Una a una cambiaron el mundo

Guía de estudio individual y en grupo

Por Jenna Lucado Bishop

Con base en los escritos de

Max Lucado

Thomas Nelson
Since 1798

Publicado en Nashville, Tennessee, Estados Unidos de América.
Grupo Nelson es una marca registrada de Thomas Nelson, Inc.
www.gruponelson.com

Título en inglés: *Ten Women of the Bible*

Publicado por Thomas Nelson Books, un sello de Thomas Nelson.
Nelson Books y Thomas Nelson son marcas registradas de HarperCollins Christian Publishing.

Editora en Jefe: *Graciela Lelli*
Traducción: *Eugenio Orellana*
Edición y adaptación del diseño al español: *Grupo Scribere*

ISBN: 978-1-41859-936-2

Impreso en Tailandia
24 25 DSC 9 8 7 6 5

CONTENIDO

INTRODUCCIÓN

EL REPARTO

Las diez mujeres de la Biblia en las que nos enfocaremos en este estudio provienen de una variedad de orígenes. De algunas, la Escritura nos da ciertas pistas sobre su nacionalidad; de otras, solo las conocemos por el lugar donde se cree que vivieron; algunas fueron reinas y mujeres de poder e influencia en su mundo; otras, estaban relegadas a las márgenes de la sociedad.

Algunas de sus historias son inspiradoras. En una sociedad donde el aporte de las mujeres a menudo se pasaba por alto, por una razón u otra, los que escribieron la Escritura destacaron sus acciones. Hubo algunas que, marcadas por el escándalo y la intriga, nos proporcionan una historia de advertencia. Sí, todas sus historias son diferentes. Y todas nos ofrecen lecciones para el día de hoy.

Sara, la mujer a quien Dios prometió que daría a luz a una nación, trató de apresurar los planes de Dios.

Rajab, una prostituta en la ciudad cananea de Jericó, que se salvaría a sí misma y a su familia al poner su fe en el único Dios verdadero, el de los israelitas.

Abigaíl, una mujer cuya sabiduría y palabras oportunamente dichas calmaron la ira del rey David y evitaron la muerte de muchos.

Ester, una joven reina a quien Dios colocó en la corte persa para «un momento como este» para evitar el genocidio del pueblo judío.

María, la joven virgen comprometida con José, a quien Dios elegiría para que diera a luz a Jesús, el Mesías prometido que traería la salvación al mundo.

La samaritana, que un día se encontraría con este Mesías en un pozo y que, a raíz de la conversación que sostuvieron, cambió su vida para siempre.

La mujer cananea, que hizo sonreír a Dios con su ingenio y su fe, y que recibió de Jesús la respuesta que esperaba.

María de Betania, una amiga de Jesús que presenció la resurrección de su hermano Lázaro y luego ungió a Jesús en anticipación de su muerte y su resurrección.

María Magdalena, que viajó con Jesús como uno de sus seguidores y a la que se le dio un asiento de primera fila para presenciar su victoria sobre la muerte.

Safira, una mujer de la iglesia primitiva que, junto con su esposo, tomó la desafortunada (y mortal) decisión de mentirle al Espíritu Santo.

Las vidas de estas mujeres son muy diferentes a las nuestras. Sin embargo, de muchas maneras, a menudo nos encontramos enfrentando los mismos problemas que enfrentaron ellas: las promesas de Dios que parecen no suceder; los comportamientos bárbaros de otros en nuestro mundo que nos obligan a hacer de pacificadores; la naturaleza abrumadora de las tareas que el Señor ha puesto ante nosotros; la injusticia de un mundo que nos juzga por nuestro pasado, nos encuentra culpables, y dice que siempre seremos considerados un fracaso.

Además, estas historias nos hablan de que hay un Dios que nos ve donde estamos y nos ama por quienes somos. Él es quien, con cuya presencia a través de todas las páginas de la Biblia va delineando vidas, rescatando corazones, sanando enfermedades, dando vida a lo que estaba muerto, y repartiendo llamamientos superiores a quienes eligen seguirle y tener fe en él.

Por eso, si alguna vez te sientes como alguien de segunda clase en este mundo y te preguntas cómo Dios podría usarte para cambiar vidas, solo mira las historias de estas mujeres. Al hacerlo, llegarás a la conclusión, como lo hizo Pedro, de que «para Dios no hay favoritismos, sino que en toda nación él ve con agrado a los que le temen y actúan con justicia» (Hechos 10.34-35). Y a medida que estudias sus vidas, irás descubriendo importantes verdades que Dios quiere que hagas tuyas.

Entonces, ¡empecemos!

CÓMO USAR ESTE ESTUDIO

Esta guía de estudio está diseñada para llevarte a profundizar en la Palabra de Dios y aprender más acerca de estas diez fascinantes mujeres de la Biblia. Cada sesión contiene los siguientes elementos:

INFORMACIÓN DE APERTURA: Para ayudarte a conocer más de estas diez mujeres, cada sesión se inicia con una visión y un recuento de la historia del personaje extraída de los libros de Max. Dos preguntas de reflexión te harán pensar en cómo la historia de cada personaje se relaciona con la tuya.

ESTUDIO DIARIO DE LA BIBLIA: Cada sesión contiene cinco días de estudio de la Biblia con ideas extraídas de los libros de Max y preguntas clave para ayudarte a ir a través de las historias de estas mujeres.

VERDADES PARA RECORDAR: La sesión de cada día concluye con un resumen de las verdades principales en el estudio. Estas sirven para recordar los puntos clave de la enseñanza de Max y como un repaso al cierre de tu tiempo de estudio.

ORACIÓN PARA EL DÍA: Cada sesión diaria incluye una oración para ayudarte a enfocar tus pensamientos en Dios y adentrarte a un tiempo tranquilo con él.

VERSÍCULO SEMANAL PARA MEMORIZAR: Nuestra vida cambia cuando nos encontramos con Jesús, y nuestro corazón cambia por lo que guardamos en él. El versículo semanal para memorizar tendrá relación directa con el tema principal de la sesión y te ayudará a guardar la Palabra de Dios en tu corazón.

CITAS BÍBLICAS: Encontrarás una gran cantidad de citas bíblicas en los márgenes para ayudarte a que te mantengas en conexión con el relato de la historia en tu Biblia.

Durante las porciones diarias de estudio de la Biblia, además de responder las preguntas que se incluyen, podrás tomar notas de lo que te viene a la mente al leer los pasajes seleccionados de la Escritura. Asegúrate de tener a mano lápiz y papel. Compromete un tiempo para estar con el Señor y pídele que se te vaya revelando a medida que trabajas en cada una de las sesiones.

PARA LÍDERES

Si deseas guiar a un grupo con el material que encontrarás en esta guía de estudio, te sugiero que consultes la sección al final de la guía donde encontrarás un diseño básico sobre cómo organizar tu tiempo, como manejar problemas y oportunidades que puedan surgir durante el tiempo de debate y cómo aprovechar al máximo el estudio.

LECCIÓN 1

SARA

VIDA EN EL REINO DE LO ABSURDO

EL REINO DE LOS CIELOS. Sus ciudadanos están maravillados. Piensa en Saray. Está viviendo en sus años dorados, pero Dios le promete un hijo: Él le dice a su marido, Abram, «haré de ti una nación grande, y te bendeciré» (Génesis 12.2).

El SEÑOR le dijo a Abram: «Deja tu tierra, tus parientes y la casa de tu padre, y vete a la tierra que te mostraré...» (Génesis 12.1-2).

Saray se emociona. Se va al negocio a comprar ropa maternal. Diseña su cuarto de baño y remodela su tienda, pero el hijo no llega. Come unos cuantos pasteles de cumpleaños y apaga un montón de velitas, pero el hijo no llega. Ve que en los calendarios de pared ha pasado una década, y aún el hijo no llega.

Entonces decide tomar en sus propias manos el asunto maternidad. *(Tal vez Dios está esperando que le ayude con esto)*. Así es que habla con Abram y lo convence de que el tiempo se está agotando. *(Acéptalo, Aba, tú tampoco te estás volviendo más joven)*. Entonces ordena a su criada, Agar, que vaya a la tienda de Abram y vea si le puede ayudar en algo... *(¡en lo que sea!)*.

Agar entra como una criada y sale como una mamá. Y comienzan los problemas.

Saray, la esposa de Abram, no le había dado hijos. Pero, como tenía una esclava egipcia llamada Agar... (Génesis 16.1).

Agar es arrogante. Saray es celosa. Abram no sabe cómo manejar el dilema. Y Dios llama al bebé «asno salvaje». Es un nombre apropiado para alguien nacido de la terquedad y destinado a ir abriéndose camino en la historia. Esta no es la familia amable que Saray esperaba y no es un tema que Abram y Saray toquen a menudo durante la sobremesa.

Finalmente, catorce años después, cuando Abram ya acumula un siglo de años y Saray va por los noventa; cuando Abram ha dejado de escuchar los consejos de Saray, y Saray ha dejado de darlos; cuando el papel mural del cuarto del niño ha perdido su color y los muebles ya han pasado de moda; cuando el tema del hijo prometido produce solo suspiros, lágrimas y melancólicas miradas al cielo que sigue sin decir nada, Dios les hace una visita y les dice que sería bueno que fueran buscándole un nombre al niño. Abram y Saray reaccionan de la misma manera: se echan a reír.

Entonces Abraham inclinó el rostro hasta el suelo y se rió de pensar: «¿Acaso puede un hombre tener un hijo a los cien años, y Sara ser madre a los noventa?» (Génesis 17.17).

Alégrense en la esperanza, muestren paciencia en el sufrimiento, perseveren en la oración (Romanos 12.12).

Se ríen en parte porque es demasiado bueno para que suceda y en parte porque podría suceder. Se ríen porque han perdido las esperanzas y no deja de ser divertido que la esperanza nazca de nuevo y llegue a ser real. Se ríen de la locura que les parece todo esto.

1. Ponte en los zapatos de Saray. Han pasado catorce años desde que Dios les hizo la promesa original de que les daría un hijo. Ahora, ella tiene *noventa. ¡Noventa!* Dios tiene que haberse olvidado de su promesa ¿verdad? Falso. Dios hace lo impensable: un hijo. ¡No es extraño que ella se riera! ¿Alguna vez has soltado tú la «risa de Saray» porque Dios irrumpió en tu vida familiar con lo inesperado? Describe lo que pasó.

2. ¿Qué empaña tu visión del reino? ¿Qué es lo que te impide ver el mundo con ojos espirituales, y creer que Dios puede hacer lo imposible?

Él llamó a un niño y lo puso en medio de ellos. Entonces dijo: —Les aseguro que a menos que ustedes cambien y se vuelvan como niños, no entrarán en el reino de los cielos. Por tanto, el que se humilla como este niño será el más grande en el reino de los cielos. Y el que recibe en mi nombre a un niño como este, me recibe a mí... (Mateo 18.2-5).

Como ciudadanos del reino de los cielos, a menudo nos sorprendemos cuando Dios hace lo «absurdo»: obra milagros y se mueve de maneras inimaginables. Con demasiada frecuencia nos sentimos cómodos viviendo en medio de lo que vemos, tocamos y disfrutamos con nuestros teléfonos inteligentes. Sin embargo, Jesús dijo: «A menos que ustedes cambien y se vuelvan como niños, no entrarán en el reino de los cielos» (Mateo 18.3). Un niño vive maravillado y con una gran fe en lo inimaginable. No obstante, la vida sin hijos de Sara pondría a prueba su fe infantil. Al leer su historia, es posible que tú te sientas identificado con ella y que Dios desarrolle tu fe infantil a lo largo del camino.

Oración para la semana

Señor Jesús: nada es imposible para ti. Perdónanos por las ocasiones en que estamos tan identificados con el reino de esta tierra que nos olvidamos del reino de los cielos. Queremos vivir esperando lo inesperado, confiando en un Dios cuyos pensamientos son más altos que nuestros pensamientos y cuyos caminos son más altos que nuestros caminos (Isaías 55.9). En tu poderoso nombre, amén.

Día uno: La promesa

La integridad para la seguridad

La primera vez que nos encontramos con Saray, ella está viviendo en Ur de los caldeos, que corresponde al Irak de nuestros días. Además de saber que es la esposa de Abram, se nos dice que, por su incapacidad de concebir, no tiene hijos (Génesis 11.30). Cuando Téraj, el suegro de Saray, sale con su familia de Ur, ella y Abram terminan en la ciudad de Harán. Es ahí donde el Señor se le aparece a Abram, le dice que vaya a Canaán, y le promete hacer de él una gran nación.

Abram se casó con Saray [...]. Pero Saray era estéril; no podía tener hijos. [y salieron] de Ur de los caldeos rumbo a Canaán» (Génesis 11.29-31).

El escritor de Hebreos escribe: «Por la fe Abraham, cuando fue llamado para ir a un lugar que más tarde recibiría como herencia, obedeció y salió sin saber a dónde iba» (11.8). A pesar de esta fidelidad, no habríamos esperado encontrar su nombre y el de Saray en la lista de los hombres y mujeres de fe de Hebreos 11.

Por la fe se radicó como extranjero en la tierra prometida (Hebreos 11.9).

¿Por qué? ¡En cuanto a Abram, poseía una lengua filosa que no se detenía!

Por favor, di que eres mi hermana, para que gracias a ti me vaya bien... (Génesis 12.13).

Poco después de la primera visita de Dios, una hambruna en la tierra de Canaán envía a la pareja y a su familia a Egipto. Es entonces cuando nos encontramos con un detalle interesante sobre Saray: era excepcionalmente bella. Tanto, que Abram teme que los egipcios lo maten para quedarse con ella. Así es que, para salvar su propio cuello, echa a correr la voz de que Sara no es su esposa sino su hermana, lo cual es una media verdad (Génesis 12.10-20).

Poco después, ¡lo vuelve a hacer! «Abraham partió desde allí en dirección a la región del Néguev, y se quedó a vivir entre Cades y Sur. Mientras vivía en Guerar, Abraham decía que Sara, su esposa, era su hermana. Entonces Abimélec, rey de Guerar, mandó llamar a Sara y la tomó por esposa» (20.1-2).

Entonces Abimelec llamó a Abraham y le reclamó: —[...] ¡Lo que me has hecho no tiene nombre! (Génesis 20.9).

Dos veces Abram y Saray cambian la integridad por la seguridad. ¿Se le llamaría a eso confiar en las promesas de Dios? ¿Se puede levantar una nación con esa clase de fe? De toda esta historia, Dios tomó lo bueno, perdonó lo malo, y usó a Abram y Saray para cambiar la historia.

1. Lee Génesis 12.1-9. Cuando Dios les dijo que viajaran a una tierra extraña llamada Canaán, a unas 400 millas (unos 650 kilómetros) de donde vivían, Saray tenía sesenta y cinco años y Abram setenta y cinco. No era, como quien dice, una mudanza a los barrios residenciales de la ciudad. ¿Cómo reaccionan ellos? ¿Recuerdas el día que Dios te llamó a algo desconocido? ¿Cómo respondiste?

Al encaminarse hacia la tierra de Canaán, Abram se llevó a su esposa Saray (Génesis 12.5).

Por la fe Abraham, a pesar de su avanzada edad y de que Sara misma era estéril, recibió fuerza para tener hijos, porque consideró fiel al que le había hecho la promesa (Hebreos 11.11).

2. Analiza Hebreos 11.8-12. ¿Cómo demostraron Saray y Abram su fe (fíjate en el v. 8)? ¿Cuál es la implicación espiritual de morar en tiendas (v. 10)? ¿Cómo podemos ser «moradores de tiendas» en esta época moderna, por la forma en que confiamos y seguimos a Dios?

En ese entonces, hubo tanta hambre en aquella región que Abram se fue a vivir a Egipto (Génesis 12.10).

3. La historia de Saray y Abram es de una fe colosal, pero esto no significa que no tuvieran sus tropiezos. Lee Génesis 12.10-20. ¿Qué lleva a Abram de un lugar de fe en la promesa de Dios a olvidar esa promesa? ¿Qué circunstancias hacen que tu corazón olvide las promesas de Dios?

4. La idea de las «promesas de Dios» es rechazada en muchos círculos cristianos, pero ¿qué significa, realmente? ¿Cuáles son las promesas de Dios? ¿Qué dicen estos versículos sobre las promesas de Dios?

   Números 23.19: «Dios no es un simple mortal para mentir y cambiar de parecer. ¿Acaso no cumple lo que promete ni lleva a cabo lo que dice?».

   1 Reyes 8.56: «¡Bendito sea el Señor, que conforme a sus promesas ha dado descanso a su pueblo Israel! No ha dejado de cumplir ni una sola de las gratas promesas que hizo por medio de su siervo Moisés».

   2 Corintios 1.20: «Todas las promesas que ha hecho Dios son "sí" en Cristo. Así que por medio de Cristo respondemos "amén" para la gloria de Dios».

2 Timoteo 3.16: «Toda la Escritura es inspirada por Dios y útil para enseñar, para reprender, para corregir y para instruir en la justicia».

____

____

____

DIFÍCIL DE DIGERIR

Para cuando el Señor vuelve a encontrarse con Abram, él y Saray encuentran las promesas de Dios tan sencillas como digerir un hueso de pollo. «Abram le respondió: —Señor y Dios, ¿para qué vas a darme algo, si aún sigo sin tener hijos, y el heredero de mis bienes será Eliezer de Damasco? Como no me has dado ningún hijo, mi herencia la recibirá uno de mis criados» (Génesis 15.2-3).

—¡No! Ese hombre no ha de ser tu heredero —le contestó el SEÑOR—. Tu heredero será tu propio hijo (Génesis 15.4).

¿La respuesta de Dios? «No te hagas problemas».

Abram debe haber mirado a su esposa mientras ella caminaba con dificultad ataviada con su bata y en pantuflas ayudada por un andador. El hueso de pollo debe de haberse atascado por un momento, pero finalmente se deslizó por la garganta. Mientras se aprestaba a invitarla a una cena a la luz de la luna, escuchó la promesa número dos.

—Abram.

—¿Sí, Señor?

—Toda esta tierra será tuya.

Si te imaginas a Dios diciéndote que un día tus hijos serán los dueños de la Quinta Avenida de Nueva York podrás entender la reacción de Abram.

El SEÑOR le respondió: —Tráeme una ternera, una cabra y un carnero, todos ellos de tres años, y también una tórtola y un pichón de paloma. Abram llevó todos estos animales, los partió por la mitad, y puso una mitad frente a la otra (Génesis 15.9-10).

—Para eso, Padre, creo que voy a necesitar un poco de ayuda.

Y ese poco de ayuda llegó.

Dios le dijo que llevara tres animales, los partiera por la mitad y pusiera las mitades una frente a la otra. Para nosotros, aquella es una orden bastante extraña. Para Abram y Saray era algo bastante normal. Ya habían visto antes esa ceremonia; incluso Abram había participado en ella. Había sellado muchos pactos caminando entre las reses muertas partidas por la mitad y diciendo: «Los trataré como al novillo que cortaron en dos, y entre cuyos pedazos pasaron para rubricar el pacto» (Jeremías 34.18).

El corazón de Abram debe haber brincado al ver las luces en la oscuridad pasando por entre las reses muertas. El suave resplandor de las brasas en el fogón y las flameantes llamas de la antorcha. ¿Qué significaba todo eso? El Dios invisible se había acercado para hacer su promesa inconmovible. «A tus descendientes les daré esta tierra» (Génesis 15.18).

Cuando el sol se puso y cayó la noche, aparecieron una hornilla humeante y una antorcha encendida, las cuales pasaban entre los animales descuartizados. En aquel día el SEÑOR hizo un pacto con Abram (Génesis 15.17-18).

Y aunque el pueblo de Dios a menudo se olvidaría de su Dios, él no los había olvidado, sino que había cumplido su palabra. La tierra llegó a ser de Abram y Saray.

5. Detente en la conversación entre Dios y Abram en Génesis 15. El nombre hebreo con que Abram llama a Dios en el versículo 2 es *Adonai*, que significa «Mi Señor».[1] ¿Qué te dice esto de cómo veía Abram a Dios?

Luego el SEÑOR lo llevó afuera y le dijo: —Mira hacia el cielo y cuenta las estrellas, a ver si puedes (Génesis 15.5).

Y esto de que «se le tomó en cuenta» no se escribió solo para Abraham, sino también para nosotros. Dios tomará en cuenta nuestra fe como justicia, pues creemos en aquel que levantó de entre los muertos a Jesús nuestro SEÑOR. Él fue entregado a la muerte por nuestros pecados, y resucitó para nuestra justificación (Romanos 4.23-25).

El SEÑOR es sol y escudo; Dios nos concede honor y gloria. El SEÑOR brinda generosamente su bondad a los que se conducen sin tacha (Salmos 84.11).

¿Cómo ves tú a Dios cuando la espera es larga y sus promesas parecen poco prometedoras?

---

6. Abram asume que la promesa de Dios se cumplirá a través de Eliezer, su administrador, pero entonces Dios le dice que mire al cielo (v. 5). Y, no solo le dice eso, sino también que su linaje será tan numeroso como las estrellas. Y en este punto también, le dice a Abram que mire hacia arriba. ¿Qué nueva perspectiva crees que dio a Abram observar las estrellas? ¿Cómo puedes tú «mirar al cielo» en tu vida diaria?

---

7. Vuelve a leer Génesis 15.6 y compáralo con Romanos 4.18-25. ¿Cuál es la promesa que Dios nos hace en nuestra calidad de descendientes de Abram y Saray?

---

8. Dios mandó a Abram que partiera por la mitad una ternera, una cabra y un carnero. ¡Un cuadro impresionante! Sin embargo, en los días de Abram era común que, mientras se llevaba a efecto un pacto, los que intervenían caminaran entre las mitades de los animales. Era como decir: «Puedo llegar a ser como estos animales si no cumplo con mi parte en este tratado».[2] Pero en el caso de esta visión, ¿quiénes pasan por entre los animales, uno o los dos que se comprometen en el pacto? ¿Qué nos dice este cuadro acerca de las promesas de Dios?

Al comienzo de Génesis 15, Dios dice: «No temas, Abram. Yo soy tu escudo, y muy grande será tu recompensa» (v 1). Aquí es donde empezamos. Comenzamos con «Yo soy». Comenzamos recordando nuestro «escudo» y nuestra «recompensa muy grande». Antes de detenernos en las promesas, fijémonos en el Hacedor de Promesas. Si nos conformamos con las promesas en lugar de confiar en el Hacedor de Promesas o nos conformamos con recibir sus promesas antes de recibirlo a él, entonces hemos errado en el blanco. ¿Por qué? Porque el mismo Dios que habló, se encontró y caminó con Abraham quiere hablar, encontrarse y caminar con nosotros. Esta es la promesa suprema, el mejor regalo. Y en la medida que profundizamos nuestra relación con Dios, estaremos profundizando nuestra confianza en las crecientes promesas que tiene para nuestra vida.

Verdades para recordar

- ❖ Con nuestra fe imperfecta y dubitativa no podemos evitar que Dios cumpla sus promesas.
- ❖ Dios puede llamarnos a abandonar nuestra zona de confort y transformarnos en «moradores de tiendas» de manera que estemos listos a responder cuando nos llame.
- ❖ Dios nunca olvida sus promesas, y nuestra confianza en esas promesas tiene sus raíces en nuestra relación con él.

En seguida Jesús le tendió la mano y, sujetándolo, lo reprendió: —¡Hombre de poca fe! ¿Por qué dudaste? (Mateo 14.31).

Oración para hoy

Señor: Gracias por injertarnos en tu promesa de salvación. Gracias por el ejemplo de Saray y Abram. Danos la confianza que ellos tenían para llamarte Adonai, «Mi Señor», sin importar las circunstancias. Y ayúdanos a recordar que, sobre todo, se cumple la más sublime promesa en relación contigo. En el nombre de Jesús. Amén.

Día dos: «Ayudar» a Dios

Acumular cargos

¿Qué dirías si alguien se hiciera cargo de tus cuentas acumuladas en tu tarjeta de crédito? ¿Todas tus cuentas durante un mes? Las facturas *se acumulan* sobre la mesa y tú temes el día cuando llegue el reporte del banco. Cuando llega, no quieres ni mirarlo; lo dejas sobre el escritorio por unos días porque no quieres saber cuánto debes. Como no tienes alternativa, terminas por convencerte y, con un ojo abierto y el otro cerrado, le echas un vistazo. Lo que lees hace que el ojo cerrado se abra cuán grande es. ¡No debes nada! ¿La deuda total? ¡En cero!

Él mismo, en su cuerpo, llevó al madero nuestros pecados, para que muramos al pecado y vivamos para la justicia (1 Pedro 2.24).

Debe haber un error, por lo que llamas al banco para pedir una explicación. La respuesta que recibes te deja sin habla:

—¡No hay ningún error, señor! Todo está en regla. Lo que pasó fue que un señor de nombre Max Lucado nos hizo llegar un cheque para cubrir todas sus cuentas del mes. ¡Ahora usted no debe nada!

Tú no puedes creer lo que oyes; así que reaccionas: —¿Está seguro de lo que me está diciendo? ¿No será un fraude?

—¡Ningún fraude, señor! Conocemos al señor Lucado. ¡Le ha estado pagando sus deudas a la gente durante años!

Entonces, ¿qué diremos en el caso de nuestro antepasado Abraham? (Romanos 4.1).

Por cierto, me encantaría hacer eso por ti, pero no te hagas muchas esperanzas. Yo tengo mis propias cuentas que pagar. ¡Pero a Jesús sí le encantaría! ¡Y él sí puede porque no tiene deudas personales! Y, todavía más, lo ha estado

En realidad, si Abraham hubiera sido justificado por las obras, habría tenido de qué jactarse, pero no delante de Dios (Romanos 4.2).

haciendo durante años. Para comprobar esto, Pablo se mete al archivo, busca dos mil años atrás, se detiene en «Abram de Ur» y hace una declaración.

Abram y Saray aparecen cada uno con su propio grado de responsabilidad en dicha declaración. Ninguno de los dos era perfecto. Como ya hemos visto, Abram confió en los egipcios antes de confiar en Dios. Incluso mintió, diciendo que Saray era su hermana. Por otro lado, Saray también tenía sus fallas. Una de las más grandes ocurrió justo después de que Dios hiciera su pacto con Abram, cuando ella decidió «echarle una manito» a Dios.

«Saray le dijo a Abram: —El Señor me ha hecho estéril. Por lo tanto, ve y acuéstate con mi esclava Agar. Tal vez por medio de ella podré tener hijos. Abram aceptó la propuesta que le hizo Saray...» (Génesis 16.2-3). ¿El resultado? Un desastre.

1. Lee Génesis 16 y anota los «cargos» que Abram y Saray van acumulando. ¿Por qué crees que Saray decide «ayudar» a Dios en este plan? Con base en la respuesta de Abram, ¿cómo le pareció a él la idea de «ayudar» también al plan de Dios?

___

___

___

2. Trata de recordar la circunstancia cuando tú tomaste el control de una situación en lugar de dejársela a Dios. ¿Cuáles fueron algunos de los resultados? Saray creía que con asumir ella el control se solucionaría el problema (ver Génesis 16.2), y este pensamiento le dio una falsa tranquilidad. ¿Qué «falsa tranquilidad» da el tomar el control que le corresponde a Dios?

___

___

___

Entonces Saray le dijo a Abram: «¡Tú tienes la culpa de mi afrenta! Yo puse a mi esclava en tus brazos, y ahora que se ve embarazada me mira con desprecio. ¡Que el SEÑOR juzgue entre tú y yo!» (Génesis 16.5).

3. Habían pasado diez años desde que Abram y Saray recibieron y abandonaron todo lo que conocían para seguir esta promesa de Dios. La esperanza y la paciencia se le estaban agotando a Saray y estaba empezando a culpar a los demás. ¿A quién culpa según Génesis 16? ¿A quién tiendes tú a culpar cuando tus sueños o planes no se desarrollan como esperabas?

___

___

___

Al de carácter firme lo guardarás en perfecta paz, porque en ti confía (Isaías 26.3).

4. Lee Proverbios 3.5-7 y Santiago 1.6-8. ¿Cuál de los dos pasajes describe mejor a la Saray de Génesis 16 y por qué? Al leer Isaías 26.3, ¿en qué manera el profeta nos alienta a evitar las dudas y el control y tener más bien un corazón en paz y confiado?

___

___

___

Es necesario un poco de gracia

«Entonces ella tomó a Agar, la esclava egipcia, y se la entregó a Abram como mujer. Esto ocurrió cuando ya hacía diez años que Abram vivía en Canaán. Abram tuvo relaciones con Agar, y ella concibió un hijo» (Génesis 16.3-4). Abram y Saray ahora tienen un heredero, pero no es el heredero que Dios quería. Se han salido del plan de Dios, y las cosas no tardan en complicarse.

Agar comienza a despreciar a Saray, y ella, a la vez, comienza a despreciar a Agar. ¿Y Abram? Atrapado en el medio. La situación se pone tan mala que finalmente Abram deja de intentar resolverla. «Tu esclava está en tus manos —le dice a su esposa—, haz con ella lo que bien te parezca» (v. 6).

Ahora que se ve embarazada me mira con desprecio (Génesis 16.5).

En muchos sentidos, por extraño que pueda parecer, la condición humana de Saray es reconfortante. Si alguna vez necesitas algo que te recuerde la tolerancia de Dios, lo encontrarás en esta historia. Si alguna vez te preguntas cómo Dios podría usarte para cambiar el mundo, solo mira a esta pareja. Tomaron muchas malas decisiones. Sin embargo, Abram también hizo algo por su familia que lo cambió todo: «Le creyó a Dios, y esto se le tomó en cuenta como justicia» (Romanos 4.3). Por esto, Dios les ofreció gracia a ambos: a Saray y a Abram, a pesar de sus fallas y equivocaciones. Él se hizo cargo de sus cuentas y cubrió las deudas que tenían.

Abram creyó al SEÑOR, y el SEÑOR se lo reconoció como justicia (Génesis 15.6).

Mi padre tenía una regla muy sencilla sobre tarjetas de crédito: úsalas lo menos posible y págalas lo antes posible. Cuando me fui a la universidad, me dio una tarjeta. Cuando me fijé en el nombre, vi que no era el mío sino el suyo. Solo me dijo: «Ten cuidado cómo la usas».

Estuve varios meses sin necesidad de ella; pero cuando la necesité, *de verdad* que la necesitaba. Un viernes por la mañana, me ausenté de clases para ir a visitar a una amiga que vivía en otra ciudad, a unas seis horas de viaje. Todo anduvo bien hasta que, al regreso, en un descuido, choqué a otro automóvil por detrás. Todavía recuerdo como si fuera hoy, parado junto al teléfono público, en medio del frío de esa tarde de otoño, llamé a mi padre para contarle lo que me había pasado. Nada de qué jactarme. Había hecho el viaje sin su consentimiento, sin dinero efectivo y había arruinado su auto. «Bueno —me dijo, después de una larga pausa—, esas cosas ocurren. Por eso fue que te di mi tarjeta. Espero que hayas aprendido la lección». ¿Aprender la lección? No hay duda de que lo hice. Aprendí que el perdón de mi padre había sido anterior a mi error. Me había dado la tarjeta antes de mi accidente para el caso que lo llegase a tener. Había previsto mi error antes de que lo cometiera.

¿Necesito decirte que Dios ha hecho lo mismo? Dios sabía que Abram y Saray le fallarían. Sabía que algún día necesitarían de su gracia. Y también sabe que algún día nosotros también necesitaremos de su gracia.

Todos fallamos mucho (Santiago 3.2).

5. ¿Cuáles fueron los resultados negativos de la decisión de Saray de salirse del plan de Dios, tanto relacional como emocionalmente?

____

____

____

6. ¿Cómo reacciona Abram ante la decisión de Saray? ¿Cómo crees que debería haber reaccionado? ¿Cómo puedes ayudar a un amigo o a un pariente que trata de controlar o manipular los planes de Dios?

7. ¿De qué manera la promesa de Dios a Abraham en Génesis 15.6 provee para su «error antes de su error»?

8. Dios nos perdona, aun sabiendo que nos saldremos de su plan, tal como lo hicieron Saray y Abram. Sin embargo, también nos da gracia para crecer en nuestra fe a lo largo del camino. Con base en los siguientes versículos, ¿cómo crece nuestra fe y nuestra confianza en Dios?

   Mateo 26.41: «Estén alerta y oren para que no caigan en tentación. El espíritu está dispuesto, pero el cuerpo es débil».

   Marcos 9.23-24: «¿Cómo que si puedo? Para el que cree, todo es posible. —¡Sí creo! —exclamó de inmediato el padre del muchacho—. ¡Ayúdame en mi poca fe!».

   Romanos 10.17: «Así que la fe viene como resultado de oír el mensaje, y el mensaje que se oye es la palabra de Cristo».

   Filipenses 4.6-7: «No se inquieten por nada; más bien, en toda ocasión, con oración y ruego, presenten sus peticiones a Dios y denle gracias. Y la paz de Dios, que sobrepasa todo entendimiento, cuidará sus corazones y sus pensamientos en Cristo Jesús».

Filipenses 4.12-13: «Sé lo que es vivir en la pobreza, y lo que es vivir en la abundancia. He aprendido a vivir en todas y cada una de las circunstancias, tanto a quedar saciado como a pasar hambre, a tener de sobra como a sufrir escasez. Todo lo puedo en Cristo que me fortalece».

Esta historia nos permite ver lo que sucede cuando buscamos nuestro propio camino en lugar del camino de Dios. Saray queda despreciada y amargada. Abram está cansado y se vuelve consentidor. Agar es maltratada y a Ismael se lo deja que muera. Todos tenemos «momentos de Saray», cuando queremos que la vida siga nuestro propio camino en lugar del de Dios. Todos tenemos momentos cuando le pedimos a Dios que se vaya para que podamos sentarnos en el asiento del conductor. Esto debería hacernos amar a Dios aún más, porque sabemos que durante esos momentos nos protege de nosotros mismos. Él sabía anticipadamente de todos los errores que habríamos de cometer: los «cargos a la tarjeta de crédito», pero aun así nos eligió antes de la fundación del mundo. No importa cuánto lo arruinemos, el plan de salvación de Dios nunca se frustra, y Su gracia nunca se ve amenazada.

Todos andábamos perdidos, como ovejas; cada uno seguía su propio camino, pero el SEÑOR hizo recaer sobre él la iniquidad de todos nosotros (Isaías 53.6).

Verdades para recordar

- «Arreglar» una situación usando nuestros propios medios para hacer avanzar el plan de Dios puede darnos una sensación de confort y control, pero los resultados conducen al desastre.
- El perdón de Dios es anterior a nuestros errores, y su gracia cuando fallamos nos da la fe para crecer en la satisfacción con sus planes.
- ¡Dios a menudo tiene que protegernos de nosotros mismos!

Oración para hoy

Señor: Necesitamos ayuda para confiar en ti con todo nuestro corazón (Proverbios 3.5-7). Es tan fácil apoyarnos en nuestra propia comprensión, y querer ser sabios a nuestros propios ojos. Humíllanos y danos un corazón que te tema. Gracias por tu gracia y amor que se anticipa a todos nuestros errores. Amén.

Día tres: Mantener la esperanza

TERRIBLE RUTINA

Cuando Abram tenía noventa y nueve años, el SEÑOR se le apareció (Génesis 17.1).

Para cuando Dios hace su siguiente aparición en Génesis 17, han pasado veinticinco años desde que prometió por primera vez hacer de Abram y Saray una gran nación. Abram tiene ahora noventa y nueve años, y Saray no es mucho más joven. Ella teje y él se entretiene jugando solitario. Él ha perdido su cabello. A ella se le han caído los dientes. Y ninguno de los dos parece desear al otro.

Veinticinco años. Muchas cosas han sucedido durante ese tiempo. El escándalo en Egipto ha quedado atrás; Lot, el sobrino de Abram, ha sido capturado y su tío lo ha rescatado. Agar da a luz a Ismael. Todo eso, pero nada del heredero prometido.

Para Abram, cuyo nombre significaba «padre exaltado», las conversaciones deben de haberse convertido en una terrible rutina.

—¿Cómo te llamas?

—Abram.

—¡Oh, «padre exaltado»! ¡Vaya, qué nombre tan maravilloso! Y, dime, ¿cuántos hijos tienes?

Abram suspira: —No tengo hijos.

Es probable que, al pensar en la promesa de Dios, de vez en cuando Abram le haya hecho un guiño a Saray, y ella se lo devolvería con una sonrisa con la que querría decirle: «Bueno, Dios nos prometió un hijo ¿verdad?». Y ambos se echarían a reír ante la idea de arrullar a un robusto niño en sus rodillas huesudas.

Este es el pacto que establezco contigo: Tú serás el padre de una multitud de naciones (Génesis 17.4).

Dios también se estaría riendo. Con la sonrisa todavía en su rostro, habría comenzado a hacer lo que mejor sabe hacer: lo imposible. No obstante, antes, tendría que cambiar algunas cosas, comenzando con sus nombres. «Estoy cambiando tu nombre de Abram a Abraham —le habría dicho—, porque te estoy haciendo un padre de muchas naciones. Cambiaré también el nombre de tu esposa, Saray, para que de aquí en adelante se llame Sara. La bendeciré y le daré un hijo, y tú serás el padre» (ver Génesis 17.5, 15-16).

Abram, el padre de uno, ahora sería Abraham, el «padre de una multitud». Saray, la estéril, ahora sería Sara, la «madre de naciones». Fue otra garantía de parte de Dios de que la promesa se cumpliría. De alguna manera, la pareja decidió creerlo y jamás dar lugar a la duda.

1. Invierte tiempo leyendo Génesis 17. Esta es la cuarta vez, durante un lapso de veinticinco años, que el Señor visita a Abram, y él inaugura esta visita con la orden: «Vive en mi presencia y sé intachable» (v. 1). ¿Qué significa esto?

____

____

____

2. Si hubieses estado en el lugar de Saray, ¿cómo hubieras reaccionado al mandato de vivir una vida intachable después de veinticinco años de espera? ¿Cómo reacciona Abram? ¿Qué podemos aprender de su obediencia (ver vv. 23-27)?

Ese mismo día Abraham tomó a su hijo Ismael, a los criados nacidos en su casa, a los que había comprado con su dinero y a todos los otros varones que había en su casa, y los circuncidó, tal como Dios se lo había mandado. [...] junto con todos los varones de su casa, tanto los nacidos en ella como los comprados a extranjeros (Génesis 17.23, 27).

3. En Isaías 40.31, el profeta escribe: «Los que confían en el Señor renovarán sus fuerzas». ¿Cuál es la promesa de confiar / esperar en el Señor? ¿Qué lecciones has aprendido durante tus tiempos de espera?

4. De acuerdo con 2 Pedro 3.8-9, «para el Señor un día es como mil años, y mil años como un día. El Señor no tarda en cumplir su promesa, según entienden algunos la tardanza». ¿Qué dice este versículo respecto al tiempo de Dios en comparación con el nuestro? ¿Cómo deberíamos ver nosotros el tiempo de Dios?

Una visita no deseada y desagradable

¡Ah, la *duda*! Es una vecina entrometida. Una visita no deseada. Y, además de eso, desagradable. Justo cuando tienes todo preparado para un fin de semana relajante, cuando te despojas de tu ropa de trabajo, te pones un short y una camiseta, cuando te aprestas a pasar un rato dándote un baño de sol en el patio de tu casa, su voz irrumpe tus pensamientos.

Pero que pida con fe, sin dudar, porque quien duda es como las olas del mar, agitadas y llevadas de un lado a otro por el viento (Santiago 1.6).

«Hola, Rebecca. ¿Tienes unos minutos? Quiero hacerte un par de preguntas. No quiero complicarte la vida, pero ¿cómo puedes creer que un gran Dios alguna vez podría estar preocupado por ti? ¿No crees que estás siendo demasiado presuntuosa al pensar que Dios te quiere en el cielo? Puedes asumir que estás en buenos términos con el Hombre de arriba, pero ¿y qué me dices de ese viaje en Atlanta? ¿Tú crees que Él no lleva las cuentas? ¿Cómo sabes que Dios no te está vacilando?».

¿Tienes una vecina como esta? Si la tienes, te molestará. Te sacará de quicio. Criticará tus decisiones. Te quitará la silla cuando te vayas a sentar y no te ayudará a ponerte de pie. Te dirá que no creas en lo invisible pero no te ofrecerá una respuesta para lo inapropiado de lo visible.

Ella es una mentirosa de dos caras, melosa, que juega con cartas marcadas. Su objetivo no es convencerte sino confundirte. No te ofrecerá soluciones, sino que te llenará la cabeza con preguntas. No dejes que te engañe. Aunque puede hablar la jerga actual, no es una recién llegada. Sus primeras semillas de duda fueron sembradas en el jardín del Edén en el corazón de Eva. Sin duda, trabajó mucho para sembrar esas mismas semillas en los corazones de Sara y Abraham.

No obstante, Sara y Abraham nunca dejaron de confiar en Dios. A pesar de que no tenían más que un cheque del Seguro Social y una promesa del cielo, decidieron confiar en esa promesa en lugar de enfocarse en los problemas. En consecuencia, fueron los primeros viejitos en llegar con una cuna al asilo de ancianos.

Ustedes, queridos hijos, son de Dios (1 Juan 4.4).

Nos predestinó para ser adoptados como hijos suyos (Efesios 1.5).

Somos herederos; herederos de Dios y coherederos con Cristo (Romanos 8.17).

5. Tenemos un enemigo al que le encanta robarnos nuestra esperanza. Cuando escuchamos su voz, nos consideramos *olvidados por todos, que nadie nos ama, y que el mundo no nos toma en cuenta.* Es probable que Abraham y Sara se sintieran de esa manera durante sus veinticinco años de espera. Pero luego, escucharon los nombres que Dios tenía para ellos: Abraham: «padre de multitudes» y Sara: «princesa». Lee 1 Juan 4.4, Efesios 1.4-5 y Romanos 8.17. ¿Cuál es el nombre que tiene Dios para ti? ¿En qué manera significa una nueva esperanza para ti?

Ante la promesa de Dios no vaciló como un incrédulo, sino que se reafirmó en su fe y dio gloria a Dios, plenamente convencido de que Dios tenía poder para cumplir lo que había prometido (Romanos 4.20-21).

6. El plan de Dios es tan descabellado que Abraham pregunta: ¿Acaso puede un hombre tener un hijo a los cien años, y Sara ser madre a los noventa?» (Génesis 17.17). Sin embargo, a pesar de lo loco que suena el plan, nunca dejaron de confiar en Dios. Lee Romanos 4.18-21. ¿Qué dicen estos versículos con relación a su fe?

7. Abraham simplemente no cree que Sara pueda dar a luz un hijo a una edad tan avanzada. Así que le pide a Dios que bendiga a Ismael, pensando que, después de todo, él *tendría* que ser el heredero legítimo. ¿Cómo responde Dios? (Lee Génesis 17.19-20). ¿Qué dice esto sobre la

generosidad y la gracia de Dios aun cuando no entendamos o dudemos de Su plan?

A lo que Dios contestó: —¡Pero es Sara, tu esposa, la que te dará un hijo, al que llamarás Isaac! (Génesis 17.19).

8. ¿Qué dudas estás escuchando en estos días? Escríbelas, y luego agrega estas promesas: 2 Pedro 3.8-9, Deuteronomio 7.9, 2 Tesalonicenses 3.3.

Él tiene paciencia con ustedes, porque no quiere que nadie perezca (2 Pedro 3.9).

El SEÑOR tu Dios es el Dios verdadero, el Dios fiel (Deuteronomio 7.9).

El SEÑOR es fiel, y él los fortalecerá (2 Tesalonicenses 3.3).

En Hebreos 11.13, el autor escribe que los más grandes héroes bíblicos «vivieron por la fe, y murieron sin haber recibido las cosas prometidas». Es posible que nosotros tampoco veamos las promesas de Dios desplegarse ante nuestros ojos mientras vivamos. Aunque, en ocasiones, será cuestión de unos cuantos minutos. Como quiera que sea, en tiempos de duda nos conviene recordar que Dios no necesita un despertador. Él no se duerme ni se olvida de su plan para nuestra vida. Él es fiel, y su tiempo es perfecto. Por lo tanto, nosotros, como Abraham y Sara y todos los héroes de la fe, deberíamos confiar en Dios sin importar las promesas visibles o invisibles.

Verdades para recordar

- El tiempo de Dios no es el tiempo nuestro; por lo tanto, no podemos medir su fidelidad por nuestro reloj o por nuestro calendario.
- El objetivo de nuestro enemigo es confundirnos y llenarnos la mente de preguntas que nos hagan dudar de los planes de Dios.
- Nuestra confianza debe estar en Dios y solo en Dios; en caso contrario, lo perderemos de vista, a Dios, y nos hundiremos en la desesperanza mientras esperamos el cumplimiento de su plan.

Oración para hoy

Gracias, Señor, porque tu tiempo es perfecto. Nunca llegas tarde para cumplir tus promesas. Ayúdanos a enfocarnos en ti, en tu fidelidad y a mantener nuestros ojos fijos en tu amor y en tu gracia. Que crezcamos en la fe mientras esperamos expectantes lo que vas a hacer en nuestra vida. En el nombre de Jesús. Amén.

Día cuatro: Se cumple la promesa

VISITANTES INESPERADOS

Para Dios todo es posible (Mateo 19.26).

El nombre no es lo único que Dios le cambia a Sara. Pronto habrá de cambiarle su modo de pensar y también su fe; el número de sus deducciones fiscales y la forma en que ella define la palabra *imposible*. Pero más que nada, le cambia su actitud sobre lo que significa confiar en él. Todo comienza el día cuando tres visitantes llegan a su tienda.

Abraham alzó la vista, y vio a tres hombres de pie cerca de él (Génesis 18.2).

Abraham es el primero en verlos. Corre a saludarlos y luego va a donde está Sara. «Rápido —le dice—, toma harina y hornea un poco de pan». Sara lo hace, pero mientras amasa la masa, pone oídos a lo que se dice afuera de la tienda. «Dentro de un año volveré a verte —dijo uno de ellos—, y para entonces tu esposa Sara tendrá un hijo» (Génesis 18.10).

Por eso, Sara se rió y pensó: «¿Acaso voy a tener este placer, ahora que ya estoy consumida y mi esposo es tan viejo?» (Génesis 18.12).

Cuando Sara escucha eso, no logra contener una carcajada. Sus hombros tiemblan y cubre su rostro lleno de arrugas con sus manos huesudas. Se da cuenta que no debió de haberse reído. No es correcto reírse de lo que Dios dice, porque este visitante que ha hablado no es otro que el Señor mismo. Cuando recupera el aliento y se seca las lágrimas, piensa de nuevo en lo que ha oído, y una nueva ola de hilaridad la inunda.

1. Invierte un tiempo en Génesis 18.1-15. ¿Por qué crees que Sara se rio? ¿Qué emociones habrán motivado su risa (duda, alegría, conmoción)? Usa el contexto y alguna historia que conozcas para apoyar tus pensamientos.

2. ¿Por qué crees que el Señor le preguntó a Abraham por qué se rio Sara, en el versículo 13? Por lo general, cuando Dios hace una pregunta, quiere comunicar una lección. ¿Qué lección le está enseñando a Sara?

Sara, por su parte, tuvo miedo y mintió al decirle: —Yo no me estaba riendo (Génesis 18.15).

3. ¿Por qué Sara miente sobre la risa? ¿Cómo ves su cambio de actitud hacia Dios desde el v. 12 al v. 15? ¿A qué crees que se debe el cambio?

4. Dios cambia la forma en que Sara define la palabra *imposible* y cambia su actitud sobre lo que significa confiar en él. ¿En qué momento Dios hizo lo mismo contigo? ¿Cómo cambió la forma en que confiabas en él? ¿Cómo ha abierto tus ojos a lo imposible?

¡Ah, SEÑOR mi Dios! [...] Para ti no hay nada imposible (Jeremías 32.17).

El Señor que provee

Más tarde, después de que los visitantes se habían ido, Abraham observa a Sara, desdentada y roncando en su silla mecedora, con la cabeza echada atrás y la boca bien abierta, tan lozana como una ciruela deshuesada y arrugada. Y se ríe. Trata de contenerse, pero no puede. Nunca supo disimular.

No obstante, un año después, Dios es ríe al final. «Tal como el Señor lo había dicho, se ocupó de Sara y cumplió con la promesa que le había hecho. Sara quedó embarazada y le dio un hijo a Abraham en su vejez. Esto sucedió en el tiempo anunciado por Dios» (Génesis 21.1-2).

Para Sara y Abraham, el nombre de Dios significaba *Jehová-jireh*, que traducido quiere decir «el Señor que provee». Podría sonar un poco irónico que llamaran a Dios *proveedor*, ya que la pareja estaba bien provista antes de su viaje a Canaán. Habían vivido en una tienda de dos niveles con un garaje para cuatro camellos. La vida les había sonreído en Ur.

Hasta el día de hoy se dice: «En un monte provee el SEÑOR» (Génesis 22.14).

«Pero la vida será mucho mejor en Canaán», les había dicho Abraham a Sara y al resto de la familia. Con esa perspectiva habían partido. Y cuando Sara le preguntó: «¿Dónde viviremos?», Abraham respondió: «Dios proveerá». Y Dios proveyó.

Más tarde, cuando quedaron atrapados en un escándalo egipcio, se preguntaron: «¿Cómo saldremos de esta?». Abraham les aseguró: «Dios proveerá». Y Dios proveyó.

Cuando Abraham y su sobrino Lot se separaron, Lot escogió la pradera y dejó al tío Abraham con el terreno pedregoso. La familia se preguntó: «¿Cómo sobreviviremos?». Abraham ya sabía la respuesta: «Dios proveerá». Y Dios proveyó.

Y cuando Abraham y Sara estaban junto a la cuna vacía, y ella se preguntaba cómo podría llegar a ser la madre de las naciones, él la abrazaría, susurrándole: «El Señor proveerá». Y Dios proveyó.

Si Sara hubiese podido escuchar la declaración de Jesús en Mateo 5.3 respecto a ser pobre de espíritu, podría haber dado testimonio, diciendo: «Jesús tiene razón. Hice las cosas a mi manera, y me gané un dolor de cabeza; dejé que Dios se hiciera cargo, y tengo un hijo. Trata de entender eso. Lo único que sé es que soy la primera mujer del pueblo en pagarle a su pediatra con un cheque del Seguro Social».

Dichosos los pobres en espíritu, porque el reino de los cielos les pertenece (Mateo 5.3).

Abraham y Sara por fin entendieron que Dios provee. No obstante, lo que Dios les pediría que hicieran más adelante, volvería a poner a prueba su confianza en él.

Dios me ha hecho reír, y todos los que se enteren de que he tenido un hijo se reirán conmigo (Génesis 21.6).

5. Lee Génesis 21.3-7. El nombre *Isaac* en hebreo significa «él se ríe». ¿Cómo describirías la risa de Sara en este capítulo (fíjate en el v. 6) en comparación con su risa en Génesis 18?

6. Sara aprendió una lección sobre cómo ser «pobre de espíritu» (Mateo 5.3). ¿Qué significa ser pobre en espíritu? ¿Por qué serlo trae bendición? ¿De qué manera eres tú pobre en espíritu?

7. «Los pobres en espíritu son aquellos que reconocen que necesitan la ayuda de Dios».[3] ¿Cómo ver nuestra necesidad de Dios afecta la manera en que vivimos la vida cotidiana en comparación con no ver nuestra necesidad de él?

Así que mi Dios les proveerá de todo lo que necesiten, conforme a las gloriosas riquezas que tiene en Cristo Jesús (Filipenses 4.19).

8. *Jehová-jireh* significa «el Señor que provee». Dios proveyó para Abraham y Sara en cada paso del camino. Lo único que tenían que hacer era confiar en él. En el espacio de abajo, escribe un momento en tu pasado cuando Dios respondió a una preocupación o necesidad tuya. A continuación, escribe una preocupación de hoy, y al lado pon el nombre de Dios, *Jehová-jireh*. Tómate un minuto para recordarte que Dios fue fiel en tu pasado y será fiel en tu presente.

Para el que cree, todo es posible (Marcos 9.23).

En cierta ocasión, Dios le preguntó a Abraham: «¿Acaso hay algo imposible para el Señor?» (Génesis 18.14). En la pregunta está implícita la respuesta: absolutamente, no. Unos dos mil años después, encontramos la misma verdad proclamada sobre otro niño prometido aún por nacer. «Porque para Dios no hay nada imposible», dijo el ángel a María mientras le anunciaba el nacimiento del Salvador (Lucas 1.37). ¿Estás preocupado por algo? ¿Lleno de dudas? Si es así, solo recuerda que, si Dios pudo hacer lo «imposible» dando a una mujer de noventa y un años un hijo y un hijo a una virgen adolescente, él puede hacer lo imposible en tu vida. Y así como Sara se rio alegremente el día en que sostuvo ese milagro imposible en sus brazos avejentados, tú te puedes reír alegremente mientras te aferras a la increíble promesa que con Dios nada es imposible. Nada.

Verdades para recordar

- ❖ Cuando Dios provee lo imposible, nuestra comprensión de su carácter y nuestra confianza en su fidelidad crecen.
- ❖ Recordar cómo Dios ha provisto para nosotros en el pasado nos ayudará a confiar en que él lo hará también en el presente.
- ❖ Dios puede hacer lo imposible en nuestra vida.

¿Quién le hubiera dicho a Abraham que Sara amamantaría hijos? Sin embargo, le he dado un hijo en su vejez (Génesis 21.7).

Oración para hoy

Te alabamos, Señor, por tu fidelidad en el pasado, por esas promesas que has cumplido y esas necesidades imposibles que has satisfecho. ¡Tu amor y cuidado están más allá de toda medida! Gracias porque nuestras necesidades de hoy están en tus manos. Amén.

Día cinco: Una prueba de fe

La orden más difícil de acatar

Es difícil decir qué es más sorprendente: que Sara quedara embarazada a los noventa o que ella y Abraham a esa edad todavía estuvieran tratando de concebir. De todos los dones que Dios les dio, Isaac fue el más grande. Sin embargo, de todos los mandamientos que Dios les daría, este sería el más difícil: «Toma a tu hijo, el único que tienes y al que tanto amas, y ve a la región de Moria. Una vez allí, ofrécelo como holocausto en el monte que yo te indicaré (Génesis 22.2).

Pasado cierto tiempo, Dios puso a prueba a Abraham y le dijo: —¡Abraham! —Aquí estoy — respondió (Génesis 22.1).

La Biblia no nos dice qué pasaría por la cabeza de Abraham al recibir esta orden. No nos dice nada sobre la reacción de Sara mientras se despedía de su hijo. Lo único que sabemos es que Abraham ensilló su asno, tomó a Isaac y dos sirvientes, e inició el viaje hacia el lugar del sacrificio. Y que cuando divisó a lo lejos el monte, dijo a sus siervos que se quedaran allí donde estaban y esperaran. Y agregó algo que es digno de destacar: «Quédense aquí con el asno. El muchacho y yo seguiremos adelante para adorar a Dios, y luego regresaremos junto a ustedes» (v. 5).

Abraham se levantó de madrugada y ensilló su asno. También cortó leña para el holocausto y, junto con dos de sus criados y su hijo Isaac, se encaminó hacia el lugar que Dios le había indicado (Génesis 22.3).

Fíjate en la seguridad de Abraham al afirmar «regresaremos». Como el escritor de Hebreos lo diría más tarde: «Consideraba Abraham que Dios tiene poder hasta para resucitar a los muertos, y así, en sentido figurado, recobró a Isaac de entre los muertos» (Hebreos 11.19).

Dios no puede ser tentado por el mal, ni tampoco tienta él a nadie (Santiago 1.13).

1. Volvamos a Génesis 22. En el versículo 1, leemos que «Dios *puso a prueba* a Abraham» (énfasis añadido). ¿Qué significa «poner a prueba» la fe de uno? Ten en cuenta que Dios nunca nos *tienta*, sino que nos prueba (ver Santiago 1.13). ¿Cuál es la diferencia entre probar y tentar?

Así también la fe de ustedes, que vale mucho más que el oro, al ser acrisolada por las pruebas demostrará que es digna de aprobación, gloria y honor cuando Jesucristo se revele (1 Pedro 1.7).

2. Lee 1 Pedro 1.7. Describe un momento en el que crees que el Señor puso a prueba tu fe. ¿Cómo fue tu fe «acrisolada» durante esa prueba?

3. En la historia de Sara y Abraham, justo cuando la espera y las pruebas han terminado y cuando la vida vuelve a sonreír con la llegada de Isaac, el hijo prometido, Dios les envía la prueba más difícil. ¿Por qué habrá Dios probado la fe de Abraham de esa manera? ¿No le había demostrado hasta ahora ser lo suficientemente fiel?

Por la fe Abraham, que había recibido las promesas, fue puesto a prueba y ofreció a Isaac, su hijo único (Hebreos 11.17).

4. Lee Hebreos 11.17-19. ¿Cómo dice el autor que reaccionó Abraham cuando Dios le puso esta prueba de fe? ¿Qué podemos aprender de su ejemplo?

DEVOLVÉRSELO TODO A DIOS

Fue entonces, tomó el carnero y lo ofreció como holocausto, en lugar de su hijo (Génesis 22.13).

El padre y el hijo suben la montaña. En un momento, Isaac pregunta: «¿Dónde está el cordero para el holocausto?» (Génesis 22.7). Se puede suponer que a Abraham la respuesta se le hizo un nudo en la garganta. «El cordero, hijo mío, lo proveerá Dios» (v. 8). *Jehová-jireh*. El Señor que provee.

Abraham ata a su hijo, lo coloca sobre el altar, levanta el cuchillo... y un ángel detiene su mano. Dios ha interrumpido el sacrificio y ha perdonado la vida de Isaac. Abraham oye un ruido en el matorral y ve un carnero atrapado por sus cuernos en un arbusto. Lo ofrece como sacrificio y le da un nombre a la montaña: *Jehová-jireh*, el Señor que provee.

En el Nuevo Testamento encontramos a Jesús interactuando con padres de hijos que están sufriendo. La madre cananea. El padre de un niño epiléptico. Jairo. Todos ellos sostienen el extremo de una cuerda en una mano y se acercan a Jesús con la otra. En cada caso, Jesús responde. Su constante amabilidad emite un anuncio de bienvenida: Dios presta atención a la preocupación en el corazón de un padre.

En esto llegó un hombre llamado Jairo, que era un jefe de la sinagoga. Arrojándose a los pies de Jesús, le suplicaba que fuera a su casa, porque su única hija, de unos doce años, se estaba muriendo (Lucas 8.41-42).

Después de todo, nuestros hijos fueron suyos primero. «Los hijos son una herencia del Señor, los frutos del vientre son una recompensa» (Salmos 127.3). Antes de que nuestros hijos fueran nuestros, eran suyos. Incluso cuando son nuestros, todavía son suyos. Tendemos a olvidar esto y a considerar a nuestros hijos como «propios», como si fuésemos nosotros los que tenemos la última palabra sobre su salud y su bienestar. No es así. Todos somos de Dios, incluidos los pequeños que se sientan a nuestra mesa.

Sabios son aquellos que acostumbran a dar a Dios lo que han recibido de él. Esto es exactamente lo que vemos en las vidas de Sara y Abraham. Estuvieron dispuestos a no quitarle nada a Dios y a confiarle la vida del que por tantos años habían esperado. Su ejemplo nos muestra que Dios nos recompensa cuando nosotros hacemos lo mismo.

Ahora sé que temes a Dios, porque ni siquiera te has negado a darme a tu único hijo (Génesis 22.12).

5. Piensa en un regalo que Dios te haya dado y que has apreciado sobremanera. Si Dios te pidiera que se lo devolvieras, ¿cómo reaccionarías?

6. En Mateo 6.21, Jesús dice: «Donde esté tu tesoro, allí estará también tu corazón». Si no tenemos cuidado, podemos permitir que nuestros regalos sean más importantes que el Dador de los regalos. ¿Tienes algún regalo terrenal que aprecies con especial cariño? Si lo tienes, ¿cómo puedes llegar a un punto donde veas a Dios como el tesoro superior a todo y no los regalos que él te da?

No acumulen para sí tesoros en la tierra [...]. Más bien, acumulen para sí tesoros en el cielo (Mateo 6.19-20).

7. Mil años después de Abraham, el templo de Jerusalén se habría de construir en el monte Moria. Aunque la Biblia no lo especifica, hay eruditos que creen que el lugar donde se construyó el templo y el lugar donde Abraham ofreció el sacrificio de Isaac son el mismo lugar. Si ese es el caso, ¿cuál sería el significado de esa ubicación compartida (ver Génesis 22.14)?

No se olviden de hacer el bien y de compartir con otros lo que tienen, porque esos son los sacrificios que agradan a Dios (Hebreos 13.16).

8. El sacrificio de Isaac por Abraham fue un acto de adoración, una ofrenda a Dios de lo mejor que tenía, y una decisión de devolver a Dios lo que legítimamente había sido suyo antes de que fuera de Abraham. ¿En qué forma podemos nosotros también sacrificar a Dios nuestras posesiones más preciadas en un sentido físico y espiritual?

Dios respondió a la fidelidad de Abraham con estas palabras: «Como has hecho esto, y no me has negado a tu único hijo, juro por mí mismo [...] que te bendeciré en gran manera, y que multiplicaré tu descendencia como las estrellas del cielo y como la arena del mar. Además, tus descendientes conquistarán las ciudades de sus enemigos. Puesto que me has obedecido, todas las naciones del mundo serán bendecidas por medio de tu descendencia» (Génesis 22.16-18).

Abraham estaba ya entrado en años, y el SEÑOR lo había bendecido en todo (Génesis 24.1).

Al final, el Señor bendijo a Sara y a Abraham por confiar en él. Sí, Satanás había usado una cuna vacía para provocar tensión y disensión y duda en la familia. Sara perfectamente pudo haber servido como la evidencia *prima facie* del enemigo respecto a por qué no se puede confiar en Dios. Por otro lado, como hemos visto, ella fue totalmente lo opuesto. Desde entonces, su historia ha instruido a millones de personas en el sentido de que Dios deja lo mejor para el final.

En las páginas de la Biblia hay otros ejemplos destacados. Cuando Daniel y los mejores jóvenes de Jerusalén fueron llevados al cautiverio, parecía una victoria rotunda de Satanás. La estrategia del infierno era aislar a aquellos jóvenes piadosos. Sin embargo, de nuevo, el plan se volvió, como un bumerán, contra él. A Daniel se lo puso a servir en la corte del rey. El mismo hombre al que Satanás trató de silenciar pasó la mayor parte de su vida orando al Dios de Israel y aconsejando a los reyes de Babilonia.

Pedro es otro ejemplo. Satanás buscó desacreditar a Jesús al provocar a Pedro para que lo negara. No obstante, su plan fracasó. En lugar de ser un ejemplo de cuán profundamente puede caer un hombre, Pedro se convirtió en un ejemplo de hasta dónde se puede extender la gracia de Dios.

Es verdad que ustedes pensaron hacerme mal, pero Dios transformó ese mal en bien para lograr lo que hoy estamos viendo: salvar la vida de mucha gente (Génesis 50.20).

También tenemos a Pablo. Satanás esperaba que la prisión silenciara su púlpito. Lo logró, pero, a la vez, desató su pluma. Las Epístolas a los Gálatas, Efesios, Filipenses y Colosenses fueron escritas desde una celda de la cárcel. ¿Puedes ver a Satanás dando coces contra el suelo y frunciendo los labios cada vez que una persona lee esas cartas? ¡Él mismo ayudó a que se escribieran!

Cada vez que Satanás anota una canasta, los puntos se los anotan al otro equipo.

La historia de Sara nos dice que Dios siempre cumple sus promesas. Nos muestra que Dios da gracia a aquellos que la necesitan. Revela que Dios permanece con nosotros y trabaja en nuestras vidas incluso cuando nosotros tratamos de ir en contra de su voluntad. Y nos muestra que él nos cuidará cuando le confiemos los regalos que nos ha dado.

Verdades para recordar

- ❖ Las pruebas del tiempo refinan nuestra fe, haciéndola genuina, y nos permiten dar a Dios gloria, honor y alabanza.
- ❖ Nuestra disposición a darle a Dios lo que más valoramos es un acto de adoración que él bendecirá.
- ❖ Sabemos que nuestros corazones están en lo correcto hacia Dios cuando él nos es más valioso que cualquier tesoro que nos da.

Oración para hoy

Todo lo que tenemos es tuyo, Señor. Amamos y cuidamos tus tesoros, pero reconocemos que palidecen en comparación contigo. Ayúdanos a adorarte teniendo corazones que estén dispuestos a darte nuestro todo cada día de nuestra vida. Amén.

Versículo de la semana para memorizar

Reconoce, por tanto, que el Señor tu Dios es el Dios verdadero, el Dios fiel, que cumple su pacto generación tras generación, y muestra su fiel amor a quienes lo aman y obedecen sus mandamientos.

DEUTERONOMIO 7.9

Para lectura adicional

Las selecciones a lo largo de esta lección fueron tomadas de *Con razón lo llaman el Salvador* (Nashville: Grupo Nelson, 2013); *Aplauso del cielo* (Nashville: Grupo Nelson, 1996); *En manos de la gracia* (Nashville: Grupo Nelson, 2011); *La gran casa de Dios* (Nashville: Grupo Nelson, 1997); *Seis horas de un viernes* (Miami: Editorial Vida, 1992); y *Sin temor* (Nashville: Grupo Nelson, 2009).

Notas

1. Earl Radmacher, Ronald B. Allen, H. Wayne House, editors. *Nelson´s New Illustrated Bible Commentary* (Nashville: Thomas Nelson, 1999), p. 30.
2. *Ibid.*, p. 32.
3. The *ESV Global Study Bible* (Wheaton, Ill.: Crossway, 2012), nota en Mateo 5.3.

LECCIÓN 2

RAJAB

CUANDO UN PASADO ESCABROSO ALCANZA LA GRACIA DE DIOS

ALGUNOS NIÑOS EN CATEURA, en las afueras de Asunción (Paraguay), están haciendo música con la basura. Están convirtiendo tinas de lavar en timbales y tubos de desagüe en trompetas. Mientras otras orquestas afinan sus violoncelos de madera de arce y sus tubas de bronce, esta no. Ellos interpretan a Beethoven usando cubos de plástico recogidos en los basurales de Cateura.

Allí donde ellos viven, la basura es lo único que pueden cosechar. Clasifican la basura y la venden por unos cuantos centavos. Muchos de ellos han tenido el mismo destino que la basura: han sido tratados como desperdicios y descartados como inservibles.

Pero ahora, gracias a la iniciativa y el esfuerzo de dos hombres, estos niños están haciendo música.

Favio Chávez es un técnico ambiental que imaginó una escuela de música como un respiro para esos niños. Don Cola Gómez es un recolector de basura y carpintero. Nunca había visto, oído ni tenido en sus manos un violín. Sin embargo, cuando alguien le describió el instrumento, buscó entre los desperdicios una lata de pintura vacía y una bandeja de horno y en su pequeño taller hizo un violín. Su siguiente instrumento fue un violoncelo. El cuerpo lo hizo de un barril de aceite, las perillas de afinación de un cepillo para el pelo, del talón de un zapato y de una cuchara de madera.

Gracias a este «Stradivarius», la chatarra recibe una segunda oportunidad lo mismo que los niños que viven entre ella. Desde el día en que su historia se hizo pública, han recibido clases por maestros profesionales, se han presentado en programas de televisión nacionales e incluso han hecho una gira mundial con el nombre de «Los armónicos del basurero» o, la «Orquesta reciclada de Cateura».

También podríamos llamarlos «Una imagen de la gracia de Dios».

Con la escoria, Dios produce música. La orquesta del cielo está compuesta por lo más improbable de los músicos. Pedro, primera trompeta,

Fortalécete por la gracia que tenemos en Cristo Jesús (2 Timoteo 2.1).

Pero el rey de Jericó se enteró de que dos espías israelitas habían entrado esa noche en la ciudad para reconocer el país (Josué 2.2).

maldijo el nombre del Jesús que lo salvó. Pablo forma parte de los violines, pero hubo una época en que se las dio de matón religioso. ¿Y el arpista? David. El rey David. Mujeriego. Confabulador. Sanguinario. Arrepentido.

Fíjate en el primer clarinete. Es una mujer. Su nombre es Rajab. Su historia ocupa el segundo capítulo del libro de Josué. «Luego Josué hijo de Nun envió secretamente, desde Sitín, a dos espías con la siguiente orden: "¡Vayan a explorar la tierra, especialmente Jericó!". Cuando los espías llegaron a Jericó, se hospedaron en la casa de una prostituta llamada Rajab» (v. 1).

1. Si eres honesto, ¿cómo te ves hoy? ¿Como un pedazo de basura, inutilizable y olvidado? ¿O como un instrumento de Dios, redimido y valioso? ¿O quizá una mezcla de ambos? Explica tus pensamientos.

2. ¿Cómo ha tomado Dios la basura de tu vida? ¿Quizá malas decisiones en el pasado, luchas en el presente pero misericordiosamente convertidas en música?

Adoren al SEÑOR con regocijo. Preséntense ante él con cánticos de júbilo (Salmos 100.2).

Una sartén convertida en violín. Un violoncelo hecho de un barril. ¿A quién se le podría ocurrir que de algo tan desvalorizado, desechado y podrido alguien produciría música? Dios hace esto todos los días. Él sintoniza nuestros corazones desafinados para que coincidan con su canción. Lo único que tenemos que hacer nosotros es dejarlo hacer su trabajo. Si creemos que no nos puede usar, estamos equivocados. Así que pidámosle a Dios, hoy mismo, que nos ayude a vernos como instrumentos de basurero, que una vez estuvimos sucios, pero que ahora estamos limpios; que una vez vivimos en silencio, pero que ahora interpretamos su música.

ORACIÓN PARA LA SEMANA

Señor: Tú nos dices que «si alguno está en Cristo, es una nueva creación. ¡Lo viejo ha pasado, ha llegado ya lo nuevo!» (2 Corintios 5.17). Gracias por transformar nuestra basura en tu canción. Hoy te pedimos que continúes haciendo de nuestra vida una melodía que esté cada vez más sintonizada contigo. Amén.

Día uno: Una prueba en el desierto

TEMORES DEL TAMAÑO DE UN CANANEO

La «tierra prometida» era, en realidad, la tercera parada en el icónico itinerario del pueblo hebreo. Su peregrinación había comenzado en Egipto, donde habían estado esclavizados por el faraón. Después de que Dios levantó a Moisés para que fuera el líder del pueblo, los israelitas pasaron a través del Mar Rojo pisando tierra seca y entraron al desierto. Allí, en el desierto, fueron liberados de la esclavitud egipcia. Pero tú no lo habrías sabido de haberlos escuchado a ellos.

Él [Moisés] los sacó de Egipto haciendo prodigios y señales milagrosas tanto en la tierra de Egipto como en el Mar Rojo, y en el desierto durante cuarenta años (Hechos 7.36).

A solo tres días de su libertad «comenzaron [...] a murmurar en contra de Moisés, y preguntaban: "¿Qué vamos a beber?"» (Éxodo 15.24). Unos pocos días más, y «toda la comunidad murmuró contra Moisés y Aarón: "¡Cómo quisiéramos que el Señor nos hubiera quitado la vida en Egipto! [...] ¡Ustedes nos han traído a este desierto para matar de hambre a toda la comunidad!"» (16.2-3). El pueblo se peleaba con Moisés (17.2), y murmuraban contra él (v. 3). Inhalaban la ansiedad como el oxígeno y llegaron a tal punto con sus quejas que Moisés le dijo al Señor: «¿Qué voy a hacer con este pueblo? ¡Solo falta que me maten a pedradas!» (v. 4).

Nuestros antepasados no quisieron obedecerlo a él, sino que lo rechazaron. Lo que realmente deseaban era volver a Egipto (Hechos 7.39).

Finalmente, cuando Dios mandó al pueblo a aprestarse para entrar a Canaán, Moisés envió doce espías a la tierra. Cuando regresaron, todos menos dos dijeron que la misión era imposible, que los gigantes eran demasiado grandes para ellos y afirmaron: «Comparados con ellos, parecíamos langostas, y así nos veían ellos a nosotros» (Números 13.33). *Frente a ellos éramos pequeños insectos. Nos aplastarán.*

Entonces Dios les dio tiempo para pensarlo. Los puso en «pausa» por casi cuarenta años. Durante todo ese tiempo, los israelitas estuvieron caminando en círculos y comiendo la misma comida todos los días. La vida era una rutina interminable al igual que las rocas, los lagartos, las serpientes y los escorpiones. Las victorias que obtuvieron durante ese tiempo fueron escasas. El progreso, lentísimo. Estaban vivos, pero débiles. Redimidos, pero no liberados. Rescatados del faraón, pero atascados en el desierto. Libres, pero cautivos en una rutina. Cuatro décadas de tedio.

Pero llegó el día cuando Dios se le apareció a Josué, el sucesor de Moisés, y le dijo: «Levántate y pasa este Jordán, tú y todo este pueblo, a la tierra que yo les doy a los hijos de Israel» (Josué 1.2, RVR1960). Había llegado el momento de una segunda oportunidad, y Jericó era la primera prueba.

¿Cómo respondería el pueblo esta vez?

1. Antes de traspasar las murallas de Jericó, echemos un vistazo a los israelitas y cómo fue que llegaron hasta allí. Lee Éxodo 3.7-10. ¿Qué les

Así que he descendido para librarlos del poder de los egipcios (Éxodo 3.8).

promete Dios a Moisés y al pueblo en estos versículos? ¿Qué podemos aprender sobre el cariño de Dios hacia Israel?

Miriam les cantaba así: Canten al SEÑOR, que se ha coronado de triunfo arrojando al mar caballos y jinetes (Éxodo 15.21).

2. Volvamos a Éxodo 15.20-21. Dios liberó a los israelitas después de 430 años en cautiverio a través de una serie épica de plagas y de la separación del Mar Rojo. Una vez que están fuera de Egipto, comienzan a adorar al Señor. ¿Qué proclaman en su canto Miriam y las mujeres respecto a Dios? ¿Cuál es su actitud y su comportamiento?

En el desierto, toda la comunidad murmuró contra Moisés y Aarón (Éxodo 16.2).

3. Omite algunos versículos y lee Éxodo 16.1-3. El pueblo adoraba a Dios, pero ahora murmuran. ¿Qué crees que provocó ese cambio? Describe un momento en el que tú, como los israelitas, alababas a Dios en un momento solo para volverte contra él en el siguiente.

Ninguno [...] verá jamás la tierra que, bajo juramento, prometí dar a sus padres (Números 14.22-23).

4. Busca Números 13.28-29. La duda de los israelitas en el plan de Dios no se detuvo. Después de que Moisés envió espías a la tierra prometida, estos regresaron con malas noticias. ¿Qué dijeron los espías que temían? ¿Qué temores del tamaño de un cananeo tienes tú en estos momentos?

UNA LECCIÓN PARA CONFIAR QUE DURA CUARENTA AÑOS

Para entender cómo iban a responder los israelitas al mandato de Dios en Josué 1.2 en el sentido de entrar a la tierra prometida, necesitamos fijarnos en lo que pudieron haber aprendido durante los cuarenta años que vagaron por el desierto. Como ya vimos, el pueblo había hecho de la ansiedad una nueva forma de arte. Cualquiera pensaría que ahora estarían listos para ofrecer seminarios de fe basados en todo lo que habían visto y vivido. Habían sido testigos de un milagro tras otro. Sin embargo, seguían preocupados.

«¡Cómo quisiéramos que el SEÑOR nos hubiera quitado la vida en Egipto! —les decían los israelitas—. Allá nos sentábamos en torno a las ollas de carne y comíamos pan hasta saciarnos» (Éxodo 16.3).

Con solo un mes de libertad, los mismos hebreos que habían clamado a Dios para que los liberara, estaban refiriéndose a Egipto como si hubiese sido un tiempo de vacaciones pagadas. En un mes, ya se habían olvidado de los milagros que habían ocurrido ante sus propios ojos y de la miseria que habían conocido, y como el olvido engendra inquietud, Dios tuvo que enseñarles cómo confiar en él y cómo depender de él. Y tenían que aprender a depender de él *un día a la vez.*

Al atardecer de cada día, Dios les envió codornices en tal cantidad que formaron como una alfombra en el suelo del campamento. Y por las mañanas, el maná brillaba como la escarcha. Carne para la cena, pan para el desayuno. Y esa provisión era cosa de todos los días. No una vez en el año, no una vez por mes ni semanalmente, sino todos los días. Así, el pueblo entendió que Dios tenía recursos de los que no tenían idea, soluciones fuera de su más fantasiosa realidad, provisiones por encima de toda posibilidad. Ellos vieron la tierra quemada; Dios vio la panera del cielo. Ellos vieron la tierra reseca; Dios vio una bandada de codornices detrás de cada arbusto. Ellos vieron problemas; Dios vio provisión.

En Romanos 8.28 Pablo escribe: «Y sabemos que a los que aman a Dios, todas las cosas les ayudan a bien» (RVR1960). Yo creo que este es uno de los versículos más positivos y reconfortantes de toda la Biblia, pues confirma la soberanía de Dios en toda situación dolorosa y trágica a la que nos enfrentemos. ¿Por qué? Porque no solo nos dice que *Dios actúa*, que está activo en toda situación en que nos encontremos, sino que, además, *actúa para nuestro bien*. Dios usa nuestras luchas para que nuestro carácter se fortalezca.

Con otras palabras, Santiago dice lo mismo en su carta: «Hermanos míos, tened por sumo gozo cuando os halléis en diversas pruebas, sabiendo que la prueba de vuestra fe produce paciencia. Mas tenga la paciencia su obra completa, para que seáis perfectos y cabales, sin que os falte cosa alguna» (Santiago 1.2-4, RVR1960). La prueba de hoy lleva a la madurez de mañana.

¿No nos ha enseñado la ostra este principio? El grano de arena invade la comodidad dentro de su caparazón, ¿y cómo responde la ostra? ¿Cómo hace frente a la irritación? ¿Va a la barra de ostras por unos cuantos tragos? ¿Se deprime y se pone furiosa contra su destino? ¿O va de compras y gasta un montón de dinero para tratar de olvidarse del dolor? No. La ostra comienza a secretar una sustancia que no solo acaba con la irritación y el dolor, sino que también transforma aquel pedrusco minúsculo pero irritante en una perla. Cada perla es, sencillamente, una victoria sobre las irritaciones.

En cuanto a nosotros, ¿qué hacemos mientras tanto? Hacemos lo que la gente de Israel hizo: aprendemos a confiar completamente, día a día, para todas nuestras necesidades. Y recordamos que «Dios está actuando. Él está obrando para nuestro bien, y está usando todas las cosas para ello».

«Esta tarde el SEÑOR les dará a comer carne, y mañana los saciará de pan, pues ya los oyó murmurar contra él» (Éxodo 16.8).

5. Lee Números 14.1-10. ¿Cómo reaccionó el pueblo cuando escuchó el informe de los diez espías sobre el tamaño y la fuerza de los cananeos? ¿Qué hicieron Josué y Caleb para tratar de convencerlos de confiar en Dios?

En sus murmuraciones contra Moisés y Aarón, la comunidad decía: «¡Cómo quisiéramos haber muerto en Egipto!» (Números 14.2).

Crean que ya han recibido todo lo que estén pidiendo en oración, y lo obtendrán (Marcos 11.24).

6. Pasa a Marcos 11.22-25. ¿Qué dice Jesús en este pasaje con respecto al poder de tener fe en Dios? ¿Qué dice sobre dudar de las promesas de Dios?

«¿Por qué se asustan tanto? —les preguntó—. ¿Por qué les vienen dudas?» (Lucas 24.38).

7. ¿Cuándo en tu vida las dudas o el miedo te impidieron llegar a un lugar de «leche y miel», un lugar de más libertad y gozo? ¿Qué pasos diste para superar esas dudas? ¿De qué manera viste la guía de Dios?

8. Nadie disfruta de las pruebas, pero la Escritura es clara en señalar que sirven un propósito. Lee los pasajes a continuación y escribe algunas de las formas en que Dios usa tiempos difíciles para dar forma a nuestro carácter.

Romanos 5.3-4: «Y no solo en esto, sino también en nuestros sufrimientos, porque sabemos que el sufrimiento produce perseverancia; la perseverancia, entereza de carácter; la entereza de carácter, esperanza».

2 Corintios 1.3-4: «Alabado sea el Dios y Padre de nuestro Señor Jesucristo, Padre misericordioso y Dios de toda consolación, quien nos consuela en todas nuestras tribulaciones para que, con el mismo consuelo que de Dios hemos recibido, también nosotros podamos consolar a todos los que sufren».

2 Corintios 4.17: «Pues los sufrimientos ligeros y efímeros que ahora padecemos producen una gloria eterna que vale muchísimo más que todo sufrimiento».

1 Pedro 4.12-13: «Queridos hermanos, no se extrañen del fuego de la prueba que están soportando, como si fuera algo insólito. Al contrario, alégrense de tener parte en los sufrimientos de Cristo, para que también sea inmensa su alegría cuando se revele la gloria de Cristo».

En Egipto, generaciones del pueblo de Dios se habían sentado alrededor de la mesa, y les habían dicho a sus hijos: «Un día el Señor nos liberará. ¡Él lo prometió!». Pero cuando ese día llegó, se olvidaron de la promesa y se centraron en el miedo. Nosotros hacemos lo mismo cuando permitimos que las palabras del enemigo o de nuestras propias inseguridades eclipsen la verdad de Dios. Así que hoy, vamos a quitar nuestra mirada del tamaño de los cananeos y la vamos a poner en la promesa de Dios, la misma promesa que hizo a los israelitas: «Yo soy JEHOVÁ; y yo os sacaré de debajo de las tareas pesadas de Egipto, y os libraré de su servidumbre, y os redimiré con brazo extendido [...] y os tomaré por mi pueblo y seré vuestro Dios» (Éxodo 6.6-7, RVR1960).

El SEÑOR le dijo: «Debes saber que tus descendientes vivirán como extranjeros en tierra extraña, donde serán esclavizados y maltratados durante cuatrocientos años» (Génesis 15.13).

Verdades para recordar

- ❖ Confiar en Dios y depender de él un día a la vez edifica nuestra confianza en él y en sus planes.
- ❖ Dios tiene recursos y soluciones fuera de nuestra realidad y más allá de nuestro concepto de lo que es posible.
- ❖ Las pruebas cumplen un propósito: desarrollan el carácter, nos permiten empatizar con el dolor de los demás, dan gloria a Dios y nos ayudan a ser más como Cristo.

Oración para hoy

Señor: Perdónanos cuando olvidemos tus promesas. Cuando el miedo se cuele, inunda nuestros corazones con tu promesa de que nos has liberado, redimido, acogido como a tus hijos y nos has dado el privilegio de llamarte nuestro Dios. Usa las pruebas en nuestra vida para formarnos en el tipo de personas que quieres que seamos, personas más como tu Hijo, Jesús. Amén.

Día dos: El primer paso de fe

Dios señala el camino

El primer ejercicio de fe de los israelitas lo constituiría el paso del río Jordán. Durante la mayor parte de los meses del año, este río tenía entre 27 y 36 metros de ancho y unos dos metros de profundidad. Sin embargo, Josué recibió sus órdenes durante la temporada de la cosecha cuando el Jordán llegaba a tener hasta un kilómetro y medio de ancho con aguas turbulentas aumentadas por el derretimiento de las nieves del monte Hermón.

Dentro de tres días pasaréis el Jordán para entrar a poseer la tierra que Jehová vuestro Dios os da en posesión (Josué 1.11, RVR1960).

¡Y nada menos que con varios millones de personas! Dios quería que cada hombre, mujer, niño y bebé cruzara el río. No solo los fuertes y vigorosos, sino los ancianos y débiles, los enfermos y discapacitados por igual. Nadie se quedaría atrás. Josué bien pudo haberse atragantado con esa orden. ¿Dos millones de personas cruzando un río de un kilómetro y medio de ancho? Pero no se acobardó, sino que más bien puso el proceso en movimiento.

Josué se levantó de mañana, y él y todos los hijos de Israel [...] vinieron hasta el Jordán, y reposaron allí antes de pasarlo (Josué 3.1, RVR1960).

Durante tres días, el pueblo acampó a la orilla oriental del río, desde donde podían observar las aguas color cobre y las crecidas furiosas que arrastraban escombros y troncos de árboles. Tres días. Un tiempo suficiente para preguntarse cómo harían para cruzarlo. Un día. Dos días. Pero al tercero llegó la respuesta: «Cuando vean el arca del pacto [...] dejen sus puestos» (Josué 3.3).

Cuando Dios dijo: «Sigan el arca» estaba diciendo: «Síganme a mí». Dios señaló el camino. No fueron los soldados. Ni Josué. Ni los ingenieros con sus planos o sus fuerzas especiales y su maquinaria. Cuando llegó el momento de pasar esas aguas imposibles, el plan de Dios fue sencillo: Confíen en mí. ¡Síganme!

Los que llevaban el arca entraron en el Jordán, y los pies de los sacerdotes que llevaban el arca fueron mojados a la orilla del agua (Josué 3.15, RVR1960).

Y el pueblo confió en él; no obstante, la Biblia no trata de ocultar el miedo que les sobrecogió. Los sacerdotes «sumergieron» sus pies en el borde del agua. No corrieron ni se zambulleron; simplemente, con cautela, pusieron las puntas de sus dedos gordos en el río. Fue el más pequeño de los pasos, pero con Dios aun el paso de fe, por más pequeño que sea, puede activar el más grande de los milagros. Y en cuanto tocaron el agua, la correntada se detuvo como si alguien hubiese cerrado la llave de paso.

El primer obstáculo había quedado superado. Sin embargo, había un desafío mayor esperándolos en el horizonte: la conquista de la poderosa ciudad de Jericó. Y, como veremos, Rajab jugaría un papel determinante en los planes de los israelitas para conquistarla.

Levántate y pasa este Jordán, tú y todo este pueblo, a la tierra que yo les doy a los hijos de Israel (Josué 1.2, RVR1960).

1. Lee Josué 1.1-6. Después de cuarenta años, la generación incrédula de los israelitas muere en el desierto, y Dios nombra a Josué para que conduzca a la siguiente generación a la tierra prometida. ¿Qué le dijo Dios a Josué que hiciera? ¿Qué le prometió?

Ellos le respondieron a Josué: —Nosotros obedeceremos todo lo que nos has mandado (Josué 1.16).

2. Lee Josué 1.10-18. Josué da órdenes perentorias a los israelitas para que se prepararan para la batalla. ¿En qué forma responde el pueblo esta vez? ¿Qué diferencia se percibe entre esta generación y la anterior?

3. Lee Josué 3.8-13. Intenta ponerte en los zapatos de los israelitas (o debería decir, en sus sandalias) cuando se enfrentaron a la primera prueba de fe: cruzar el río Jordán. ¿Qué fue lo inusual en cuanto a las instrucciones de Dios sobre cómo lo cruzarían? ¿Se necesitaba tener fe para acatar esas instrucciones?

El arca del pacto, que pertenece al Soberano de toda la tierra, cruzará el Jordán al frente de ustedes (Josué 3.11).

4. Lee el resto de la historia en los vv. 14-17. Dios había guiado al pueblo fuera de Egipto, haciéndoles camino para que cruzaran en tierra firme el mar Rojo. Ahora los estaba guiando hacia Canaán haciendo que cruzaran como pisando tierra firme y seca a través del río Jordán. ¿A través de qué ríos te está llevando Dios en tu vida? ¿Qué pasos de fe te está pidiendo que des para llegar al otro lado sano y salvo?

Por su parte, los sacerdotes que portaban el arca del pacto del SEÑOR *permanecieron de pie en terreno seco, en medio del Jordán, mientras todo el pueblo de Israel terminaba de cruzar el río por el cauce totalmente seco* (Josué 3.17).

Un árbol familiar nudoso

Jericó era una ciudad formidable que se encontraba justo al norte del mar Muerto. Sus habitantes eran los cananeos. Llamar a ese pueblo bárbaro era como decir que en el Polo Norte hace frío. Habían convertido la adoración del templo en orgías. Enterraban a sus bebés vivos. Los cananeos no tenían el más mínimo respeto por la vida humana ni ningún respeto hacia Dios.

Los destruirás completamente... para que no os enseñen a hacer según todas sus abominaciones que ellos han hecho para sus dioses (Deuteronomio 20.17-18, RVR1960).

Fue a Jericó que Josué envió a dos hombres para espiar las defensas enemigas. Fue en esta ciudad que los espías se encontraron con Rajab, la prostituta.

Mucho podría decirse de ella sin tener que mencionar su profesión. Era cananea. Protegió a los espías de Josué. Creyó en el Dios de Abraham antes de conocer a los hijos de Abraham. Se libró de la destrucción de su ciudad. Terminó injertada en la cultura hebrea. Se casó con un contemporáneo de Josué. Tuvo un hijo llamado Booz, un bisnieto llamado Isaí, un tataranieto llamado David y un descendiente llamado Jesús. Sí, el nombre de Rajab aparece en el árbol genealógico del Hijo de Dios.

Cuando los espías llegaron a Jericó, se hospedaron en la casa de una prostituta llamada Rajab (Josué 2.1).

En su currículum no era necesario mencionar su profesión. Sin embargo, en cinco de las doce apariciones de su nombre en la Biblia, se la presenta como una «prostituta». ¡Cinco! ¿No sería suficiente una vez? ¡Pero cinco de doce! ¿No habría podido matizarse esa referencia con un eufemismo, como, por ejemplo: «Rajab, la mejor anfitriona de Jericó» o «Rajab, la que hacía que todos los turistas se sintieran bienvenidos en la ciudad»? Ya es suficientemente malo que el nombre Rajab suene como «rajar». ¿Por qué no disfrazar un poco su profesión? Ponerle un velo. Enmascararla. Usar un corrector para cubrir esa mancha bíblica. Quitar la referencia a ese prostíbulo. ¡Y ya!

Pero la Biblia no hace eso; más bien hace lo opuesto. Le pone a su nombre un bombillo rojo. La pone en la Galería de hombres y mujeres de la fe en el libro de Hebreos donde se incluye a Abel, a Noé, a Abraham, a Isaac, a Jacob, a José, a Moisés. Y ¡zas!, de repente, «Rajab, la prostituta» (Hebreos 11.31). Sin asterisco, sin nota al pie, sin disculpas, sin explicación ni justificación. La historia de prostitución de Rajab es parte de su testimonio.

Por la fe la prostituta Rajab no murió junto con los desobedientes, pues había recibido en paz a los espías (Hebreos 11.31).

5. Lee Hebreos 11.30-31. ¿Qué dice el autor en este pasaje sobre Rajab?

De igual manera, ¿no fue declarada justa por las obras aun la prostituta Rajab, cuando hospedó a los espías y les ayudó a huir por otro camino? (Santiago 2.25).

6. Lee Santiago 2.25-26. ¿A quién menciona Santiago en este pasaje? ¿A qué encarna ella en estos versículos?

Salmón, padre de Booz, cuya madre fue Rajab (Mateo 1.5).

7. Lee ahora Mateo 1.1-16. ¿Encontraste a Rajab en esa lista? ¿Qué puede significar encontrarla a ella en este linaje, dada su reputación?

8. Así como Rajab, los israelitas tenían un pasado contaminado. Sin embargo, Dios usó a ambos, incluso haciendo de Rajab un modelo de fe ejemplar a lo largo de la Biblia. ¿Qué nos enseña esto, no solo con relación a nuestro pasado, sino también sobre nuestro futuro?

El SEÑOR es clemente y compasivo, lento para la ira y grande en amor (Salmos 103.8).

Quizá tú vienes de un linaje de infidelidad. O tal vez tu linaje es más una mezcla de credos. En cualquier caso, ¿no te alegra tener un Dios que actúa según su bondad y no de acuerdo con la nuestra? Gracias a que él es fiel, todavía tenemos un futuro. Porque él es bueno, todavía tenemos una esperanza. Podemos alabarlo porque «no nos trata conforme a nuestros pecados ni nos paga según nuestras maldades» (Salmos 103.10). En lugar de eso, nos perdona y nos ve limpios. Como resultado, nosotros cual Rajab, podemos encontrar nuestros nombres en el linaje de Cristo.

Verdades para recordar

- El más pequeño paso de fe puede activar un milagro poderoso.
- Nuestra historia puede llegar a ser parte de nuestro testimonio de la bondad de Dios.
- Nuestro futuro, que está garantizado solo por la gracia de Dios, puede darnos esperanza y un lugar en la familia de Dios.

Les aseguro que, si tienen fe tan pequeña como un grano de mostaza, podrán decirle a esta montaña: "Trasládate de aquí para allá", y se trasladaría (Mateo 17.20).

Oración para hoy

Señor: Gracias por prometernos un futuro sin importar lo que hayamos hecho en el pasado. Gracias por usarnos en tu gran plan del reino, así como usaste a Rajab. Danos ojos para vernos de la manera en que tú nos ves: perdonados, limpios y tuyos. Amén.

Día tres: Provisión a través de una prostituta

Un santuario improbable

La historia de Rajab comienza así: «El rey de Jericó se enteró de que dos espías israelitas habían entrado esa noche en la ciudad para reconocer el país» (Josué 2.2). El rey podía ver la multitud de hebreos que acampaban en la ribera este del Jordán. Como diría Rajab más tarde, el pueblo de Jericó estaba asustado. Por las calles se comentaba que Dios tenía su mano sobre los recién llegados y ¡ay de los que se interpusieran en su camino!

Cuando el rey supo que los espías se habían escondido en la casa de Rajab, envió soldados para detenerlos. Me imagino a una media docena de hombres apurando el paso por el camino adoquinado hacia la zona roja de la ciudad. Es tarde en la noche. Las tabernas iluminadas con antorchas están abiertas, y los clientes, ebrios. Al verlos pasar, les gritan obscenidades a los hombres del rey, pero estos no les hacen caso.

Así que [el rey de Jericó] le envió a Rajab el siguiente mensaje: «Echa fuera a los hombres que han entrado en tu casa, pues vinieron a espiar nuestro país» (Josué 2.3).

Los soldados siguen su camino hasta que se detienen frente a la puerta de madera de una edificación de piedra que se apoya en las famosas murallas de Jericó. La luz de la casa no está encendida, lo que hace preguntar a los soldados si hay gente en la casa. El capitán golpea con dureza. Se oye un ruido y Rajab sale a la puerta.

Su maquillaje está intacto y sus ojos sombreados. Su túnica escotada revela el borde de un encaje que ya se quisiera Victoria´s Secret. Su voz enronquecida de tanto fumar. Se coloca una mano en la cadera mientras que en la otra sostiene un martini seco.

—Lo siento, muchachos —les dice—, tenemos reservada toda la noche.

—No estamos aquí para eso —dice el capitán—. Estamos buscando a los hebreos.

—¿Hebreos? —ella ladea la cabeza—. Pensé que venían a divertirse —le hace un gesto sugerente a uno de los soldados más jóvenes que se sonroja. El capitán se mantiene imperturbable.

—Vinimos por los espías —insiste—. ¿Dónde están?

Rajab sale al porche, mira hacia la derecha y hacia la izquierda, y luego baja su voz a nivel de un susurro: —Acaban de irse. Se escabulleron antes de que las puertas se cerraran. Si se mueven rápido, podrán atraparlos.

[Ella dijo:] «No sé a dónde se fueron. Vayan tras ellos» (Josué 2.5).

Los hombres del rey salen corriendo. Mientras desaparecen a la vuelta de la esquina, Rajab sube rápidamente por las escaleras del burdel que llevan al techo donde los dos espías han estado escondidos. Ella les dice que no hay moros en la costa. «Toda la ciudad está hablando de ustedes y sus ejércitos. Se han vuelto locos. El rey no puede dormir y el pueblo no puede comer. Están tomando ansiolíticos como locos. Los últimos gramos de valor que les quedaban se fueron en el tren de la mañana» (vv. 8-11, paráfrasis del autor).

Pero la mujer [...] ya había escondido a los espías (Josué 2.4).

1. Lee Josué 2.1-15. Según estos versículos, ¿qué hizo Rajab para proteger a los espías?

___

___

___

Yo sé que el SEÑOR les ha dado esta tierra, y por eso estamos aterrorizados (Josué 2.9).

2. ¿Qué razones da Rajab para proteger a los espías? ¿Por qué dice que la gente de Canaán tiene miedo de los israelitas?

___

___

___

3. A menudo, hacer lo correcto requiere sacrificio. ¿Cuál fue el sacrificio que hizo Rajab para esconder a los espías? ¿Qué sacrificios estás haciendo tú por el bien de alguien más?

___

___

___

4. La casa de una prostituta proporciona refugio para el pueblo de Dios, y el pueblo de Dios promete refugio para una prostituta. ¿Qué dice

esto respecto a Dios y a la forma en que él actúa? ¿Qué dice acerca de la forma en que se preocupa por los suyos?

____

____

____

EN EL FONDO DEL POZO

Las palabras de Rajab sobre el miedo de los cananeos tienen que haber asombrado a los espías. Seguramente no esperaban encontrar cobardes en Jericó ni fe en un prostíbulo. No obstante, lo encontraron. Lee lo que la dama de dudosa reputación les dijo:

Al oírlo, Jesús se asombró de él y, [...] comentó: «Les digo que ni siquiera en Israel he encontrado una fe tan grande» (Lucas 7.9).

> «Yo sé que el Señor les ha dado esta tierra [...]. Tenemos noticias de cómo el Señor secó las aguas del Mar Rojo [...], cómo destruyeron completamente a los reyes amorreos [...] al este del Jordán. [...] el Señor y Dios es Dios de dioses tanto en el cielo como en la tierra» (vv. 9-11).

Bien, tenemos hasta ahora que Rajab encontró a Dios. O, mejor dicho, Dios encontró a Rajab. Dios vio en ella un corazón tierno en esta ciudad endurecida y decidió salvarla. Habría salvado a toda la ciudad, pero nadie más se lo pidió como lo hizo ella. Por otra parte, Rajab tenía una ventaja sobre los demás. No tenía nada que perder. Estaba en el primer peldaño del escalafón. Había perdido su reputación, su posición social, su oportunidad de superarse; en otras palabras, estaba en el fondo del pozo.

5. Lee Josué 2.12-24. En la conversación de Rajab con los espías, ella usa el nombre personal de Dios, Yahvéh, que aquí aparece como «Señor».[1] ¿Qué dice esto sobre la disposición de su corazón hacia el único Dios verdadero?

____

____

____

Juren en el nombre del SEÑOR que serán bondadosos con mi familia (Josué 2.12).

6. ¿Qué negocian Rajab y los espías a cambio de su amabilidad y protección? Observa los vv. 12-14. ¿Qué razones da Rajab para hacer lo que está haciendo por ellos?

____

____

____

¡Juramos por nuestra vida que la de ustedes no correrá peligro! (Josué 2.14).

7. En el v. 9, Rajab había dicho: «Yo sé que el Señor les ha dado esta tierra, y por eso estamos aterrorizados; todos los habitantes del país están muertos de miedo ante ustedes». Rajab, el «enemigo», declara con seguridad que los israelitas ya habían derrotado a Jericó. ¿Qué efecto tuvieron estas palabras en los corazones de los espías? ¿A quién

Por eso estamos todos tan amedrentados y descorazonados frente a ustedes (Josué 2.11).

ha usado Dios de una manera sorprendente para alentarte a ti en su verdad?

8. Al final, Dios proveería no solo para Rajab sino también para toda la nación de Israel al entregar a Jericó en sus manos. ¿Qué necesitas que Dios provea en tu vida en este momento? ¿Cómo la historia de la increíble provisión de Dios te trae a ti consuelo y esperanza?

Dios se estaba moviendo delante de los israelitas, en medio de los israelitas y detrás de los israelitas, preparándoles el camino y proveyendo para todas sus necesidades. Esta misma verdad se mantiene inalterable para nosotros hoy. Como Pablo escribiría miles de años después: «Mi Dios les proveerá de todo lo que necesiten, conforme a las gloriosas riquezas que tiene en Cristo Jesús» (Filipenses 4.19). Por supuesto, la forma en que Dios provee es a menudo inesperada. Como vemos en esta historia, él liberó a una mujer extranjera con una reputación censurable para que ella, a su vez, pudiera liberar a su pueblo. ¡Quién lo hubiera pensado! Sin embargo, nuestro Padre hace lo mismo con nosotros hoy. Él siempre va delante de nosotros, detrás de nosotros, y operando en medio de nosotros para sorprendernos con su provisión insondable.

Dios puede hacer que toda gracia abunde para ustedes, de manera que siempre, en toda circunstancia, tengan todo lo necesario, y toda buena obra abunde en ustedes. (2 Corintios 9.8).

VERDADES PARA RECORDAR

- ❖ Mostrar el cuidado de Dios para los demás requerirá sacrificio de nuestra parte.
- ❖ Dios puede usar a una persona que nunca habríamos imaginado para alentar nuestra fe y proveer para nuestras necesidades.
- ❖ Cualquier persona que honre y respete a Dios se convierte en el objeto de su cuidado y provisión.

ORACIÓN PARA HOY

Señor: Gracias por preocuparte de mí. Así como ibas delante de los israelitas, sé que vas delante de mí. Sé que «Tu protección me envuelve por completo; me cubres con la palma de tu mano» (Salmos 139.5). Perdóname cuando dudo de tu provisión, y ayúdame a traspasar este conocimiento de tu bondad de mi cabeza a mi corazón. Amén.

Día cuatro: Parte de la familia

DIOS TIENE UN LUGAR

Tal vez puedas establecer una relación con Rajab. Quizá has vendido, o no, tu cuerpo, pero a lo mejor has vendido tu lealtad, tu afecto, tu atención y tus talentos. Te has vendido. Todos lo hemos hecho.

Nos hemos preguntado —todos nos hemos preguntado—, qué tipo de tierra prometida podría tener reservada Dios para nosotros. *Quizá para él o para ella,* pensamos, *pero no para nosotros. Somos demasiado… sucios, contaminados. Hemos pecado demasiado. Tropezamos con demasiada frecuencia. Nos tambaleamos a cada rato. Somos parte del basurero de la sociedad. No hay días de gloria para nosotros.*

Tan lejos de nosotros echó nuestras transgresiones como lejos del oriente está el occidente (Salmos 103.12).

¿Una palabra de Dios como respuesta a esas dudas?: *¡Rajab!*

Para que no pensemos que la tierra prometida Dios se la ha ofrecido a unos pocos elegidos, él posiciona la historia de Rajab al comienzo del libro. El narrador le dedica nada menos que ¡un capítulo entero! Y le da más espacio que a los sacerdotes, a los espías o al lugarteniente de Josué.

Si la cantidad y la cronología significan algo en teología, entonces la posición destacada de Rajab nos está diciendo que *Dios tiene un lugar para las Rajab del mundo.*

1. ¿Alguna vez te has sentido como si estuvieras fuera del perdón de Dios? Si es así, ¿qué te hizo sentir de esa manera? Si no ¿cómo te ha protegido Dios de la mentira de que eres indigno de perdón?

2. Lee Números 14.17-19. Cuando la primera generación de israelitas no pudo entrar en la tierra prometida, Moisés le suplicó al Señor que perdonara a su pueblo usando las mismas palabras de Dios (una imagen interesante ¿no te parece?). ¿Por qué le dice Moisés a Dios que debería perdonar a los israelitas? ¿En qué basa su solicitud?

Por tu gran amor, te suplico que perdones la maldad de este pueblo, tal como lo has venido perdonando desde que salió de Egipto (Números 14.19).

3. Volvamos a Hebreos 10.12-14. ¿Qué dicen estos versículos sobre el poder perdonador de Cristo? ¿Qué significa que Jesús «con un solo sacrificio ha hecho perfectos para siempre a los que está santificando»?

Porque con un solo sacrificio ha hecho perfectos para siempre a los que está santificando (Hebreos 10.14).

4. La historia de Rajab revela que la tierra prometida de Dios no es solo para unos pocos elegidos. ¿Qué dicen los siguientes versículos respecto a cómo recibimos nuestra tierra prometida de Dios?

Marcos 16.15-16: «Les dijo: "Vayan por todo el mundo y anuncien las buenas nuevas a toda criatura. El que crea y sea bautizado será salvo"».

Juan 14.6: «Yo soy el camino, la verdad y la vida —le contestó Jesús—. Nadie llega al Padre sino por mí».

Hechos 16.30-31: «Les preguntó: —Señores, ¿qué tengo que hacer para ser salvo? —Cree en el Señor Jesús; así tú y tu familia serán salvos —le contestaron».

Romanos 10.9: «Si confiesas con tu boca que Jesús es el Señor y crees en tu corazón que Dios lo levantó de entre los muertos, serás salvo».

Santiago 1.21: «Por esto, despójense de toda inmundicia y de la maldad que tanto abunda, para que puedan recibir con humildad la palabra sembrada en ustedes, la cual tiene poder para salvarles la vida».

HIJOS POR ADOPCIÓN

Cuando venimos a Cristo, Dios no solo nos perdona, sino que también nos adopta. A través de una serie de eventos dramáticos, pasamos de huérfanos condenados sin esperanza a hijos adoptados sin ningún tipo de temor. Si quieres confirmación de lo que te acabo de decir, observa la historia de

Rajab. Vivía en Jericó, una ciudad destinada a la destrucción, pero debido a su fe, Dios intervino y la salvó a ella y a su familia.

No obstante, hay más en su historia, porque más adelante leemos que uno de sus descendientes cercanos fue Booz, que se casó con una extranjera de nombre Rut. Booz y Rut fueron los bisabuelos del rey David, de quien desciende José, el esposo de María (ver Mateo 1.1-16). De esta manera, y en una forma muy real, aquel día cuando la salvación llegó a su casa, Rajab se convirtió en parte del árbol genealógico de Dios, pues a través de su linaje vino Jesús, el Hijo de Dios.

Noemí tenía, por parte de su esposo, un pariente que se llamaba Booz. Era un hombre rico e influyente de la familia de Elimélec (Rut 2.1).

Al igual que Rajab, sería suficiente si Dios limpiara nuestros expedientes, pero él hace más que eso. Nos da *su* nombre. «Ustedes ya son hijos. Dios ha enviado a nuestros corazones el Espíritu de su Hijo, que clama» (Gálatas 4.6). Sería suficiente si Dios nos otorgara la libertad, pero él hace más que eso. Nos lleva a su casa. «Y, si me voy y se lo preparo [su hogar], vendré para llevármelos conmigo. Así ustedes estarán donde yo esté» (Juan 14.3).

Los padres adoptivos entienden esto mejor que nadie. Por supuesto, no se trata de desmerecer a los padres biológicos. Yo soy uno de ellos. Los padres biológicos sabemos bien lo que significa desear fervientemente ser padre. Será por eso que, en muchos casos, nuestras cunas se llenaron fácilmente. Decidimos tener un hijo y un hijo llegó. Incluso, a veces el hijo llegó «sin haberlo encargado». Son comunes los embarazos no planificados. Sin embargo, nunca he oído hablar de una adopción no planificada.

Es por eso que los padres adoptivos entienden la pasión de Dios por adoptarnos. Saben lo que significa sentir un espacio vacío adentro. Saben lo que significa buscar, emprender una misión y asumir la responsabilidad de un hijo con un pasado manchado y un futuro dudoso. Si alguien entiende la pasión de Dios por sus hijos, es alguien que ha rescatado a un huérfano de la desesperación, porque eso es lo que Dios ha hecho por nosotros.

Dios nos ha adoptado. Dios nos buscó, nos encontró, firmó los papeles y nos llevó a casa.

5. Lee Romanos 8.15-17. ¿Qué dicen estas promesas sobre nuestra adopción espiritual por parte de Dios?

___

___

___

Y ustedes no recibieron un espíritu que de nuevo los esclavice al miedo, sino el Espíritu que los adopta como hijos (Romanos 8.15).

6. Pablo nos dice en Gálatas 4.6 que, debido a nuestra adopción espiritual, nosotros estamos en condiciones de decirle a Dios, «Abba, Padre». *Abba* es una forma íntima, tierna e informal, la más cálida de las formas del idioma arameo para dirigirse al «padre».[2] ¿Qué implicaciones tiene esta promesa para tu vida? ¿Qué significado tiene que tú puedas llamar a Dios «Papá»?

___

___

___

___

Y les permite clamar: «¡Abba! ¡Padre!» (v. 15).

Supongamos que uno de ustedes tiene cien ovejas y pierde una de ellas. ¿No deja las noventa y nueve en el campo, y va en busca de la oveja perdida hasta encontrarla? (Lucas 15.4).

7. Lee Lucas 15.4-7. ¿Cómo describe esta parábola la forma en que Dios busca a los que están perdidos? ¿Y cómo describe lo que siente cuando los perdidos se unen a su familia?

8. Cuando Dios nos encuentra, así como encontró a Rajab, pasamos de hijos huérfanos condenados a hijos adoptados sin ningún tipo de temor. ¿Cómo sentirte parte de la familia de Dios desaloja para siempre los miedos de tu vida? ¿De qué manera te ha dado Dios esta esperanza?

El mensaje de la cruz es una locura para los que se pierden; en cambio, para los que se salvan, es decir, para nosotros, este mensaje es el poder de Dios (1 Corintios 1.18).

La cruz. El sacrificio que Jesús hizo por el mundo cubre todos los pecados cometidos antes y después de la cruz. El poder de la cruz le dio a Rajab un nuevo comienzo y la transformó de una marginada de la sociedad a un miembro de la familia de Dios. La cruz hace lo mismo con nosotros. Lo único que tenemos que hacer es aceptar el sacrificio de Jesús por nuestros pecados y dejarnos ser adoptados en la familia de Dios. Que la realidad de esta verdad se haga una realidad incontrarrestable en nuestras vidas hoy. Cambiará la forma en que nos vemos a nosotros mismos, la forma en que vemos a los demás y la forma en que vemos a Dios.

Verdades para recordar

- ❖ No hay nadie vivo que esté más allá de la capacidad de Dios para redimirlo.
- ❖ El perdón de Dios se basa en su amor, no en nuestra dignidad.
- ❖ Dios no solo nos libera, sino que también nos lleva a su familia: a su casa.

Oración para hoy

Señor: Lo único que podemos decir cuando nos imaginamos el sufrimiento que experimentaste en la cruz es «gracias». Recibimos tu perdón no por algo que hayamos hecho, sino por lo que somos. Aceptamos tu oferta para ser parte de tu familia. Gracias por tu promesa de que has ido antes a preparar un lugar para nosotros, nuestro hogar eterno. Amén.

Día cinco: El modelo de gracia

ESCASEZ

Hace poco asistí a un evento para recaudar fondos para un ministerio llamado Grace House. Es un hogar de transición para mujeres que están saliendo de la cárcel. Viven bajo el mismo techo, comen en la misma mesa y buscan al mismo Señor. Estudian la Biblia. Aprenden un oficio, pero más que nada, aprenden a confiar su nueva identidad en Cristo.

Una de las residentes dio su testimonio. Describió una vida de prostitución, drogas y alcohol. Como consecuencia, perdió su matrimonio, a sus hijos y, finalmente, su libertad. Pero entonces, Cristo la encontró. Lo que me llamó la atención fue la cadencia reiterada de su historia: «Yo era... pero ahora...». «Yo estaba en drogas, pero ahora estoy limpia». «Yo estaba en las calles, pero ahora estoy aquí».

«Porque este hijo mío estaba muerto, pero ahora ha vuelto a la vida; se había perdido, pero ya lo hemos encontrado». Así que empezaron a hacer fiesta (Lucas 15.24).

Yo era... pero ahora. Este es el coro de gracia. Esta es la obra que hizo Dios en la vida de Rajab. «Estaba perdida, pero Dios me encontró». «Era una marginada, pero ahora soy parte de la familia de Dios».

Para muchos de nosotros hoy, la esperanza es escasa. Como Rajab, sentimos que las paredes van a caer, y lo harán pronto. Necesitamos una vía de escape. ¿Qué se necesitaría para restaurar nuestra esperanza? Aunque las respuestas son abundantes, tres vienen con rapidez a la mente.

La primera sería una persona. No cualquier persona. No necesitamos a alguien tan confundido como nosotros. Necesitamos a alguien que conozca la salida. Y de esa persona necesitamos una visión. Necesitamos que alguien eleve nuestro espíritu. Necesitamos que alguien nos mire a los ojos y diga: «Este no es el final. No te rindas. Hay un lugar mejor que esto. Y yo te llevaré allí».

Y, quizá lo más importante, necesitamos dirección. Si solo tenemos una persona, pero sin visión renovada, lo único que tenemos es compañía. Si esa persona tiene visión, pero no dirección, tenemos un soñador por compañía. Por otro lado, si tenemos una persona con dirección, alguien que nos puede sacar de nuestra ciudad condenada de Jericó y llevarnos al lugar que Dios tiene para nosotros, ah, entonces tenemos a quien puede restablecer nuestra esperanza.

Jesús es quien conoce la salida, y vino a este mundo para guiarnos. Él tiene la visión correcta, porque nos recuerda que «somos extranjeros y peregrinos» (1 Pedro 2.11). Y él nos insta a que elevemos la mirada por encima de este mundo que nos rodea y la posemos en el cielo que está por encima de nosotros. Además de todo, Él tiene la dirección correcta. Él hizo la afirmación más audaz en la historia del hombre cuando declaró: «Yo soy el camino, la verdad y la vida» (Juan 14.6).

«Yo soy el camino, la verdad y la vida —le contestó Jesús—. Nadie llega al Padre sino por mí. Si ustedes realmente me conocieran, conocerían también a mi Padre» (Juan 14.6-7).

La gente seguramente se habrá preguntado si tal afirmación sería verdad. La respuesta de Jesús fue abrir un camino a través de la maleza del pecado y de la muerte... y salir vivo. Él es el único que lo ha hecho. Y él es el único que puede ayudarte a ti y a mí a experimentar lo mismo.

1. Piensa en tu propia historia de Rajab. ¿Cómo llenarías los espacios en blanco para completar esta afirmación: «Yo era ___________, pero ahora soy ____________»? ¿Cómo te ha guiado Dios para sacarte de los errores de tu pasado y darte una nueva esperanza y un futuro?

2. Pablo escribe: «Al que no cometió pecado alguno, por nosotros Dios lo trató como pecador, para que en él recibiéramos la justicia de Dios» (2 Corintios 5.21). ¿Cómo podrías parafrasear este versículo? ¿Qué definición de la gracia de Dios te da?

Al que no trabaja, sino que cree en el que justifica al malvado, se le toma en cuenta la fe como justicia (Romanos 4.5).

3. ¿Qué hizo Rajab para recibir la gracia de Dios? ¿Qué hizo para escapar de la destrucción que venía? Según Romanos 4.4-5, ¿cómo recibimos la gracia de Dios hoy?

¿Qué concluiremos? ¿Vamos a persistir en el pecado para que la gracia abunde? (Romanos 6.1)

4. Lee Romanos 6.1-4. ¿Cuáles son algunas formas en que podemos abusar de la gracia de Dios? ¿Qué dice Pablo respecto a continuar en nuestro pecado para que la gracia pueda abundar?

UN ESPACIO AMPLIO

Los hombres le dijeron a Rajab: «Quedaremos libres del juramento que te hemos hecho si, cuando conquistemos la tierra, no vemos este cordón rojo atado a la ventana» (Josué 2.17-18).

Los espías hebreos resultaron ser, en realidad, unos misioneros. Ellos creían encontrarse en un viaje de reconocimiento, pero no era así. Dios no necesitaba un reporte en tal sentido. Su plan era echar abajo las murallas de la ciudad como fichas de dominó. Él no envió a los hombres a recolectar información. Los envió para que se encontraran con Rajab.

Al encontrarla, le dijeron: «atarás este cordón de grana a la ventana» (Josué 2.18, RVR1960), para poder identificar su casa. Sin dudarlo, ella ató el cordón escarlata en la ventana. Los espías escaparon y Rajab comenzó a prepararse. Habló con sus familiares y les dijo que se prepararan. Se mantuvo alerta ante la posible llegada de los soldados del rey. Chequeó (¿no crees que haya chequeado quizá más de una vez?) el cordón rojo para asegurarse de que estaba bien atado y bien visible en la ventana.

Cuando llegaron los hebreos y cayeron las murallas, cuando todos los demás perecieron, Rajab y su familia estuvieron a salvo. «Por la fe la prostituta Rajab no murió» (Hebreos 11.31). Su profesión de fe importó más que su profesión como prostituta.

Jesús dijo: «En el hogar de mi Padre hay muchas viviendas» (Juan 14.2). ¿Por qué mencionó el tamaño de la casa? Podemos responder a esa pregunta cuando pensamos en las muchas veces en la vida que hemos escuchado lo opuesto. ¿No ha habido ocasiones en que se nos dijo: «Aquí no hay espacio para ti»? Estas son algunas de las palabras más tristes que se nos hayan dicho jamás.

En el hogar de mi Padre hay muchas viviendas; si no fuera así, ya se lo habría dicho a ustedes. Voy a prepararles un lugar (Juan 14.2).

Jesús sabía cómo sonaban. Estando todavía en el vientre de María oyó al posadero decir: «No hay lugar para ustedes». Cuando los líderes religiosos lo acusaron de blasfemia, proclamaron: «No tenemos espacio para un autoproclamado Mesías». Y cuando lo clavaron en la cruz, el mensaje fue de rechazo total: «No tenemos espacio para ti en este mundo».

Sin embargo, de vez en cuando, Jesús es bienvenido. De vez en cuando, alguien como Rajab abre la puerta de su corazón y lo invita a quedarse. Y a esa persona Jesús le hace una gran promesa: «No importa si tu pasado es horrendo. O si tus pares comparten tu fe. O si tu pedigrí es de violencia o rebelión. Yo vine a buscar y a salvar a los perdidos, y hay un amplio espacio para ti en la casa de mi Padre».

5. Lee la conclusión culminante de la historia de Rajab en Josué 6.20-25. ¿Qué le sucede a Rajab y a su familia? ¿Por qué Josué dijo que debían rescatarla?

____

____

____

____

____

____

Josué les había dicho [...]: «Vayan a casa de la prostituta, y tráiganla junto con sus parientes, tal como se lo juraron». Así que [...] entraron y sacaron a Rajab junto con sus padres y hermanos, y todas sus pertenencias, y llevaron a toda la familia a un lugar seguro, fuera del campamento israelita (Josué 6.22-23).

6. «El evangelio no hace a las personas malas, buenas; hace a las personas muertas, vivas».[3] ¿Con cuánta claridad habla esta cita a la cultura en la que vivimos hoy? ¿De qué manera nuestra cultura tiene dificultades para entender la idea de la gracia?

____

____

____

____

7. Josué y los israelitas aceptaron a Rajab, y ella y su familia habitaron entre ellos y se convirtieron en parte de ellos. ¿Cómo has dejado tú que la gracia de Dios te dé un nuevo comienzo? ¿De qué manera te estás identificando con tus hermanos creyentes en Cristo?

Pero Dios, que es rico en misericordia, por su gran amor por nosotros, nos dio vida con Cristo, aun cuando estábamos muertos en pecados. ¡Por gracia ustedes han sido salvados! (Efesios 2.4-5).

8. Lee Efesios 2.4-8. En este pasaje, Pablo sienta las bases de gracia que Jesús nos dio. ¿Cuál de sus palabras te habla más fuerte? ¿Por qué?

No acostumbramos a atar cordones escarlatas en nuestras ventanas, pero confiamos en el hilo carmesí de la sangre de Cristo. No nos preparamos para la llegada de los hebreos, pero vivimos con la mirada puesta en la segunda venida de nuestro Josué-Jesucristo. Al final, veremos lo que la gente de Asunción, en Paraguay, está descubriendo: nuestro desastre se convertirá en música, y la sinfónica de Dios en el cielo estará llena de Rajabs rescatadas. A mí, déjenme la tuba. ¿Y tú, qué instrumento vas a tocar? Una cosa es segura. Tocaremos de memoria el cántico titulado «Maravillosa gracia».

Verdades para recordar

- ❖ Jesús provee el camino que va desde el pecado y la desesperación a la esperanza y a un futuro.
- ❖ Jesús se cubrió de nuestro pecado, y en la muerte que merecíamos, para que pudiéramos vestirnos de su justicia y su vida.
- ❖ La riqueza de la gracia de Dios se expresa en su don de salvación mediante Cristo Jesús.

Oración para hoy

Dulce Jesús: Te agradezco por tu gracia. La maltratamos, no la comprendemos y olvidamos su belleza. Sin embargo, nos la sigues dando con generosidad. Ayúdanos a entenderla más, a vivirla más y a compartirla más con nuestro prójimo. Amén.

Versículo de la semana para memorizar

Porque por gracia ustedes han sido salvados mediante la fe; esto no procede de ustedes, sino que es el regalo de Dios.
EFESIOS 2.8

Para lectura adicional

Las selecciones a lo largo de esta lección fueron tomadas de *La gran casa de Dios* (Nashville: Grupo Nelson, 1997); *Cuando Cristo venga* (Nashville: Grupo Nelson, 1999); *Aligere su equipaje* (Miami: Grupo Nelson, 2011); *Gran día cada día* (Nashville: Grupo Nelson, 2012); *Max habla sobre la vida* (Nashville: Grupo Nelson, 2011); *Antes del amén* (Nashville: Grupo Nelson, 2014); y *Días de gloria* (Nashville: Grupo Nelson, 2015).

Notas

1. Earl Radmacher, Ronald B. Allen, H. Wayne House, editores. *Nelson´s New Illustrated Bible Commentary* (Nashville: Thomas Nelson, 1999), p. 276.
2. Las investigaciones llevadas a cabo por Joachim Jeremias lo llevaron a escribir: «Abba era una expresión de uso corriente en el ambiente familiar. Ningún judío se atrevía a dirigirse a Dios de esta manera. Jesús tampoco lo hizo según todas las oraciones que nos dejó, con una excepción: Su clamor en la cruz». (Joachim Jeremias, *The Prayers of Jesus*, London: SCM Press, 1967, p. 57). Algunos eruditos han estado en desacuerdo con Jeremias. Aun así, la invitación a orar diciendo «Abba» se confirma con la instrucción de Jesús de que lleguemos a ser como niños.
3. Tullian Tchividjian, *Surprised by Grace: God´s Relentless Pursuit of Rebels* (Wheaton, Ill.: Crossway, 2010).

LECCIÓN 3

ABIGAÍL

BELLEZA EN MEDIO DE LAS BESTIAS

ERNEST GORDON GIME EN LA CASA DE LA MUERTE de Chungkai (Birmania). Escucha los quejidos de los moribundos y huele el hedor de los cadáveres. El calor despiadado de la jungla le quema la piel y le reseca la garganta. Si tuviera la fuerza, podría proteger con la mano su muslo que está en los huesos. Pero no tiene ni la energía ni el interés; la difteria ha drenado ambas cosas, y él no puede ni caminar ni sentir su cuerpo.

Comparte un catre con moscas y chinches. Espera una muerte solitaria en un campo japonés de prisioneros de guerra. ¡Qué dura ha sido la guerra con él! Entró a participar en la Segunda Guerra Mundial cuando tenía poco más de veinte años. En ese tiempo, era un robusto campesino escocés. Su brigada es la Argyll and Sutherland Highlanders. Lo capturaron los japoneses y, a partir de ahí, meses de trabajos forzados en la selva, castigos a diario y una lenta desnutrición. ¡Qué lejos está su Escocia! ¿La civilización? Mucho más.

En el campo de concentración, los soldados aliados se comportan como bárbaros. Se roban unos a otros. Despojan de lo que pueden a sus compañeros moribundos, se pelean a muerte por un resto de comida. Los que sirven la comida reducen las porciones a los demás hasta donde pueden para aumentar las suyas. La ley de la selva ha llegado a ser la ley del campo. Ernest espera resignado el momento de decir adiós a la vida. La muerte por enfermedad es un triunfo sobre la vida en Chungkai.

Pero luego sucede algo maravilloso. A dos nuevos prisioneros, en quienes todavía sobrevive la esperanza, se los transfiere al campamento. Aunque también están enfermos y débiles, todavía se rigen por un código más elevado. Comparten sus escasas raciones y se ofrecen como voluntarios para hacer trabajos extra. Le limpian las llagas ulceradas a Ernest y masajean sus piernas atrofiadas. Le dan su primer baño en seis semanas. Su fuerza regresa lentamente y, con ella, su dignidad.

Les aseguro que todo lo que hicieron por uno de mis hermanos, aun por el más pequeño, lo hicieron por mí (Mateo 25.40).

La bondad de estos nuevos prisioneros es contagiosa y Ernest sigue el ejemplo. Comienza a tratar a los enfermos y a compartir sus raciones. Regala sus pocas pertenencias. Otros soldados comienzan a imitarlo y, con el tiempo, el ambiente en el campamento se ablanda y aclara. El sacrificio reemplaza al egoísmo. Los soldados inician servicios de adoración y estudios bíblicos.

Veinte años después, cuando Ernest se desempeña como capellán en Princeton, describe aquella transformación con estas palabras: «La muerte todavía estaba con nosotros, no hay dudas al respecto. Pero lentamente fuimos liberados de sus zarpas destructivas: el egoísmo, el odio y el orgullo son contrarios a la vida. El amor, el autosacrificio y la fe, por otro lado, eran la esencia de la vida: dones de Dios para la humanidad. La muerte ya no tenía la última palabra en Chungkai».[1]

¿Dónde está, oh muerte, tu victoria? ¿Dónde está, oh muerte, tu aguijón? (1 Corintios 15.55).

Egoísmo, odio y orgullo. No tienes que ir a un campo de prisioneros de guerra para encontrarlos. Con una celda bastará. O la sala de reuniones de los directivos de una corporación, el dormitorio de un matrimonio o los bosques de un condado. El código de la selva está vivo y bien vivo. *Cada uno se preocupa por sí mismo. Consigue todo lo que puedas, y puede todo lo que consigas. Supervivencia del más apto.*

¿Contamina este código tu mundo? ¿Dominan el lenguaje de tu círculo los pronombres posesivos personales? *Mi* carrera, *mis* sueños, *mis* cosas. Yo quiero que las cosas se hagan como *yo* digo, según *mi* propia agenda. Si es así, ya debes saber lo salvaje que este gigante puede ser. Sin embargo, de vez en cuando, un diamante brilla en el barro. Un compañero comparte, un soldado se preocupa, o Abigaíl —una impresionante Abigaíl— se te atraviesa en el camino.

1. ¿En qué parte de tu vida ves más este «código de la selva», el código del egoísmo, del odio y del orgullo? ¿Qué problemas causa esto para un creyente en Cristo?

2. ¿Cómo has funcionado en el contexto de tus relaciones de amistad para ser como los dos prisioneros de nuestra historia que trataron a los demás con amabilidad? ¿Qué efectos viste que se produjeron?

Cada uno debe velar no solo por sus propios intereses, sino también por los intereses de los demás (Filipenses 2.4).

El egoísmo. Todos nacemos con eso. Como el rey David escribió: «Yo sé que soy malo de nacimiento; pecador me concibió mi madre» (Salmos 51.5). No busques más allá de las noticias de la noche o de un niño de dos años para verlo. Incluso en nuestros intentos de hacer el «bien», a menudo podemos ser egoístas. Queremos que nuestras buenas obras aparezcan en Instagram. Queremos ayudar solo cuando es conveniente... para nosotros. Esperamos que nuestros servicios sean devueltos en especie. Pero para poder vivir *no* para uno mismo se requiere ayuda sobrenatural. La ayuda del único ser humano que entró en nuestro mundo salvaje y nunca tropezó con su propio ego. Él nos enseñó un nuevo código: «El Hijo del hombre no vino para que le sirvan, sino para servir y para dar su vida en rescate por muchos» (Mateo 20.28).

El que quiera hacerse grande entre ustedes deberá ser su servidor, y el que quiera ser el primero deberá ser esclavo de los demás; así como el Hijo del hombre no vino para que le sirvan, sino para servir (Mateo 20.26-28).

Oración para la semana

Dios: En nuestra propia fuerza no podemos ponerte primero. No podemos poner a los demás primero. Solo a través de ti en nosotros nuestras vidas pueden ser desinteresadas. Así que hoy, te suplicamos que tú seas más grande en nosotros para que nosotros podamos ser más pequeños (ver Juan 3.30). Gracias por trabajar en nuestros corazones. Amén.

Día uno: El único refugio

El necio de Carmel

Abigaíl vivió durante los días de David. Su marido era un tal Nabal, nombre que en hebreo significa «necio». Y estaba a la altura de la definición. Piensa en él como el Saddam Hussein de su territorio. Era dueño de ganado y de ovejas y se enorgullecía de ambos. Mantenía su licorera siempre llena, su vida de citas caliente, y se movilizaba por su ciudad natal de Carmel en una impresionante limusina. Sus abonos para los partidos de la Asociación Nacional de Baloncesto (NBA, por sus siglas en inglés) le tenían reservados asientos en primera fila. Era dueño de un jet privado del tipo *Lear* y le gustaba visitar los casinos de Las Vegas durante los fines de semana para ser uno de los jugadores de lo que se conoce como «póker tapado».

Había en Maón un hombre muy rico, dueño de mil cabras y tres mil ovejas, las cuales esquilaba en Carmel, donde tenía su hacienda (1 Samuel 25.2).

Media docena de corpulentos guardias de seguridad lo seguían a todas partes. Necesitaba protección porque era rudo y pendenciero. Era «grosero y maleducado; tenía tan mal humor que no se podía hablar con él».[2] Las cualidades de las personas las había aprendido en el zoológico local. Nunca hablaba con alguien que no lo hiciera enojarse, ni mantenía una relación que no terminara arruinada.

Nabal [...] era insolente y de mala conducta (1 Samuel 25.3).

El mundo de Nabal giraba en torno a una persona: Nabal. No le debía nada a nadie y se reía de la idea de compartir con alguien lo que tenía. Especialmente con David.

David era el Robin Hood del desierto. Él y sus soldados protegían a los granjeros y los pastores de los bandidos y de los beduinos. Israel no tenía patrulla de carreteras ni policía, así que David y sus poderosos hombres llenaban una necesidad en los campos. Eran tan efectivos en proteger a los demás que uno de los pastores de Nabal pudo decir: «Día y noche nos protegieron mientras cuidábamos los rebaños cerca de ellos» (1 Samuel 25.16).

1. Vamos a conocer a David, Nabal y Abigaíl mediante la lectura de 1 Samuel 25. ¿Cuáles son algunas de las descripciones que encuentras sobre Nabal? ¿Qué imagen nos da el escritor sobre su personalidad? ¿De qué manera él actúa tontamente?

Su esposa, Abigaíl, era una mujer bella e inteligente (1 Samuel 25.3).

2. ¿Cuáles son algunas de las descripciones que encuentras de Abigaíl? ¿Cómo la ves vivir estas descripciones a través de sus acciones?

Esos hombres se portaron muy bien con nosotros. En todo el tiempo que anduvimos con ellos por el campo, jamás nos molestaron ni nos quitaron nada. Día y noche nos protegieron mientras cuidábamos los rebaños cerca de ellos (1 Samuel 25.15-16).

3. Observa las palabras del siervo en 1 Samuel 25.14-16. Basado en estos versículos, ¿cómo describirías a David y sus hombres? ¿Qué dice esto sobre el corazón de David?

4. La Biblia tiene mucho que decir sobre los peligros de no actuar con sabiduría. ¿Cómo describen los siguientes versículos a un tonto? ¿Cómo se relacionan estas descripciones con Nabal?

Salmos 14.1: «Dice el necio en su corazón: "No hay Dios". Están corrompidos, sus obras son detestables; ¡no hay uno solo que haga lo bueno!».

Proverbios 10.14: «El que es sabio atesora el conocimiento, pero la boca del necio es un peligro inminente».

Proverbios 20.3: «Honroso es al hombre evitar la contienda, pero no hay necio que no inicie un pleito».

Proverbios 29.9: «Cuando el sabio entabla pleito contra un necio, aunque se enoje o se ría, nada arreglará».

Eclesiastés 7.9: «No te dejes llevar por el enojo que solo abriga el corazón del necio».

Un rey que huye

David había sido empujado a huir gracias a que, en este punto, el rey Saúl lo había aislado de manera efectiva y sistemática de toda fuente de estabilidad. Su media docena de intentos de asesinato habían terminado con la carrera militar de David. Su afán por capturarlo había abierto una brecha en el matrimonio de David. Después de que su esposa, Mical, lo ayudó a escapar, Saúl le exigió a ella una explicación. «Tuve que hacerlo —le mintió Mical—. Me amenazó con matarme si no lo ayudaba a escapar» (1 Samuel 19.17). David nunca volvió a confiar en su esposa. Siguieron casados, pero dormían en camas separadas.

Saúl les comunicó a su hijo Jonatán y a todos sus funcionarios su decisión de matar a David (1 Samuel 19.1).

David se había ido de la corte de Saúl a la casa de Samuel. Pero tan pronto como había llegado, alguien le fue a Saúl con el cuento de que David estaba en casa de Samuel. David entonces huyó adonde Jonatán, pero su amigo no podía hacer nada por él. No podía dejar el gobierno en manos de una persona trastornada; tenía que quedarse con su padre. David pudo escuchar el ruido que produjo la cuerda al romperse.

«Puedes irte tranquilo —le dijo Jonatán a David—, pues los dos hemos hecho un juramento eterno en nombre del SEÑOR, pidiéndole que juzgue entre tú y yo, y entre tus descendientes y los míos». Así que David se fue, y Jonatán regresó a la ciudad (1 Samuel 20.42).

No hay lugar en el palacio.
No hay lugar en el ejército.
No hay esposa, ni sacerdote, ni amigo.
Nada que hacer más que correr.

Sin embargo, durante este tiempo desesperado en la vida de David, la palabra *refugio* emerge como una de sus favoritas. Haz una marca en la palabra refugio cada vez que la encuentres en el libro de los Salmos. En algunas versiones de la Biblia podrás contar más de cuarenta. Aunque David no tiene a dónde ir, sabe que Dios es su refugio y que no está solo. Y desde lo más hondo de una cueva en ese desierto surge una dulce voz que dice: «Ten compasión de mí, oh Dios; ten compasión de mí, que en ti confío. A la sombra de tus alas me refugiaré, hasta que haya pasado el peligro» (Salmos 57.1).

5. Observa algunos de los antecedentes de David en 1 Samuel 18.6-9, 19.11-18, 22.1-2 y 23.14. ¿Por qué Saúl quería atrapar a David?

David [...] fue adonde estaba Jonatán. «¿Qué he hecho yo? —le preguntó—. ¿Qué crimen o delito he cometido contra tu padre, para que él quiera matarme?» (1 Samuel 20.1).

6. ¿Alguna vez has sentido, como David, que fuiste atacado injustamente? ¿Cómo reaccionaste a la situación? ¿Cuál fue el resultado?

7. David escribió una buena cantidad de salmos mientras huía del rey. Según los siguientes versículos, ¿qué hace David en respuesta al comportamiento tan bárbaro de Saúl?

Salmos 59.14-16: «[Mis enemigos] vuelven por la noche, gruñendo como perros y acechando alrededor de la ciudad. Van de un lado a otro buscando comida, y aúllan si no quedan satisfechos. Pero yo le cantaré a tu poder, y por la mañana alabaré tu amor; porque tú eres mi protector, mi refugio en momentos de angustia».

Salmos 52.7-9: «¡Aquí tienen al hombre que no buscó refugio en Dios, sino que confió en su gran riqueza y se afirmó en su maldad! Pero yo soy como un olivo verde que florece en la casa de Dios; yo confío en el gran amor de Dios eternamente y para siempre. En todo tiempo te alabaré por tus obras; en ti pondré mi esperanza en presencia de tus fieles, porque tu nombre es bueno».

Salmos 57.1-3, 7: «Ten compasión de mí, oh Dios; ten compasión de mí, que en ti confío. A la sombra de tus alas me refugiaré, hasta que haya pasado el peligro. Clamo al Dios Altísimo, al Dios que me brinda su apoyo. Desde el cielo me tiende la mano y me salva; reprende a mis perseguidores. ¡Dios me envía su amor y su verdad! Firme está, oh Dios, mi corazón; firme está mi corazón. Voy a cantarte salmos».

8. ¿A quién o a qué recurres como refugio antes de volverte a Dios? ¿Te parece lógico refugiarte en Dios cuando alguien te lastima o te ataca?

Nabal rechazó a David. Saúl amenazó a David. ¿Pero qué había hecho David? Al rey lo había servido humildemente y a los hombres de Nabal los había protegido, ¿y así era como le pagaban? Había confiado en Dios, y esto fue lo que recibió a cambio. David tenía razones para rechazar a Dios y tomar su propio camino. Pero en cambio, se quedó con Dios. Él sabía que Dios era el único bien constante en un mundo envenenado por el orgullo y el poder de los hombres como Saúl y Nabal. A nosotros nos toca hacer lo mismo. Seguir haciendo el bien, mantenernos confiando en Dios, seguir presionándolo. Él es nuestro refugio, y cuando pasamos tiempo en el refugio de sus alas, nuestras heridas sanan y nuestras almas son restauradas.

Porque el SEÑOR es bueno y su gran amor es eterno; su fidelidad permanece para siempre (Salmos 100.5).

Verdades para recordar

- ❖ Los necios piensan solo en ellos y tratan a los demás injustamente, mientras que las personas sabias buscan a Dios y tratan a los demás con amabilidad.
- ❖ Confiar en Dios incluso cuando somos maltratados nos permite mantener nuestro enfoque fuera de nuestras circunstancias y concentrados en la protección de Dios.
- ❖ Cómo respondemos a los malos tratos revela el estado de nuestra relación con Dios.

Oración para hoy

Señor: Tú eres nuestro refugio, una ayuda siempre presente en tiempos de problemas. Hoy oramos para que nos rodees con tus brazos. Danos paz cuando estamos ansiosos y descanso cuando estamos cansados. Te amamos, Señor. En el nombre de Jesús. Amén.

Día dos: El salvaje Oeste en el antiguo Oriente

INADAPTADOS QUE BUSCAN A DIOS

Se le unieron muchos otros que estaban en apuros, cargados de deudas o amargados. Así, David llegó a tener bajo su mando a unos cuatrocientos hombres (1 Samuel 22.2).

Los sobrevivientes del desierto encuentran refugio en la presencia de Dios. También descubren el sentido de comunidad entre el pueblo de Dios. Pronto se unen a David sus hermanos y otros parientes. Luego comienzan a llegar más, hombres que están en problemas, endeudados o simplemente descontentos, hasta que David se transforma en el líder de unos 400 hombres.

No es lo que llamaríamos un cuerpo de cadetes de West Point sino más bien es todo un equipo de inadaptados. Escoria. Rechazados. Perdedores. Desertores. ¿Pero quién es David para rechazarlos? No está aspirando a un obispado, sino que más bien es un imán que atrae a esa clase de gente. De esta manera nace una comunidad de hombres que buscan a Dios, y Dios los transforma en un grupo poderoso. «Y cada día se le unían más soldados a David, hasta que llegó a tener un ejército grande y poderoso» (1 Crónicas 12.22).

Samuel murió, y fue enterrado en Ramá, donde había vivido. Todo Israel se reunió para hacer duelo por él. Después de eso David bajó al desierto de Maón (1 Samuel 25.1).

Con el fin de evitar encontrarse con los soldados que el rey Saúl ha enviado para matarlo, David y su banda viajan de un lugar a otro hasta que se instalan en el desierto de Paran. Allí comienzan a proteger la tierra de los bandidos y los beduinos. No obstante, David no es la única fuente de poder en la región, ya que, al parecer, gran parte de las tierras son propiedad del rico Nabal.

Los dos hombres pronto cohabitarán el territorio con la misma armonía en que viven dos toros en el mismo corral. Ambos son fuertes y tercos. Es solo cuestión de tiempo para verlos colisionar.

1. David buscó refugio en Dios mientras huía de Saúl, pero también ofreció refugio a otros. ¿Quién es un refugio para ti? ¿Qué hace a esa persona un refugio?

Tal herencia está reservada en el cielo para ustedes, a quienes el poder de Dios protege (1 Pedro 1.4-5).

2. ¿Diría alguien en tu vida que eres un refugio para ese alguien? ¿Cómo puedes convertirte en un «lugar seguro» para que otros busquen refugio en ti?

3. David creó una comunidad de «inadaptados», y les ofreció un lugar donde se sintieran en casa. Hoy, Dios llama a aquellos de nosotros en la iglesia a ser un lugar seguro para los de afuera. ¿Qué dice Jesús en Mateo 25.35-40, en cuanto a cómo la iglesia debe mirar a los «inadaptados» del mundo?

Porque tuve hambre, y ustedes me dieron de comer; tuve sed, y me dieron de beber; fui forastero, y me dieron alojamiento (Mateo 25.35).

4. Lee Efesios 4.15. ¿Eres parte de una comunidad piadosa que se está edificando en amor? ¿Es esa comunidad un lugar seguro para que la gente encuentre refugio? ¿Por qué sí o por qué no?

Más bien, al vivir la verdad con amor, creceremos hasta ser en todo como aquel que es la cabeza, es decir, Cristo (Efesios 4.15).

Los problemas se crean y estallan

Para David y su banda de inadaptados, los problemas comienzan a gestarse poco después de la cosecha. Con ovejas esquiladas y el heno recolectado, es hora de hornear pan, asar cordero y servir el vino. Es hora de tomar un descanso de los surcos y los rebaños y disfrutar del fruto del trabajo. En el punto en el que tomamos la historia, los hombres de Nabal están haciendo exactamente eso.

Estando David en el desierto, se enteró de que Nabal estaba esquilando sus ovejas. Envió entonces diez de sus hombres con este encargo: «Vayan a Carmel para llevarle a Nabal un saludo de mi parte. Díganle: ¡Que tengan salud y paz tú y tu familia, y todo lo que te pertenece!» (1 Samuel 25.4-6).

David se entera de los preparativos y piensa que sus hombres merecen una invitación. Después de todo, han protegido las cosechas y las ovejas de Nabal, han patrullado las colinas y vigilado los valles. Merecen algún tipo de recompensa. Así es que envía a diez hombres a hablar con Nabal y a decirle lo siguiente: «Hemos venido en buen día; te ruego que des lo que tuvieres a mano a tus siervos, y a tu hijo David» (1 Samuel 25.8, RVR1960).

En forma grosera, Nabal se burla de ellos y de lo que le ha mandado a decir David. «¿Quién es David y quién es el hijo de Isaí? —pregunta—. Muchos siervos hay hoy que huyen de sus señores. ¿He de tomar yo ahora mi pan, mi agua, y la carne que he preparado para mis esquiladores, y darla a hombres que no sé de dónde son?» (25.10-11, RVR1960). Nabal finge que nunca ha oído hablar de David y lo ha puesto al nivel de siervos y esclavos fugitivos y vagabundos.

Tal insolencia enfurece a los mensajeros. Se retiran y vuelven a donde está David y le informan de lo que ha ocurrido. David no necesita escuchar las noticias dos veces. Dice a sus hombres que formen un pelotón; o, más precisamente: «¡Cíñanse todos la espada!» (25.13).

Cuatrocientos hombres montan en sus cabalgaduras e inician la marcha. Los ojos brillan. Los orificios nasales se abren. Los labios gruñen. La testosterona fluye. David y sus tropas se abalanzan sobre Nabal, el sinvergüenza, el que despreocupadamente bebe cerveza y cena con su gente. El camino retumba al paso de David mientras va diciendo: «¡Que Dios me

Acompañaron a David unos cuatrocientos hombres, mientras que otros doscientos se quedaron cuidando el bagaje (1 Samuel 25.13).

castigue sin piedad si antes del amanecer no acabo con todos sus hombres!» (25.22). Agárrate. Es el salvaje Oeste en el antiguo Oriente.

La respuesta amable calma el enojo, pero la agresiva echa leña al fuego (Proverbios 15.1).

5. Lee 1 Samuel 25.10-13. A partir de estos versículos, es evidente que Nabal tiene un temperamento irascible y un corazón orgulloso, pero ¿cómo describirías la reacción de David? ¿Honraba a Dios o se honraba a sí mismo? Explica tus criterios.

6. Nabal y David eran fuertes y porfiados: «dos toros en el mismo corral». Describe una situación en tu vida cuando conociste a dos líderes fuertes que no se llevaban bien. ¿A qué se debía el conflicto? ¿Cómo manejaron la situación?

7. Se necesitan buenos líderes en cada comunidad en la que te encuentres involucrado, ya sea tu lugar de trabajo, iglesia, grupo pequeño o familia. Según los siguientes versículos, ¿cómo debe ser un liderazgo saludable?

   2 Timoteo 2.15-16: «Esfuérzate por presentarte a Dios aprobado, como obrero que no tiene de qué avergonzarse y que interpreta rectamente la palabra de verdad. Evita las palabrerías profanas, porque los que se dan a ellas se alejan cada vez más de la vida piadosa».

   2 Timoteo 2.1, 3-5: «Así que tú, hijo mío, fortalécete por la gracia que tenemos en Cristo Jesús. [...] Comparte nuestros sufrimientos, como buen soldado de Cristo Jesús. Ningún soldado que quiera agradar a su superior se enreda en cuestiones civiles. Así mismo, el atleta no recibe la corona de vencedor si no compite según el reglamento».

Tito 1.7: «El obispo tiene a su cargo la obra de Dios, y por lo tanto debe ser intachable: no arrogante, ni iracundo, ni borracho, ni violento, ni codicioso de ganancias mal habidas».

Tito 1:8-9: «Debe ser hospitalario, amigo del bien, sensato, justo, santo y disciplinado. Debe apegarse a la palabra fiel, según la enseñanza que recibió, de modo que también pueda exhortar a otros con la sana doctrina y refutar a los que se opongan».

8. Lee Tito 3.1-2 y 1 Pedro 5.5. ¿Cómo quiere Dios que apoyemos a nuestros líderes para que nuestra comunidad se mantenga saludable?

Recuérdales a todos que deben mostrarse obedientes y sumisos ante los gobernantes y las autoridades (Tito 3.1).

Así mismo, jóvenes, sométanse a los ancianos (1 Pedro 5.5).

Vida comunitaria. Fuimos hechos para eso. Desde el principio, Dios, después de crear a Adán, proclamó: «No es bueno que el hombre esté solo» (Génesis 2.18). Pero con la comunidad viene el estrés. Tensión entre los líderes, corazones orgullosos que no se someten, inadaptados socialmente, malos temperamentos y lenguas filosas… todo esto existe porque el pecado existe. Por esta razón, necesitamos volvernos frecuentemente a la Palabra de Dios como una guía para vivir en convivencia. Necesitamos orar por nuestros líderes y pedirle a Dios que nos ayude a amarlos. Cuando los problemas surgen y las plumas se agitan, no debemos desanimarnos, sino recordarnos que Dios ama a su novia: la iglesia. Que la está transformando, unificando y usando como un refugio para los quebrantados. Nunca la abandonará.

Cristo amó a la iglesia y se entregó por ella (Efesios 5.25).

Verdades para recordar

- ❖ Cuando respondemos movidos por la fe y ofrecemos refugio a aquellos que están marginados, estamos sirviendo a Jesús.
- ❖ El carácter piadoso, la disciplina y el entrenamiento hacen de nosotros líderes eficaces, especialmente en tiempos de dificultad.
- ❖ Lo que está bien a los ojos de Dios debe estar por sobre lo que está bien a los nuestros.

ORACIÓN PARA HOY

Señor: Gracias por darnos el sentido de comunidad. Hoy te pedimos que nos ayudes a amar a nuestro prójimo, a ser humildes en nuestro acercamiento a ellos y a estar siempre dispuestos a servir. Queremos que el mundo que nos rodea sepa de tu amor al ver que en la iglesia nos amamos los unos a los otros. Amén.

Día tres: Aparece el pacificador

INTELIGENCIA Y BELLEZA

Uno de los criados avisó a Abigaíl [...]: «Piense usted bien lo que debe hacer, pues la ruina está por caer sobre nuestro amo y sobre toda su familia» (1 Samuel 25.14, 17).

Las crecientes tensiones entre Nabal y David han llegado a un punto de ebullición. David ha ordenado a sus hombres que preparen sus espadas, y ahora su ejército de cuatrocientos valientes está en camino para darle a Nabal una lección de respeto. Parece que la única forma de que las dos potencias determinen la supremacía en la región es pelear.

Pero luego, en medio del caos, aparece la belleza. Una margarita levanta la cabeza en el desierto. Un cisne se posa sobre el techo de la planta empacadora de carne. Una suave ola de perfume flota a través del vestuario de los hombres. Abigaíl, la esposa de Nabal, está en camino. Y ella es todo lo opuesto de su marido mal educado. Mientras que él es grosero, insolente y mezquino, ella es «bella e inteligente» (1 Samuel 25.3).

Inteligencia *y* belleza. Abigaíl pone ambas cosas en funcionamiento. Cuando se entera de la burda respuesta de Nabal, comienza a actuar. Sin decirle nada a su marido, reúne regalos y corre para interceptar a David. Cuando David y sus hombres descienden por un barranco, ella toma posición, armada con «doscientos panes, dos odres de vino, cinco ovejas asadas, treinta y cinco litros de trigo tostado, cien tortas de uvas pasas y doscientas tortas de higos [...] todo sobre unos asnos» (v. 18).

Sin perder tiempo [...], les dijo a los criados: «Adelántense, que yo los sigo» (1 Samuel 25.18-19).

1. Repasa 1 Samuel 25.18-20. ¿Cuál fue la respuesta inmediata de Abigaíl a la advertencia de su sirviente sobre David? ¿Qué puedes deducir del texto sobre su comportamiento?

___

___

___

2. ¿Qué acciones de Abigaíl en este pasaje considerarías sabias?

___

___

___

3. En los vv. 28-30, Abigaíl se toma su tiempo para alentar a David. ¿Qué le dice? ¿Cómo ve el futuro de Israel? ¿Cómo crees que David tomó estas palabras, especialmente teniendo en cuenta la posición en la que se encontraba al presente?

Ciertamente, el SEÑOR le dará a usted una dinastía que se mantendrá firme [...], pues usted pelea las batallas del SEÑOR (1 Samuel 25.28).

4. ¿Qué rasgos de esta «esposa de carácter noble» te gustaría adoptar más en tu propia vida? ¿Cómo crees que exponer esos rasgos podría afectar tus relaciones con los demás?

Detenido a medio camino

Los 400 hombres de David se controlan ante la impresión que les causa la presencia de Abigaíl. Algunos se quedan boquiabiertos ante la comida, mientras que otros quedan atónitos ante la hermosura de la mujer. Se ve tan bien ella como la comida que trae; una combinación que paraliza a cualquier ejército, sobre todo cuando los soldados han venido sufriendo por falta de alimento. (Imagínate ver aparecer a una rubia despampanante en el campo de entrenamiento militar con un camión lleno de hamburguesas y helado).

Cuando Abigaíl vio a David, se bajó rápidamente del asno y se inclinó ante él, postrándose rostro en tierra (1 Samuel 25.23).

Abigaíl no es tonta. Se da cuenta de la importancia del momento. Ella es la última barrera entre su familia y una muerte segura. Cae a los pies de David y hace un ruego digno de un párrafo en la Escritura. «Señor mío, yo tengo la culpa. Deje que esta sierva suya le hable; le ruego que me escuche. No haga usted caso de ese grosero de Nabal, pues le hace honor a su nombre, que significa "necio"» (1 Samuel 25.24-25).

Ella no defiende a Nabal, al contrario, acepta que su marido es un sinvergüenza. Ruega no por justicia sino por perdón y acepta ser la culpable de algo en lo que ella no tuvo nada que ver. «Perdone el atrevimiento de esta servidora suya» (25.28). Ofrece los regalos de parte de su casa y pide a David que deje a Nabal en las manos de Dios para evitarse así el peso muerto del remordimiento.

Se arrojó a sus pies y dijo: «SEÑOR mío [...]. No haga usted caso de ese grosero de Nabal» (1 Samuel 25.24-25).

5. Lee nuevamente lo que Abigaíl le dice a David en 1 Samuel 25.23-31. ¿Cuál es su actitud física cuando entrega este mensaje? ¿Cómo demuestra esto su sabiduría?

Mujer ejemplar, ¿dónde se hallará? ¡Es más valiosa que las piedras preciosas! (Proverbios 31.10).

6. Lee Proverbios 31.10-31. Este pasaje tan conocido describe a la «esposa de carácter noble». ¿Qué rasgos de esta mujer posee Abigaíl, y cómo se manifiestan en ella estos rasgos?

¿Qué te pide el SEÑOR tu Dios? Simplemente que le temas y andes en todos sus caminos, que lo ames y le sirvas con todo tu corazón y con toda tu alma (Deuteronomio 10.12).

7. La Biblia dice que para ser sabios (como Abigaíl) debemos temer al Señor (Deuteronomio 10.12). Esto significa respetarlo, obedecerlo, someterse a su disciplina y adorarlo. ¿Qué dicen los siguientes versículos sobre el temor a Dios?

Salmos 33.8: «Tema toda la tierra al Señor; hónrenlo todos los pueblos del mundo».

Salmos 34.9: «Teman al Señor, ustedes sus santos, pues nada les falta a los que le temen».

Proverbios 1.7: «El temor del Señor es el principio del conocimiento; los necios desprecian la sabiduría y la disciplina».

Jeremías 5.23-24: «Pero este pueblo tiene un corazón terco y rebelde; se ha descarriado, ha sido infiel. No reflexionan ni dicen: "Temamos al Señor, nuestro Dios, quien a su debido tiempo nos da lluvia, las lluvias de otoño y primavera, y nos asegura las semanas señaladas para la cosecha"».

Mateo 10.28: «No teman a los que matan el cuerpo, pero no pueden matar el alma. Teman más bien al que puede destruir alma y cuerpo en el infierno».

8. ¿Qué significa para ti «temer al Señor»? ¿Cómo ves al Señor guiándote a tomar decisiones sabias cuando confías en él y te sometes a él?

Abigaíl no le temía a su esposo tonto. Tampoco le tuvo miedo al ejército de 400 hombres de David. Ella temía *al Señor*. ¿De qué otra forma pudo haber tenido la claridad mental y el valor para hacer lo que hizo? Y debido a que temía a Dios, cuando los ánimos se caldeaban, ella se arropaba en la paz del Señor. Cuando las palabras eran hirientes, ella hablaba en la gracia de Dios. Si tú estás luchando por imitar a Abigaíl, recuerda esta promesa de Santiago 1.5: «Si a alguno de ustedes le falta sabiduría, pídasela a Dios, y él se la dará, pues Dios da a todos generosamente sin menospreciar a nadie». Incluso al pedir sabiduría, demostrarás que temes a Dios y deseas colocarlo sobre tu corazón.

Y la paz de Dios, que sobrepasa todo entendimiento, cuidará sus corazones y sus pensamientos en Cristo Jesús (Filipenses 4.7).

Verdades para recordar

- Para ser sabios, debemos «temer al Señor» o mostrarle el respeto que merece a través de la adoración, el honor y la devoción.
- Temer al Señor minimiza nuestro temor a aquellos que tienen el potencial de dañarnos.
- Cuando los ánimos se encienden a nuestro alrededor, centrarnos en los propósitos de Dios nos permitirá tener su paz para actuar sabiamente.

Oración para hoy

Señor Dios: Tú dices en tu Palabra que cuando te pedimos sabiduría, tú nos la concedes. Entonces hoy te pedimos que nos des más sabiduría para todas nuestras relaciones, para todas nuestras decisiones, para todas nuestras interacciones. Danos de tu sabiduría y comprensión. Queremos reflejarlo en todo lo que hacemos. Amén.

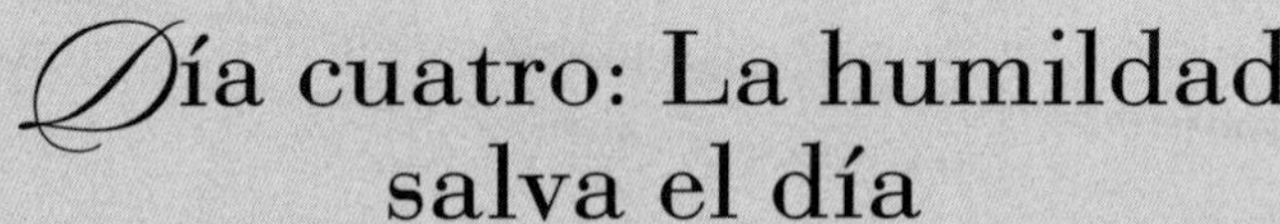

Día cuatro: La humildad salva el día

UN LLAMADO CERCANO

Las palabras de Abigaíl caen sobre David como el sol radiante en el hielo. Él se derrite. Le dice: «¡Bendito sea el Señor, Dios de Israel, que te ha enviado hoy a mi encuentro! ¡Y bendita seas tú por tu buen juicio, pues me has impedido derramar sangre y vengarme con mis propias manos!» (1 Samuel 25.32-33).

No te dejes llevar por el enojo que solo abriga el corazón del necio (Eclesiastés 7.9).

Es un llamado cercano, como admite David fácilmente. «El Señor, Dios de Israel, me ha impedido hacerte mal; pero te digo que, si no te hubieras dado prisa en venir a mi encuentro, para mañana no le habría quedado vivo a Nabal ni uno solo de sus hombres» (v. 34).

David acepta los regalos que Abigaíl le ha llevado. «Vuelve tranquila a tu casa —añadió—. Como puedes ver, te he hecho caso: te concedo lo que me has pedido» (v. 35). Entonces David regresa al campamento y Abigaíl regresa a Nabal.

Cuando Abigaíl llegó a la casa, Nabal estaba dando un regio banquete (1 Samuel 25.36).

Cuando llega, encuentra a Nabal demasiado ebrio como para conversar. Así que espera hasta la mañana siguiente para describir qué tan cerca estuvo David de su casa y Nabal de la muerte. Lo que sucede a continuación es sorprendente. «Nabal sufrió un ataque al corazón y quedó paralizado. Unos diez días después, el Señor hirió a Nabal, y así murió» (vv. 37-38).

1. Basado en este pasaje, ¿qué efecto tuvieron las sabias palabras de Abigaíl en David? ¿Cómo reaccionó él a los esfuerzos de ella para traer la paz?

Dichosos los que trabajan por la paz, porque serán llamados hijos de Dios (Mateo 5.9).

2. ¿En qué situaciones del pasado Dios te ha llamado a ser un pacificador? ¿Fueron los resultados similares o diferentes de los que Abigaíl experimentó en este pasaje? Explica.

3. ¿Hay alguien en tu vida, tal vez un líder como David, a quien puedas alentar hoy? Tómate tu tiempo para pedirle a Dios que identifique a esa persona y que te dé lo que podrías decirle. Escribe lo que Dios ponga en tu corazón y compártelo con esa persona.

4. ¿Qué dicen los siguientes versículos de cómo Dios quiere que tratemos a nuestros líderes?

Tito 3.1: «Recuérdales a todos que deben mostrarse obedientes y sumisos ante los gobernantes y las autoridades. Siempre deben estar dispuestos a hacer lo bueno».

____

____

____

____

1 Pedro 2.17-18: «Den a todos el debido respeto: amen a los hermanos, teman a Dios, respeten al rey. Criados, sométanse con todo respeto a sus amos, no solo a los buenos y comprensivos, sino también a los insoportables».

____

____

____

____

1 Pedro 5.5: «Así mismo, jóvenes, sométanse a los ancianos. Revístanse todos de humildad en su trato mutuo, porque Dios se opone a los orgullosos, pero da gracia a los humildes».

____

____

____

____

El poder del sumiso

Cuando David se entera de la muerte de Nabal y de la repentina disponibilidad de Abigaíl, agradece a Dios por lo primero y aprovecha lo segundo. Incapaz de sacudirse el recuerdo de la mujer hermosa en el medio del camino, él propone y ella acepta. David tiene una nueva esposa, Abigaíl tiene un nuevo hogar, y nosotros obtenemos un gran principio: la belleza puede vencer a la barbarie.

Cuando David se enteró de que Nabal había muerto, exclamó: «¡Bendito sea el SEÑOR...!» [...]. Entonces David envió un mensaje a Abigaíl, proponiéndole matrimonio (1 Samuel 25.39-40).

La mansedumbre salvó el día ese día. La voluntad de Abigaíl de humillarse revirtió un río de ira en David. Nosotros estamos llamados a hacer lo mismo: humillarnos y ser pacificadores en este mundo. Y si queremos un modelo, no tenemos más que mirar a Cristo, quien «se humilló a sí mismo y se hizo obediente hasta la muerte, ¡y muerte de cruz!» (Filipenses 2.8).

Cristo abandonó su reputación. Nadie en Nazaret lo saludó como el Hijo de Dios. No se destacó en la fotografía de su clase de primaria, ni exigió una página a todo color en el anuario de la secundaria. Los amigos lo conocían como un carpintero, no como una celebridad. La gente no se volvía a mirarlo cuando pasaba. Su posición en la sociedad de su tiempo no contaba

En todas partes se honra a un profeta, menos en su tierra (Marcos 6.4).

para nada. En la gran celebración que llamamos Navidad, Jesús abandonó los privilegios celestiales y se enfrentó a los dolores terrenales. Dios busca a los que, como Abigaíl, están dispuestos a proyectar a Cristo en el mundo.

La historia de Nabal nos muestra que el éxito sabotea los recuerdos de los exitosos. Una vieja fábula habla de un elefante que atraviesa un puente de madera colgante sobre un barranco. Mientras el elefante avanza, el puente cruje. Una vez en el otro lado, una pulga que se había acurrucado en el oído del elefante le dijo toda ufana: «¡Muchacho, hicimos crujir ese puente! ¿Eh?».[3]

¡Qué presunción la de la pulga! El elefante había hecho todo el trabajo. ¿Y no hacemos nosotros lo mismo? El hombre que pidió ayuda en la escuela de medicina hace diez años hoy está demasiado ocupado para adorar. Cuando la familia luchaba por llegar a fin de mes, se apoyaban en Dios para obtener el pan de cada día. Ahora que hay un automóvil extra en el garaje y un tintineo en el bolsillo, hace tiempo que no le hablan. El éxito engendra amnesia.

Alaba, alma mía, al SEÑOR, y no olvides ninguno de sus beneficios (Salmos 103.2).

Sin embargo, como revela la historia de Abigaíl, la humildad tiene el poder de superar el orgullo. Las disculpas pueden desarmar los argumentos. La contrición puede calmar la ira. Las ramas de olivo hacen más bien que las hachas de guerra. «¡La lengua amable quebranta los huesos!» (Proverbios 25.15).

5. Al revisar esta historia, ¿de qué manera ves a Abigaíl mostrando humildad?

Acuérdese usted de esta servidora suya cuando el SEÑOR le haya dado prosperidad (1 Samuel 25.31).

6. Abigaíl le pidió perdón a David y luego le dijo que ella asumía toda la culpa por la actitud de Nabal. Es una hermosa imagen del poder de la humildad. ¿Qué dicen los siguientes versículos que la humildad puede hacer en nuestra vida?

2 Crónicas 34.27: «Como te has conmovido y humillado ante mí al escuchar lo que he anunciado contra este lugar y sus habitantes, y te has rasgado las vestiduras y has llorado en mi presencia, yo te he escuchado. Yo, el Señor, lo afirmo».

Jeremías 9.24: «Si alguien ha de gloriarse, que se gloríe de conocerme y de comprender que yo soy el Señor, que actúo en la tierra con amor, con derecho y justicia, pues es lo que a mí me agrada», afirma el Señor.

Lucas 14.11: «Todo el que a sí mismo se enaltece será humillado, y el que se humilla será enaltecido».

Santiago 4.10: «Humíllense delante del Señor, y él los exaltará».

7. ¿De qué maneras puedes tú hoy día imitar la humildad de Cristo?

8. Fíjate que en esta historia David también responde con humildad. ¿Dónde ves el cambio en él? ¿Quién, en tu entorno, te ha alimentado con humildad? Explica.

David aceptó lo que ella le había traído. «Vuelve tranquila a tu casa —añadió—. Como puedes ver, te he hecho caso: te concedo lo que me has pedido» (1 Samuel 25.35).

Vivimos en un mundo donde todos somos pequeños reyes de nuestros propios reinos. Queremos que se haga nuestra voluntad y que se haga ¡ya! La humildad parece un extraño en nuestra sociedad egoísta. Se impone, se opone y contrasta con la norma que sustenta Abigaíl. Abigaíl va a contrapelo de la hostilidad egoísta que la rodea. Cuando en esta historia abre la boca, el tono cambia de oscuro a brillante. Ella entiende el poder de la humildad, porque detrás esa humildad está el poder de Dios. Solo cuando permitimos que la gracia de Dios nos quite la mirada de nuestros propios reinos y la pongamos en el reino real, la verdadera humildad comienza a crecer.

Busquen primeramente el reino de Dios y su justicia (Mateo 6.33).

Verdades para recordar

- ❖ La forma en que tratamos a nuestros líderes, independientemente de si esos líderes son buenos o irracionales, es un reflejo de la gracia de Dios en nosotros.
- ❖ Las palabras sabias y una actitud humilde pueden sacar a otros del pecado y del desastre.
- ❖ Dios usa a aquellos que se humillan para brindar oportunidades de reconciliación, aunque a veces el precio que se tenga que pagar resulte alto.

Oración para hoy

Señor Jesús: Somos tan egoístas naturalmente. Por favor, continúa cincelando nuestro orgullo y moldeando nuestros corazones para hacerlos que se parezcan al tuyo. Gracias por la historia de Abigaíl. Que nosotros, como ella, nos humillemos ante ti y ante los demás. Amén.

Día cinco: El regalo perfecto

Gracia que cambia vidas

Fijemos la mirada en Jesús, el iniciador y perfeccionador de nuestra fe, quien, por el gozo que le esperaba, soportó la cruz (Hebreos 12.2).

Abigaíl nos deja grandes enseñanzas: el poder contagioso de la amabilidad; la fuerza de un corazón gentil. Sin embargo, su mayor lección es que quitemos nuestros ojos de su belleza y los pongamos en otra persona. Ella eleva nuestros pensamientos desde un camino rural a una cruz en Jerusalén. Abigaíl nunca conoció a Jesús. Ella vivió mil años antes de su sacrificio. Sin embargo, su historia prefigura su vida, porque su gracia prefigura la gracia que Jesús nos dio.

La gracia de Dios es un regalo personal perfecto que él nos ha dado. «Hoy *les* ha nacido en la Ciudad de David un Salvador, que es Cristo el Señor» (Lucas 2.11, énfasis añadido). Un ángel dijo esto. Los pastores fueron los primeros en oírlo. Pero lo que el ángel les dijo a ellos, Dios se lo dice a todo el que quiera escucharlo: «Ha nacido *para ti*...».

Jesús es el regalo. Él mismo es el tesoro. La gracia es preciosa porque él lo es. La gracia nos es segura porque él lo es. Así como la gracia que Abigaíl le mostró a David cambió sus vidas, así la gracia que Jesús nos otorga cambia nuestra vida. El regalo es el Dador.

Descubrir la gracia es descubrir la total devoción de Dios hacia ti; su obstinada resolución de brindarte un amor purificador y sanador que ponga de nuevo de pie a los caídos. ¿Se para él en lo alto de una colina y te pide a ti que subas desde el valle donde te encuentras? No. Él baja y te saca de allí. ¿Construye un puente y te ordena que lo cruces? No. Él cruza el puente y se para a tu lado. «Porque por gracia ustedes han sido salvados mediante la fe; esto no procede de ustedes, sino que es el regalo de Dios» (Efesios 2.8).

Que su conversación sea siempre amena y de buen gusto. Así sabrán cómo responder a cada uno (Colosenses 4.6).

La historia de Abigaíl y David nos muestra que cuando permitimos que la gracia de Dios se filtre en las grietas crujientes de nuestra vida, suaviza los corazones y cambia vidas. Así que deja que la gracia de Dios burbujee en la superficie de tu corazón como un manantial en el Sahara, mediante palabras de bondad y obras de generosidad. Al hacerlo, descubrirás que no solo cambia otras vidas, sino también la tuya.

1. El momento culminante de la historia de Abigaíl ocurre cuando ella se postra ante David, asume la culpa por el comportamiento de su esposo —pese a su inocencia— y le pide que se muestre misericordioso. Lee Isaías 53.5. ¿Cómo se comparan sus acciones con lo que Cristo hizo por nosotros?

Él fue traspasado por nuestras rebeliones, y molido por nuestras iniquidades; sobre él recayó el castigo, precio de nuestra paz, y gracias a sus heridas fuimos sanados (Isaías 53.5).

____

____

____

2. «Así como la gracia que Abigaíl le mostró a David cambió sus vidas, así la gracia que Jesús nos otorga cambia nuestra vida». ¿Cómo la gracia ha cambiado tu vida?

____

____

____

3. Tómate un tiempo para meditar en Filipenses 2.4-11. ¿Qué palabras te parecen destacadas de estos versículos? ¿Cómo puedes tener la mentalidad de Jesús en tu relación con los demás?

La actitud de ustedes debe ser como la de Cristo Jesús (Filipenses 2.5).

____

____

____

4. Abigaíl estaba dispuesta a sacrificar su vida por su familia. Cristo estuvo dispuesto a sacrificar su vida por el mundo. De acuerdo con Romanos 12.1, ¿qué debería obligarnos a hacer como seguidores de Cristo? ¿Cómo vives las palabras de este versículo en tu propia vida?

Que cada uno de ustedes, en adoración espiritual, ofrezca su cuerpo como sacrificio vivo, santo y agradable a Dios (Romanos 12.1).

____

____

____

____

Cambio de corazones

La malacrianza que vemos en Nabal todavía está viva y presente entre nosotros. No podemos negar nuestros pecados más de lo que Quasimodo podía negar su joroba. Nuestro problema con el corazón es universal. Y personal. Tan solo mide tu vida con el metro de los Diez Mandamientos y verás cuán rebelde es tu corazón. En cada uno de nosotros hay algo de Nabal.

Todos han pecado y están privados de la gloria de Dios (Romanos 3.23).

Un Dios santo y perfecto no puede pasar por alto estos pecados simplemente como «errores inocentes». Pero la historia de Abigaíl revela lo que él puede hacer, e *hizo*, para responder a nuestra condición pecaminosa. Lo encontramos en todo el Nuevo Testamento: «El buen pastor da su vida por las ovejas» (Juan 10.11); «Este pan es mi cuerpo, entregado por ustedes» (Lucas 22.19); «Cristo murió por nuestros pecados» (1 Corintios 15.3); «Jesucristo dio su vida por nuestros pecados»

(Gálatas 1.4); «Cristo nos rescató de la maldición de la ley al hacerse maldición por nosotros» (Gálatas 3.13).

Dios lo ofreció como un sacrificio de expiación (Romanos 3.25).

Así como Abigaíl se colocó entre David y Nabal, Jesús se colocó entre Dios y nosotros. Así como Abigaíl se ofreció para recibir el castigo por los pecados de Nabal, Jesús permitió que el cielo lo castigara por los pecados tuyos y los míos. Así como Abigaíl rechazó la ira de David, Cristo nos protegió de la ira de Dios. Aunque sano, tomó nuestra enfermedad sobre sí mismo. Aunque enfermos, los que aceptamos su oferta somos declarados sanos.

¿El resultado? Más que solo perdonados, somos declarados inocentes. Entramos al cielo no con corazones restaurados sino con *su* corazón.

Nos convenía tener un sumo sacerdote así: santo, irreprochable, puro, apartado de los pecadores y exaltado sobre los cielos (Hebreos 7.26).

5. Así como Abigaíl fue una mediadora en nombre de Nabal, Cristo es un mediador en nombre nuestro. Hebreos 7.26-28 y 9.6-7 nos dicen un poco sobre el papel de un mediador. Según estos versículos, ¿cuál era el propósito del sumo sacerdote en el Antiguo Testamento?

Sin derramamiento de sangre no hay perdón (Hebreos 9.22).

6. Lee Hebreos 9.22. Los sacrificios que realizó el sumo sacerdote siempre involucraron el derramamiento de sangre por el pecado del pueblo. ¿Cuál es el significado de la sangre?

7. Pasa a Hebreos 9.11-15, NTV. Antes de Jesús, el sumo sacerdote funcionaba como un mediador entre las personas y Dios, haciendo sacrificios de sangre por el perdón de los pecados. ¿Por qué estos versículos dicen que Jesús es el Sumo Sacerdote *por sobre todas las cosas*?

Por eso también puede salvar por completo a los que por medio de él se acercan a Dios (Hebreos 7.25).

8. ¿Qué promesa se nos da en Hebreos 7.25? ¿De qué manera imaginar a Cristo como nuestro mediador nos da paz y seguridad para esta vida y la venidera?

Abigaíl fue una mediadora que reconcilió a David y a Nabal. Del mismo modo, Jesús es nuestro mediador que nos reconcilia con Dios, porque «dio su vida como rescate por todos» (1 Timoteo 2.5-6). Cristo se interpuso entre la ira de Dios y nuestro castigo. Algo remotamente similar sucedió en la historia de Ernest Gordon y el campo de prisioneros de Chungkai que mencioné al comienzo de esta lección.

El campamento se había transformado con la llegada de dos prisioneros que tenían un código más alto que el de «supervivencia del más apto». Su bondad y misericordia resultaron contagiosas, y pronto todos los prisioneros estaban imitándolos. Una noche, después de terminado el trabajo del día, un guardia japonés dijo que faltaba una pala. Formó a los prisioneros para tratar de descubrir al ladrón. En un inglés elemental y gritado, exigió que el culpable diera un paso al frente. Se llevó el fusil a posición de disparar uno por uno a los prisioneros hasta que apareciera el culpable. Un soldado escocés rompió filas, se puso rígidamente en posición de firmes y dijo: «Yo fui». El oficial no le disparó, pero lo golpeó hasta matarlo. Cuando el guardia finalmente se agotó, los prisioneros recogieron el cuerpo y sus herramientas y regresaron al campamento. A alguien se le ocurrió contar las palas. Estaban todas. El soldado japonés había contado mal. No faltaba ninguna.[4] ¿Qué clase de persona asumiría una responsabilidad por algo que no había hecho? ¿Quién hace eso? Cuando encuentres el adjetivo, conéctalo a Jesús. «El Señor hizo recaer sobre él la iniquidad de todos nosotros» (Isaías 53.6). Dios trató a su Hijo inocente como la raza humana culpable. Su Santo como un sinvergüenza mentiroso. Su Abigaíl como Nabal.

Nadie tiene amor más grande que el dar la vida por sus amigos (Juan 15.13).

Cristo vivió la vida que no podíamos vivir y tomó el castigo que no pudimos tomar para ofrecer la esperanza que no podemos resistir. Su sacrificio nos pide que hagamos esta pregunta: si él nos amó tanto, *¿no podemos amarnos los unos a los otros?* Habiendo sido perdonado, ¿no podemos nosotros perdonar? Después de un banquete en la mesa de la gracia, ¿no podemos compartir algunas migajas? «Queridos hermanos, ya que Dios nos ha amado así, también nosotros debemos amarnos los unos a los otros» (1 Juan 4.11).

¿Encuentras que tu mundo tipo Nabal es difícil de soportar? Si tu respuesta es sí, entonces haz lo que hizo David: deja de mirar a Nabal. Cambia tu mirada a Cristo. Mira más al Mediador y menos a los alborotadores. «No te dejes vencer por el mal; al contrario, vence el mal con el bien» (Romanos 12.21).

Ella se inclinó, y postrándose rostro en tierra dijo: «Soy la sierva de David, y estoy para servirle» (1 Samuel 25.41).

Un prisionero puede cambiar un campo de concentración. Una Abigaíl puede salvar una familia. Sé la belleza en medio de tus bestias y verás lo que sucede.

Verdades para recordar

- La gracia de Dios en nosotros hace que otros lo vean a él y cambia sus vidas.
- La gracia de Dios limpia, sana y nos provee de la fortaleza que necesitamos para ser una nueva persona portadora del corazón de Cristo.
- Jesús recibió el castigo por nuestros pecados, y protege a los que se vuelven a él para la salvación de la ira de Dios.

ORACIÓN PARA HOY

Señor Jesús: Gracias a tu sacrificio podemos descansar en la seguridad de la salvación. Gracias por sentarte a la diestra del Padre para interceder por nosotros, tan indignos como somos. Estamos de ti eternamente agradecidos. En tu nombre oramos. Amén.

VERSÍCULO DE LA SEMANA PARA MEMORIZAR

Porque hay un solo Dios y un solo mediador entre Dios y los hombres, Jesucristo hombre, quien dio su vida como rescate por todos.
1 TIMOTEO 2.5-6

Para lectura adicional

Las selecciones que aparecen a lo largo de esta lección fueron tomadas de *No se trata de mí* (Nashville: Grupo Nelson, 2011); *Enfrente a sus gigantes* (Nashville: Grupo Nelson, 2006); *Cura para la vida común* (Nashville: Grupo Nelson, 2006); *3:16—Los números de la esperanza* (Nashville: LifeWay, 2008); y *Gracia* (Nashville: Grupo Nelson, 2012).

Notas

1. Ernest Gordon, *To End All Wars: A True Story About the Will to Survive and the Courage to Forgive* (Grand Rapids: Zondervan, 2002), pp. 105-106, 101.
2. Hans Wilhelm Hertzberg, *First and Second Samuel*, trad. J. S. Bowden (Philadelphia: Westminster John Knox Press, 1964), pp. 199-200.
3. Anthony de Mello, *Taking Flight: A Book of Story Meditations* (New York: Doubleday, 1988), p. 99.
4. Gordon, *To End All Wars*, pp. 101-102.

LECCIÓN 4

ESTER

EL CORAZÓN DEL REY SE CONMUEVE

HACE MUCHOS AÑOS, CUANDO MIS HIJAS ANDREA Y SARA eran unas niñitas, nos fuimos de tienda en busca de escritorios. Yo necesitaba renovar el que tenía en mi oficina y, además, les prometí a cada una de ellas uno para sus habitaciones. Sara siempre disfrutó su tiempo de colegiala, al punto que cuando regresaba a casa le gustaba jugar a la escuela. Yo, en cambio, nunca hice eso cuando era un niño; más bien intentaba olvidarme de la escuela en lugar de seguir viviéndola en casa.

Así que fuimos en busca de los escritorios. Cuando mi esposa, Denalyn, compraba algún mueble para la casa, iba de un extremo a otro: o tan antiguo que ya se deshacía o tan nuevo que todavía le faltaba el barniz. Esta vez optamos por estos últimos y entramos en una tienda de muebles aún sin el acabado final.

Andrea y Sara tuvieron éxito rápidamente en hacer sus selecciones, y yo intenté hacer lo mismo. En algún momento del proceso, se nos informó que los escritorios tenían que barnizarse por lo que los entregarían en cuatro semanas. Eso para Sara fue como si le hubiesen dicho que tendría que esperar cuatro mil años.

Sus ojos se llenaron de lágrimas. «Pero, papi, yo lo quiero hoy». Para su crédito, no insistió demasiado. Sin embargo, mientras permanecimos en la tienda no perdió oportunidad para tratar de hacerme cambiar de parecer. Cada vez que doblaba una esquina, allí me estaba esperando.

«Papi, ¿no crees que podríamos barnizarlo nosotros mismos?».

«Papi, ¡es que quiero dibujar algunas cosas en mi nuevo escritorio!».

«Papi, por favor, llevémoslo a casa hoy».

En un momento, desapareció de mi vista solo para regresar con los brazos abiertos y burbujeando de entusiasmo por algo que había descubierto.

«¡Adivina qué, papito! ¡Podemos llevarlo en la parte trasera del automóvil!».

Usted y yo sabemos que una niña de siete años no tiene ni idea de qué cabría o qué no cabría en un automóvil, pero el hecho de que ella midiera el espacio con sus brazos suavizó mi corazón. Sin embargo, el factor decisivo fue la forma en que ella se dirigió a mí: «Papito».

Esta es la confianza que tenemos al acercarnos a Dios: que, si pedimos conforme a su voluntad, él nos oye (1 Juan 5.14).

La familia Lucado se llevó el escritorio ese mismo día.

Atendí al ruego de Sara por la misma razón por la que Dios atiende al nuestro. Su deseo era para su propio bien. ¿Qué papá no querría que su hijo pasara más tiempo escribiendo y dibujando? Sara quería lo que yo quería para ella, solo que ella lo quería de inmediato. Cuando estamos de acuerdo con lo que Dios quiere, él también nos escucha (ver 1 Juan 5.14).

La petición de Sara era sincera. Dios, asimismo, se conmueve ante nuestra sinceridad. «La oración del justo es poderosa y eficaz» (Santiago 5.16). No obstante, lo que más me movió a complacer a Sara fue que me llamó «papito». Como ella es mi hija, escuché su pedido. Porque somos hijos de Dios, él escucha los nuestros. El Rey de la creación presta especial atención a la voz de su familia. Él no solo está dispuesto a escucharnos; a él le encanta escucharnos. Incluso nos dice cómo pedirle.

Ustedes deben orar así: «Padre nuestro que estás en el cielo, santificado sea tu nombre, venga tu reino, hágase tu voluntad en la tierra como en el cielo» (Mateo 6.9-10).

Jesús nos dice cómo comenzar. Cuando ores, ora así. «Padre nuestro que estás en los cielos, santificado sea tu nombre. Venga tu reino». Cuando dices: «Venga tu reino», estás invitando al Mesías mismo a venir hacia tu mundo. «¡Ven, mi Rey! Haz tu trono en nuestra tierra. Has sentir tu presencia en mi corazón; en mi lugar de trabajo; en mi matrimonio. Sé el Señor de mi familia, de mis miedos y de mis dudas».

Esta no es una solicitud débil. Es un llamamiento audaz para que Dios ocupe todos los rincones de tu vida. ¿Quién eres tú para preguntar tal cosa? ¿Quién eres tú para pedirle a Dios que tome el control de tu mundo? ¡Eres su hijo, por todos los cielos! «Así que acerquémonos confiadamente al trono de la gracia para recibir misericordia y hallar la gracia que nos ayude en el momento que más la necesitemos» (Hebreos 4.16).

1. Cuéntanos sobre un momento de tu vida en el que sabías que Dios había escuchado el deseo de tu corazón. ¿Cómo respondió Dios a esa petición?

2. «Lo que más me movió a complacer a Sara fue que me llamó "papito". Como ella es mi hija, escuché su pedido». ¿Por qué puede ser difícil imaginar a Dios como nuestro Padre?

Amémonos los unos a los otros, porque el amor viene de Dios (1 Juan 4.7).

A. W. Tozer escribió una vez: «Lo que nos viene a la mente cuando pensamos en Dios es lo más importante de nosotros».[1] Si vemos a Dios como nuestro buen Padre, podemos ser aquello para lo que fuimos creados: sus hijos. Y como sus hijos, podemos acercarnos alegres y sin temor a nuestras peticiones, preguntas y preocupaciones, sabiendo que él nos ama. Nuestra vida de oración se vuelve rica y, sobre todo, relacional. Por otro lado, si la imagen que nos viene a la mente cuando pensamos en Dios es negativa, nuestra vida de oración sufre, y esto nos impide acercarnos al trono de Dios con valentía. Dios quiere que lo conozcamos no solo como Padre sino también como Papito (ver Romanos 8.15).

El Espíritu [que recibieron] los adopta como hijos (Romanos 8.15).

Oración para la semana

Querido Dios: A veces nos resulta difícil verte como un Padre bueno. Y por eso, nos cuesta hablar contigo. Ayúdanos a verte en la forma que quieres que te veamos, de manera que nuestras oraciones se alineen con tu corazón. Amén.

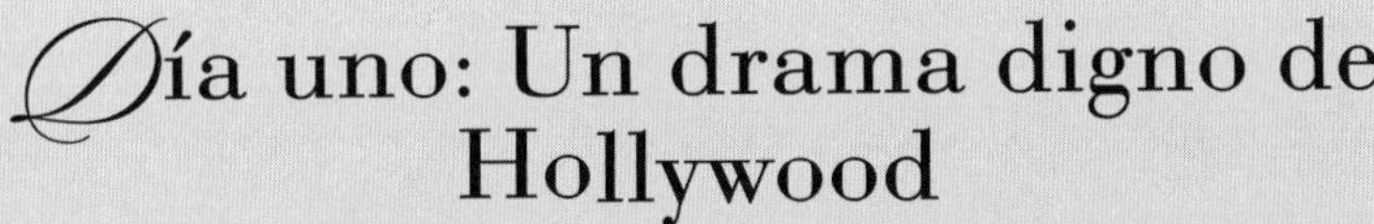

Día uno: Un drama digno de Hollywood

Entre bastidores

Una maravillosa ilustración de este tipo de audacia que Dios busca está en la historia de Jadasá. Aunque su idioma y su cultura son un atlas aparte del nuestro, ella puede contarle sobre el poder de una oración a un rey. Sin embargo, hay un par de diferencias. Su pedido no fue a su padre, sino a su esposo, el rey. Su oración no fue por un escritorio, sino por la liberación de su pueblo. Y porque ella entró en la sala del trono y abrió su corazón al rey, el rey cambió sus planes y millones de personas en 127 países diferentes se salvaron.

El rey Asuero, que reinó sobre ciento veintisiete provincias que se extendían desde la India hasta Cus (Ester 1.1).

Oh, cómo me gustaría que conocieras a Jadasá, pero dado que ella vivió en el siglo V A.C., tal encuentro no es posible. Tendremos que contentarnos con leer sobre ella en el libro que lleva su nombre, su *otro* nombre, el Libro de Ester.

¡Y qué Libro que es! Para Hollywood sería un desafío desarrollar el drama de esta historia: El malvado Amán exigiendo que todos se inclinaran ante él; el valiente Mardoqueo negándose a hacerlo; las terribles palabras de Mardoqueo a Ester en el sentido de que ella pudo haber sido elegida reina para «un momento como este»; y la decisión de Ester de salvar a su pueblo. «Y si perezco, pereceré».

1. Este «drama de Hollywood» que conocemos como el Libro de Ester fue escrito después de que el templo de Jerusalén fue destruido y los

Humillada, cargada de cadenas, Judá marchó al exilio. Una más entre las naciones, no encuentra reposo (Lamentaciones 1.3).

babilonios llevaron al exilio a casi todos los habitantes de Judá. Lee Lamentaciones 1.1-3. ¿Qué dice el autor sobre el pueblo judío durante ese tiempo? ¿Cuál es el tono detrás de las palabras?

El SEÑOR te dispersará entre todas las naciones, de uno al otro extremo de la tierra (Deuteronomio 28.64).

2. Pasa ahora a Deuteronomio 28.63-67. Estas palabras se cumplieron durante el tiempo de Ester. ¿Qué había prometido Dios que le pasaría a su pueblo si no seguían sus órdenes? ¿Qué dicen estos versículos sobre el estado de los corazones de las personas?

3. Ester vivió durante el reinado del Imperio persa, que había derrocado al Imperio babilónico. Como exiliados en un país extranjero, ¿cómo crees que eran vistos los judíos?

4. Además de ser extranjera, Ester era una mujer, y las mujeres en esa cultura eran vistas como inferiores, dominadas y de propiedad de los hombres. Entonces, antes de siquiera mirar nuestra historia, ¿qué te dice todo esto sobre nuestro personaje principal y cómo se veía a sí misma?

Preparar el escenario

Esto es lo que ordena Ciro, rey de Persia: «El SEÑOR, Dios del cielo [...] me ha encargado que le construya un templo en la ciudad de Jerusalén, que está en Judá. Por tanto, cualquiera que pertenezca a Judá, que se vaya, y que el SEÑOR su Dios lo acompañe» (2 Crónicas 36.23).

Repasemos los personajes centrales, empezando por el que aparentemente tenía todo el poder en la tierra. Jerjes, el rey de Persia y monarca absoluto sobre la tierra desde la India hasta Etiopía. Su título oficial era *Shahanshah*. Si bien esto puede traducirse como «emperador», en realidad tiene un significado un poco más elevado: «rey de reyes». Jerjes era nieto de Ciro el Grande, de quien la Biblia dice que permitió a los judíos regresar a Jerusalén, e hijo de Darío el Grande, que fue quien convirtió a Persia en el mayor imperio del mundo.

Una de las primeras tareas que Jerjes tuvo que abordar después de ascender al trono fue aplastar una revuelta que había estallado en Babilonia. En años anteriores, tanto Ciro como Darío habían oficiado en un festival en el que el gobernante agarraba las manos de la estatua de Marduk, el dios patrono de la ciudad. Para los babilonios, este acto les aseguraba su prosperidad. Pero Jerjes tenía poco tiempo o paciencia para tales ceremonias, y aparentemente poca diplomacia.

En cambio, optó por acabar con este ritual derritiendo la estatua. Como imaginas, esto no les cayó bien a los babilonios, quienes rápidamente se sublevaron cuando el nuevo rey asumió el trono. Pronto aprenderían que cuando Jerjes levantaba una ceja, el destino del mundo cambiaba. Jerjes aplastó la revuelta en Babilonia, otra en Egipto y luego invadió Grecia. Tal era el poder y el temperamento del poderoso rey que se conocería como «Jerjes el Grande».

En muchos aspectos, Jerjes simbolizaba el poder de Dios, el verdadero «Rey de reyes y Señor de señores» (Apocalipsis 19.16), porque él guía el río de la vida y lo hace sin siquiera levantar una ceja. Sin embargo, mientras que nuestro Dios es paciente y amoroso, y nos invita a acudir a su presencia, los súbditos de Jerjes sabían que era un hombre temible. Y le temían.

En su manto y sobre el muslo lleva escrito este nombre: Rey de reyes y SEÑOR de señores (Apocalipsis 19.16).

5. El primer personaje presentado en nuestro drama es Jerjes (o en algunas traducciones, Asuero, que es su nombre en hebreo). Lee Ester 1.1-9. ¿Cuál es el escenario donde se desarrollará este drama? ¿Qué está haciendo el rey cuando comienza el Libro?

___

___

___

___

___

En el tercer año de su reinado ofreció un banquete para todos sus funcionarios y servidores, al que asistieron los jefes militares de Persia y Media, y los magistrados y los gobernadores de las provincias (Ester 1.2-3).

6. ¿Qué puedes entender sobre el carácter de Jerjes basado en estos versículos?

___

___

___

___

___

7. En muchos aspectos, Jerjes simboliza el poder de Dios en la tierra. ¿Cómo muestra Dios su fortaleza en los siguientes versículos? ¿Cuáles son las diferencias más relevantes entre la forma en que Jerjes y Dios flexionan sus músculos?

Éxodo 14.17-18: «¡Voy a cubrirme de gloria a costa del faraón y de su ejército, y de sus carros y jinetes! Y cuando me haya cubierto de gloria a costa de ellos, los egipcios sabrán que yo soy el Señor».

___

___

___

___

___

Jueces 7.22: «Al sonar las trescientas trompetas, el Señor hizo que los hombres de todo el campamento se atacaran entre sí con sus espadas. El ejército huyó hasta Bet Sitá, en dirección a Zererá, hasta la frontera de Abel Mejolá, cerca de Tabat».

Isaías 14.26-27: «Esto es lo que he determinado para toda la tierra; esta es la mano que he extendido sobre todas las naciones. Si lo ha determinado el Señor Todopoderoso, ¿quién podrá impedirlo? Si él ha extendido su mano, ¿quién podrá detenerla?».

Mateo 19.26: «Para los hombres es imposible —aclaró Jesús, mirándolos fijamente—, mas para Dios todo es posible».

Romanos 1.20: «Las cualidades invisibles de Dios, es decir, su eterno poder y su naturaleza divina, se perciben claramente a través de lo que él creó, de modo que nadie tiene excusa».

Hebreos 1.3: «El Hijo es el resplandor de la gloria de Dios, la fiel imagen de lo que él es, y el que sostiene todas las cosas con su palabra poderosa. Después de llevar a cabo la purificación de los pecados, se sentó a la derecha de la Majestad en las alturas».

8. El personaje principal de nuestra historia es una mujer judía en cautiverio. Sabiendo esto, y conociendo el triste estado de Israel, ¿cómo crees que Dios está preparando un escenario perfecto para mostrar su gloria?

A menudo, Dios es glorificado más cuando la vida se pone difícil. Vemos esto en toda la Biblia. Cuando los israelitas estuvieron en cautiverio egipcio, Dios mostró su gloria. Cuando Gedeón solo tuvo 100 hombres para derrotar a un enemigo abrumadoramente más numeroso, Dios mostró su gloria. Cuando no había lugar en la posada para José y María, Dios mostró su gloria. Él hace lo mismo en nuestra vida hoy. No es que Dios necesita un telón de fondo para brillar más. Sin embargo, debido a que somos humanos, a veces tenemos la tendencia a esperar hasta el último momento para disponernos a ver y escuchar a Dios. Si estás atravesando un momento difícil, como los judíos de nuestra historia, quizá Dios está preparando el escenario en tu corazón, destruyendo todo lo que jugó un papel principal en tu vida para que él pueda brillar más.

Y el Verbo se hizo hombre y habitó entre nosotros. Y hemos contemplado su gloria, la gloria que corresponde al Hijo unigénito del Padre (Juan 1.14).

Verdades para recordar

- ❖ Dios manifiesta su poder y su gloria a través de los acontecimientos mundiales, a través de los líderes terrenales y a través de su Hijo, Jesús.
- ❖ Con frecuencia Dios es glorificado en tiempos complicados y cuando las soluciones están más allá de la capacidad humana.
- ❖ La forma en que vemos a Dios determina cómo reaccionamos cuando la vida se hace difícil.

Oración para hoy

Señor y Dios: Tu Palabra nos muestra que tú eres todopoderoso y capaz de librarnos de cualquier situación que enfrentemos en esta tierra. Perdónanos cuando nos concentramos en nuestra propia capacidad o en la de los que nos rodean. Anhelamos ver cuán grande eres tú y ver tu gloria. Destruye lo que haya en nosotros que pudiera rivalizar con tu gloria en nuestra vida. Amén.

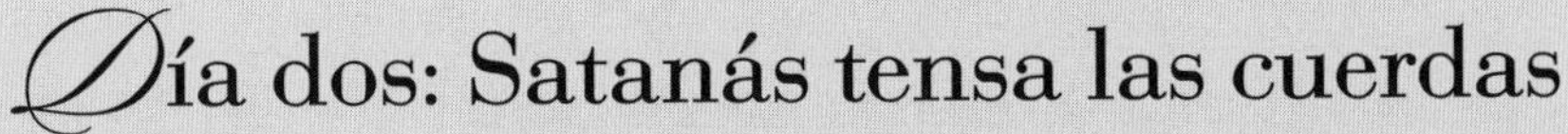

Día dos: Satanás tensa las cuerdas

Un peligroso ególatra

Asuero es, sin duda, el que ostenta el poder. Sin embargo, en la historia contada en el Libro de Ester, no nos queda la sensación de que sea él quien siempre mueve los hilos. Por eso, nos volvemos a Amán, su brazo derecho y cuyo nombre suena a verdugo (pronto verás que es algo más que una curiosa coincidencia). Lee todo lo que encuentres sobre Amán y comprobarás

El rey Asuero honró a Amán hijo de Hamedata, el descendiente de Agag (Ester 3.1).

que nada bueno se dice de él. Es un egoísta insaciable que quiere que todos los habitantes del reino lo adoren.

Saúl y su ejército preservaron las mejores ovejas y vacas (1 Samuel 15.9).

Amán, leemos, era un agagueo (lee Ester 3.1); o sea, un descendiente de Agag, el rey de una nación hostil a Israel. En 1 Samuel 15.7-9, leemos que el rey Saúl, en abierta desobediencia al mandato de Dios, había perdonado la vida a este rey. Cuando Samuel se enteró, hizo que compareciera ante él y lo mató (lee los vv. 32-33). Ahora que los judíos eran la minoría en Persia, Amán decidió exterminarlos de una vez y para siempre. Para conseguir su objetivo, convenció a Asuero de que el mundo sería mejor con un holocausto y fijó una fecha para el genocidio de todos los hijos de Abraham.

Amán es un servidor del infierno y una imagen del mismísimo diablo, que no tiene otro objetivo más grande que hacer que cada rodilla se doble a su paso. El plan supremo de Satanás es perseguir al pueblo prometido de Dios y tratar de destruirlo. En Juan 10.10 leemos que no viene sino a «robar, matar y destruir»; y que está «lleno de furor [...], porque sabe que le queda poco tiempo» (Apocalipsis 12.12).

En este caso, Satanás espera destruir a los judíos, con lo cual estaría destruyendo el linaje de Jesús. Para Amán, la masacre era cuestión de conveniencia. Para Satanás, es cuestión de supervivencia; hará lo que sea necesario para impedir la presencia de Jesús en el mundo.

Todos los servidores de palacio asignados a la puerta del rey se arrodillaban ante Amán, y le rendían homenaje, porque así lo había ordenado el rey (Ester 3.2).

1. Lee Ester 3.1-6. ¿Qué tipo de personalidad tiene Amán según estos versículos? ¿Por qué se enfureció cuando no todos en el reino se inclinaron ante él?

2. La tensión entre el pueblo de Amán (los amalecitas) y el pueblo de Ester (los judíos) se había extendido durante cientos de años. Lee 1 Samuel 15.1-3. ¿Por qué ardía la ira de Dios contra los amalecitas? ¿Qué le ordenó Dios a Saúl que hiciera cuando los enfrentara y derrotara?

Se enviaron los documentos [...] con la orden de exterminar, matar y aniquilar a todos los judíos (Ester 3.13).

3. Lee Ester 3.7-15. ¿Por qué odiaba Amán a los judíos tanto como para que intentara acabar con ellos? ¿Cómo engañó al rey Asuero a través de la solicitud que le hizo?

4. Pasa ahora a Salmos 36.1-4. ¿Cómo describen estos versículos la condición del corazón de Amán? ¿Cómo lo llevó su orgullo a planear el exterminio de todo un pueblo?

[El pecador] cree que merece alabanzas y no halla aborrecible su pecado (Salmos 36.2).

____

____

____

____

El atractivo de la presunción

Satanás usó el orgullo para hinchar el corazón de Amán y hacer de él un instrumento para planear tal atrocidad contra el pueblo de Dios. El orgullo es una táctica común en el arsenal del diablo. Vemos que hace uso de él desde el comienzo mismo de la creación. En el jardín del Edén, tomando la forma de una serpiente, le susurró a Eva su primera promesa de prestigio con un siseo, un guiño y una sonrisa.

Con el orgullo viene el oprobio; con la humildad, la sabiduría (Proverbios 11.2).

Dios había dicho: «Puedes comer de todos los árboles del jardín, pero del árbol del conocimiento del bien y del mal no deberás comer. El día que de él comas, ciertamente morirás» (Génesis 2.16-17). Parado a la sombra de ese mismo árbol, Satanás sabía qué ofrecer a Eva para convencerla de que desobedeciera la orden. No se trataba de placer, ni de salud, ni de prosperidad. Se trataba... bueno, lee lo que le dijo y busca su atractivo: «Dios sabe muy bien que, cuando coman de ese árbol, se les abrirán los ojos y llegarán a ser como Dios, conocedores del bien y del mal» (Génesis 3.5).

Esas palabras encontraron el punto débil.

Serán como Dios... Eva se acarició la barbilla mientras repetía la promesa en forma meditabunda. La serpiente descorrió la cortina de la sala del trono e invitó a Eva a tomar asiento. Ponte la corona. Levanta el cetro. Ponte la capa. Ve cómo se siente tener poder. Ve cómo se siente tener un nombre. ¡Ve cómo se siente tener el control!

Eva mordió el anzuelo. La tentación de ser como Dios eclipsó su visión de Dios; y el mordisco a la manzana retumbó en todo el universo. Siglos más tarde, Amán usaría la misma carnada. «El rey Asuero honró a Amán [...] ascendiéndolo a un puesto más alto que el de todos los demás funcionarios que estaban con él» (Ester 3.1). El poder se le subió tanto a la cabeza a Amán que no pudo soportar que ni siquiera uno dejara de inclinarse ante él.

La mujer vio que el fruto del árbol era bueno para comer, y que tenía buen aspecto y era deseable para adquirir sabiduría, así que tomó de su fruto y comió (Génesis 3.6).

Hoy, la serpiente sigue susurrándonos sus mentiras. «Tú eres muy bueno; eres tan excepcional que los demás tendrían que reconocer tus méritos y honrarte como te lo mereces». La Biblia es clara en decirnos que debemos agarrar cada uno de esos pensamientos y hacerlos obedientes a Cristo (2 Corintios 10.5); es clara en el sentido de que debemos resistir cualquier idea exagerada de nuestra propia importancia (Romanos 12.3). Debemos hacer de la cruz de Cristo nuestra única razón para jactarnos (Gálatas 6.14).

Destruimos argumentos y toda altivez que se levanta contra el conocimiento de Dios (2 Corintios 10.5).

Al hacerlo, llegaremos a comprender que el orgullo no agrada a Dios y evitaremos las terribles consecuencias que se derivan de llevar una vida llena de orgullo.

Vienen días —afirma el SEÑOR—, en que de la simiente de David haré surgir un vástago justo (Jeremías 23.5).

5. Volvamos a Jeremías 23.5-6. ¿Qué dice esta profecía acerca de Jesús? ¿Cómo vemos en la Biblia que Satanás usa a individuos como Amán para tratar de destruir al pueblo de Dios e impedir el cumplimiento de esta profecía? (Lee Éxodo 1.8-10, por ejemplo).

6. ¿Qué dicen los siguientes pasajes de la Escritura sobre la naturaleza de Satanás y las formas en que opera en este mundo?

Ezequiel 28.17-18: «A causa de tu hermosura te llenaste de orgullo. A causa de tu esplendor, corrompiste tu sabiduría [...]. Has profanado tus santuarios, por la gran cantidad de tus pecados, ¡por tu comercio corrupto!».

Juan 8.44: «[Satanás] desde el principio [...] ha sido un asesino, y no se mantiene en la verdad, porque no hay verdad en él. Cuando miente, expresa su propia naturaleza, porque es un mentiroso. ¡Es el padre de la mentira!».

2 Corintios 4.3-4: «Si nuestro evangelio está encubierto, lo está para los que se pierden. El dios de este mundo ha cegado la mente de estos incrédulos, para que no vean la luz del glorioso evangelio de Cristo, el cual es la imagen de Dios».

2 Corintios 11.14-15: «Satanás mismo se disfraza de ángel de luz. Por eso no es de sorprenderse que sus servidores se disfracen de servidores de la justicia. Su fin corresponderá con lo que merecen sus acciones».

1 Pedro 5.8: «Practiquen el dominio propio y manténganse alerta. Su enemigo el diablo ronda como león rugiente, buscando a quién devorar».

7. ¿Qué tácticas has visto usar a tu enemigo contra ti? ¿De qué manera estos versículos te ayudan a reconocer sus estrategias y verlas como realmente son?

8. ¿Qué dicen los siguientes versículos sobre el poder que tenemos sobre Satanás? ¿Qué dicen que debemos hacer si nos sentimos atacados por el mal?

Efesios 6.10-11: «Fortalézcanse con el gran poder del Señor. Pónganse toda la armadura de Dios para que puedan hacer frente a las artimañas del diablo».

Santiago 4.7-8: «Sométanse a Dios. Resistan al diablo, y él huirá de ustedes. Acérquense a Dios, y él se acercará a ustedes».

1 Pedro 5.9: «Resístanlo, manteniéndose firmes en la fe, sabiendo que sus hermanos en todo el mundo están soportando la misma clase de sufrimientos».

1 Juan 4.4: «Ustedes, queridos hijos, son de Dios y han vencido a esos falsos profetas, porque el que está en ustedes es más poderoso que el que está en el mundo».

Pónganse toda la armadura de Dios, para que cuando llegue el día malo puedan resistir (Efesios 6.13).

Concentrarse demasiado en el diablo nos quita el poder y la seguridad que tenemos en Cristo, pero ignorarlo completamente nos quita la advertencia de la Escritura en el sentido de que seamos sobrios y atentos en contra de sus planes. Se necesita un equilibrio. Necesitamos armarnos, pero recordemos que el diablo es un enemigo derrotado. Él está derrotado *ahora* en nuestra vida a través de la victoria que tenemos en Cristo, y estará derrotado para *siempre* después del regreso de Cristo. «El diablo, que los había engañado, será arrojado al lago de fuego y azufre» (Apocalipsis 20:10). ¡Llegará un día en que todos los males serán vindicados y destruidos para siempre! Hasta entonces, debemos permanecer *atentos*, recordando que los demonios huyen ante la presencia de Cristo en nosotros. Y también debemos permanecer *esperanzados*, recordando el bello final que está por venir.

VERDADES PARA RECORDAR

- Satanás hará todo lo que le permita su poder para impedir la presencia y el impacto de Jesús en el mundo.
- Satanás desarrolla nuestro propio orgullo como una manera de atacarnos y destruir nuestra relación con Dios.
- El orgullo es un arma de destrucción, pero lo que hizo nuestro Señor Jesucristo en la cruz es una defensa que tenemos contra el mal.

ORACIÓN PARA HOY

Señor Jesús: Tú ya has vencido al enemigo y ahora vives en nosotros. Por lo tanto, sabemos que no tenemos nada que temer. Hoy oramos para que nos ayudes a mantenernos cubiertos con toda la armadura de Dios para estar protegidos contra todas las estratagemas del enemigo. Que no seamos presa de las mentiras y el engaño, sino que seamos capaces de resistir sus tentaciones. Amén.

Día tres: Para momentos como este

La nueva Mis Persia

Hay dos personajes que destacan en esta historia: Ester y Mardoqueo. Cuando se abre el Libro, Ester acaba de convertirse en reina al ganar el concurso para elegir a Mis Persia. La exreina, de nombre Vasti, había caído en desgracia con su marido al negarse a concurrir a la fiesta para que el rey se vanagloriara con su belleza. El episodio sórdido ocurrió durante una fiesta de siete días en el palacio, en la que a los invitados se les permitió «beber sin restricciones» (Ester 1.8). En el séptimo día, «como a causa del vino el rey Asuero estaba muy alegre», decidió que sería una buena idea mandar a traer a su esposa Vasti para exhibir su belleza ante los pueblos y sus dignatarios» (vv. 10-11).

El rey Asuero [...] les ordenó a los siete eunucos que le servían [...] que llevaran a su presencia a la reina, ceñida con la corona real, a fin de exhibir su belleza ante los pueblos y sus dignatarios, pues realmente era muy hermosa (Ester 1.10-11).

Vasti decidió que *no* era una buena idea y se negó a presentarse. Furioso, el rey consultó con sus... abogados. Rápidamente aconsejaron al rey que controlara los daños que la reina Vasti podría causar y que la mandara al exilio para evitar que las mujeres de la nobleza respondieran a todos los nobles del rey de la misma manera (v. 18). También le dijeron a Asuero que organizara un concurso de belleza real para elegir a quien reemplazara a Vasti. Esta sugerencia agradó al rey.

Que Vasti nunca vuelva a presentarse ante Su Majestad, y que el título de reina se lo otorgue a otra mejor que ella (Ester 1.19).

Ester ganó el concurso y, prácticamente en un día, pasó de la oscuridad del anonimato a la realeza. En más de un sentido, ella debería hacernos pensar en nosotros mismos. Al igual que Ester, somos residentes del palacio: Ester, la novia de Asuero, y nosotros, la novia de Cristo. Ambos tenemos acceso al trono del rey, y ambos tenemos un consejero para guiarnos y enseñarnos. Nuestro consejero es el Espíritu Santo. El consejero de Ester fue Mardoqueo, el actor definitivo en esta historia.

1. Lee Ester 1.10-22. Además de su propio orgullo, ¿por qué el rey castiga a Vasti (lee los vv. 17-20)? ¿Qué mensaje contundente estaba enviando a las mujeres? ¿Cómo crees que se habrá sentido Ester cuando se encontró viviendo en el palacio del rey?

Porque todas las mujeres se enterarán de la conducta de la reina, y esto hará que desprecien a sus esposos (Ester 1.17).

2. Vamos a Ester 2.1-18. ¿Qué se puede aprender del pasado de Ester y de su educación? ¿Qué importancia tiene que Mardoqueo sea su primo?

Ella se había ganado la simpatía de todo el que la veía (Ester 2.15).

3. ¿Qué tema recurrente encuentras en los vv. 9, 15 y 17? ¿En qué forma le sirvió esta cualidad a Ester en la corte persa?

4. Teniendo en cuenta su educación, sus raíces judías y los miles de otras mujeres en el harén del rey, las probabilidades de que Ester se convirtiera en reina parecían escasas. Sin embargo, se ganó el favor de todos. ¿Casualidad? ¡No! Busca los siguientes versículos y escribe lo que cada uno dice acerca del favor de Dios.

Salmos 5.12: «Porque tú, Señor, bendices a los justos; cual escudo los rodeas con tu buena voluntad».

Salmos 84.11: «El Señor es sol y escudo; Dios nos concede honor y gloria. El Señor brinda generosamente su bondad a los que se conducen sin tacha».

Proverbios 3.34: «El Señor se burla de los burlones, pero muestra su favor a los humildes».

2 Corintios 9.8: «Dios puede hacer que toda gracia abunde para ustedes, de manera que siempre, en toda circunstancia, tengan todo lo necesario, y toda buena obra abunde en ustedes».

Efesios 2.8-9: «Porque por gracia ustedes han sido salvados mediante la fe; esto no procede de ustedes, sino que es el regalo de Dios, no por obras, para que nadie se jacte».

MARDOQUEO: UNA FIGURA DEL ESPÍRITU SANTO

Mardoqueo había adoptado a Ester como su hija, y fue él quien la instruyó para que mantuviera en secreto su condición de judía cuando se convirtió en reina. También fue Mardoqueo quien descubrió el plan de Amán para exterminar a los judíos y persuadió a Ester para que pusiera a Asuero al tanto de la inminente masacre. Quizá tú te preguntes por qué fue necesario persuadirla a que lo hiciera.

Ester no reveló su nacionalidad ni sus antecedentes familiares, porque Mardoqueo se lo había prohibido (Ester 2.10).

Es posible que Mardoqueo se haya preguntado lo mismo. Pero veamos lo que le dijo Ester: «Todos los servidores del rey y el pueblo de las provincias del reino saben que, para cualquier hombre o mujer que, sin ser invitado por el rey, se acerque a él en el patio interior, hay una sola ley: la pena de muerte. La única excepción es que el rey, extendiendo su cetro de oro, le perdone la vida. En cuanto a mí, hace ya treinta días que el rey no me ha pedido presentarme ante él» (Ester 4.11). Por extraño que nos parezca, ni siquiera la reina podía acercarse al rey sin una invitación. Entrar en la sala del trono sin invitación era arriesgarse a visitar el patíbulo. Aun así, Mardoqueo la convence de que corra el riesgo.

Si te has preguntado por qué veo a Mardoqueo como una figura del Espíritu Santo, sencillamente observa cómo la anima a hacer lo correcto. Le dice que no piense que por vivir en el palacio del rey escaparía del exterminio del pueblo judío; le dice que, si ella calla en ese momento, alguien más hablará para salvar a los judíos, pero ella y la familia de su padre morirían. Y agrega: «¡Quién sabe si no has llegado al trono precisamente para un momento como este!» (Ester 4.14).

No te imagines que por estar en la casa del rey serás la única que escape con vida de entre todos los judíos (Ester 4.13).

5. Lee Ester 2.19-23 y 4.1-14. ¿Qué nos dicen estos versículos acerca de las lealtades de Mardoqueo? ¿Sobre su integridad? ¿Y sobre su audacia?

6. Mardoqueo es una «figura del Espíritu Santo» e instó a Ester a hacer lo correcto. ¿Qué nos dicen los siguientes versículos sobre el papel del Espíritu Santo en nuestra vida?

   Juan 14.26: «Pero el Consolador, el Espíritu Santo, a quien el Padre enviará en mi nombre, les enseñará todas las cosas y les hará recordar todo lo que les he dicho».

Juan 16.8-10: «Y, cuando él venga, convencerá al mundo de su error en cuanto al pecado, a la justicia y al juicio; en cuanto al pecado, porque no creen en mí; en cuanto a la justicia, porque voy al Padre».

Juan 16.13-14: «Pero, cuando venga el Espíritu de la verdad, él los guiará a toda la verdad, porque no hablará por su propia cuenta, sino que dirá solo lo que oiga y les anunciará las cosas por venir. Él me glorificará porque tomará de lo mío y se lo dará a conocer a ustedes».

Romanos 8.26: «Así mismo, en nuestra debilidad el Espíritu acude a ayudarnos. No sabemos qué pedir, pero el Espíritu mismo intercede por nosotros con gemidos que no pueden expresarse con palabras».

Tito 3.5-6: «Él nos salvó, no por nuestras propias obras de justicia, sino por su misericordia. Nos salvó mediante el lavamiento de la regeneración y de la renovación por el Espíritu Santo, el cual fue derramado abundantemente sobre nosotros por medio de Jesucristo nuestro Salvador».

7. ¿Cómo ves el favor de Dios no solo en la vida de Ester, sino también en las vidas del pueblo judío a través de Mardoqueo?

8. Como cristianos, el Espíritu Santo que mora en nosotros es una prueba del favor de Dios en nuestra vida. ¿Cómo has visto últimamente en ti la protección que te brinda la Tercera Persona de la Trinidad?

Aunque el Libro de Ester nunca menciona a Dios por su nombre, la palabra *favor* aparece con frecuencia. Los comentaristas creen que la palabra hebrea para *favor* se usa regularmente «para describir el carácter de Dios» y «podría ser una manera sutil de sugerir la presencia del Señor sin mencionar su nombre».[2] La palabra puede traducirse como «amor leal» y este es el tipo de amor que encontramos en el centro de la relación de Dios con Israel. El pueblo no había hecho nada para merecer el favor de Dios. Sin embargo, él lo eligió y nunca lo abandonó. En Ester, vemos que Dios todavía estaba con Israel, incluso en el cautiverio. Antes de que el edicto de Amán para acabar con los judíos fuera siquiera un pensamiento, Dios ya había preparado a sus agentes: Mardoqueo, el mensajero y animador; y Ester, el enlace con el rey. El amor leal de Dios nunca cesó. Israel no podría superarlo. Nadie puede.

Al rey le gustó Ester más que todas las demás mujeres, y ella se ganó su aprobación y simpatía más que todas las otras vírgenes (Ester 2.17).

Verdades para recordar

- ❖ Nosotros somos la novia de Cristo con acceso al Rey y a un Consejero para guiarnos y entrenarnos.
- ❖ Dios es misericordioso con los humildes, y su favor y protección descansan en sus hijos.
- ❖ El Espíritu Santo nos impulsa a hacer lo correcto, y nos enseña la verdad sobre quién es Dios, qué quiere Dios de nosotros y cómo podemos vivir como su pueblo.

Oración para hoy

Padre: Gracias por tu misericordioso favor y por tu leal amor que nunca nos deja. Hoy oramos para que tu amor leal defina todo lo que somos y todo lo que hacemos. En el nombre de Jesús. Amén.

Día cuatro: Arriesgándose

Estar en desacuerdo con Dios

Me pregunto cómo responderíamos nosotros a una petición como la que le hicieron a Ester. ¿Estaríamos dispuestos a exponer nuestra vida para que otro se salvara? La verdad es que incluso cuando las circunstancias no son tan extremas, no siempre nos gusta obedecer a Dios. A veces no estamos de acuerdo con la intención que hay detrás de lo que Dios nos está pidiendo que hagamos. No *queremos* que Dios sea misericordioso con alguien que, en nuestra opinión, no se merece su misericordia.

Jesucristo entregó su vida por nosotros. Así también nosotros debemos entregar la vida por nuestros hermanos (1 Juan 3.16).

Jonás se fue, pero en dirección a Tarsis, para huir del SEÑOR (Jonás 1.3).

Pensemos, por ejemplo, en Jonás, el profeta. Al igual que Ester, Dios lo levantó para «un momento como este», para salvar a una nación con gentes condenadas a la destrucción. Le dijo Dios: «Anda, ve a la gran ciudad de Nínive, y proclama contra ella que su maldad ha llegado hasta mi presencia» (Jonás 1.2). Pero Jonás se rehusó a ir. Y cuando le pareció que Dios estaba mirando para otro lado, se subió a una nave que navegaría en la dirección opuesta a donde estaba Nínive. Ahí iba Jonás. De pronto, se fijó que en el cielo se estaban formando unas nubes amenazadoras. Dios estaba detrás de esas nubes. Se desató una tormenta mayúscula, tan grande que amenazó con hundir la nave. Y la tripulación, en un intento por calmar la furia de las olas, optó por agarrar a Jonás y lanzarlo por la borda. Dios, entonces, puso a su profeta caprichoso en el vientre de un gran pez para darle tiempo a que reflexionara.

El SEÑOR, *por su parte, dispuso un enorme pez para que se tragara a Jonás, quien pasó tres días y tres noches en su vientre* (Jonás 1.17).

Lo dejó allí durante tres días nadando en un océano de jugos gástricos y con algas marinas a medio desintegrarse colgando por todos lados. En esos tres días, Jonás tuvo tiempo suficiente para reflexionar sobre la decisión que había tomado. Y en esos tres días llegó siempre a la misma conclusión: *no tengo opción*. Desde donde estaba, sentado o flotando no veía más que dos salidas, y ninguna le parecía muy atractiva. Él tampoco lo era. Resoplaba como un predicador. Como fugitivo había sido un fracaso. Tratándolo con lástima, era un cobarde. En el peor de los casos, era un traidor. Y lo que le había faltado todo el tiempo, ahora lo tenía de sobra: agallas.

Entonces Jonás oró al SEÑOR *su Dios desde el vientre del pez* (Jonás 2.1).

Entonces el SEÑOR *dio una orden y el pez vomitó a Jonás en tierra firme* (Jonás 2.10).

Así es que se decidió a hacer lo único que podía en las circunstancias en que se encontraba: se puso a orar. No dijo nada sobre lo bueno que era, aunque sí mucho sobre lo bueno que es Dios. No pidió ayuda, pero ayuda fue lo que obtuvo. Antes de que pudiera decir «amén», el vientre del pez inicia unos movimientos raros, luego eructó y Jonás terminó volando sobre las olas y aterrizó en la playa con grandes ojos de arrepentimiento. (Lo cual demuestra que no se puede mantener humillado para siempre a un buen hombre).

¿Por qué Jonás resistió la llamada del Señor? Más tarde le diría: «Sabía que tú eres un Dios bondadoso y compasivo, lento para la ira y lleno de amor, que cambias de parecer y no destruyes» (Jonás 4.2). Jonás no quería poner a los ninivitas sobre aviso porque no creía que fueran dignos de misericordia. Él no estaba de acuerdo con Dios. Pero Dios rechazó su opinión perdonando a los ninivitas y salvándolos de la destrucción.

Pero esto disgustó mucho a Jonás, y lo hizo enfurecerse (Jonás 4.1).

1. Lee Jonás 1.1-17. ¿De qué manera son similares el llamado de Dios a Jonás y a Ester? ¿De qué manera son diferentes?

   ____

2. ¿Cuál es el mayor riesgo de fe que Dios te ha pedido que tomes? ¿De qué manera te sentiste tentado a responder como Jonás?

   ____

3. Lee Jonás 2.1-10. Incluso antes de que Dios librara a Jonás del vientre del pez, ya estaba alabando al Señor por librarlo. ¿Cómo respondió Dios a la fe de Jonás? ¿Qué te enseña esto acerca de Dios?

En mi angustia clamé al SEÑOR, y él me respondió (Jonás 2.2).

4. Lee Jonás 3.1-6. ¿Cómo respondió la gente de Nínive al mensaje de Jonás? ¿Qué dice esto sobre la forma en que Dios nos usará para sus propósitos sin que cuenten nuestras preferencias?

Cuando el rey de Nínive se enteró del mensaje, se levantó de su trono, se quitó su manto real, hizo duelo y se cubrió de ceniza (Jonás 3.6).

ACERCAMIENTO AL REY

Ester enfrentó un desafío similar al que enfrentó Jonás. Dios la había llamado, a través de Mardoqueo, para salvar a un pueblo entero de una destrucción segura. ¿Cómo respondió Ester a este desafío? A diferencia de Jonás, «se puso sus vestiduras reales y fue a pararse en el patio interior del palacio, frente a la sala del rey» (Ester 5.1). Ella vio el gran propósito, aceptó el riesgo, y fue valientemente ante el rey para buscar su favor y su protección para el pueblo judío.

Al tercer día, Ester se puso sus vestiduras reales y fue a pararse en el patio interior del palacio (Ester 5.1)

Imagina la escena. ¿Puedes ver a Ester entrando a la sala del trono? Como salida de la portada de la revista *Mademoiselle*. Ahora imagínate al rey, en su trono, hojeando el último número de la revista *Carros y Carruajes*. A cada lado del trono unos fornidos guardias se mantienen impasibles mientras detrás, un poco alejados, un par de eunucos parlotean animadamente.

Delante de él, un largo día de reuniones del gabinete y de la burocracia real. Asuero deja escapar un suspiro, se hunde en su trono... y por el rabillo del ojo, ve a Ester.

«Cuando vio a la reina Ester de pie en el patio, se sintió complacido» (5.2). Déjame darte mi propia traducción de ese versículo: «Cuando vio a la reina Ester de pie en el patio, dijo: "¡Uh la, la! ¡Mamacita!"». Le tendió el cetro de oro, que era una vara de casi dos metros de largo que tenía una esfera ornamental en el extremo superior. El cetro indicaba la autoridad absoluta del rey persa en la tierra, y al dárselo a Ester, le estaba diciendo que había encontrado favor a sus ojos.[3]

Cuando vio a la reina Ester de pie en el patio, se mostró complacido con ella y le extendió el cetro de oro que tenía en la mano. Entonces Ester se acercó y tocó la punta del cetro (Ester 5.2).

Ester se adelantó y tocó el extremo, lo que indicaba su deseo de ser escuchada. «El rey le preguntó: "¿Qué te pasa, reina Ester? ¿Cuál es tu petición? ¡Aun cuando fuera la mitad del reino, te lo concedería!"» (v. 3). Hasta ahora, parecía que el plan de Ester estaba funcionando.

Ester le envió a Mardoqueo esta respuesta: «Ve y reúne a todos los judíos que están en Susa, para que ayunen por mí» (Ester 4.15-16).

5. Lee Ester 4.15-5.8. Las palabras de Mardoqueo inducen a Ester a que entre en acción, pero toma nota de que lo primero en el plan de acción es ayunar. En la Biblia, encontramos que las personas a menudo entraron en un tiempo de ayuno y oración antes de tomar decisiones importantes. ¿Qué te dice esto sobre la visión de Dios de Ester? ¿Cuál era el peligro real de acercarse al rey?

6. ¿Cómo respondió Asuero cuando Ester se acercó a él? ¿De qué manera es esto similar a la forma en que Dios responde cuando vamos a él con nuestras peticiones?

7. ¿Por qué crees que Ester celebró dos banquetes (con Amán como invitado) en lugar de pedir directamente al rey que protegiera a su pueblo? ¿Qué estrategia estaba empleando para hacer al rey más favorable a su pedido? ¿Cuál fue el propósito de invitar a Amán?

Así que acerquémonos confiadamente al trono de la gracia para recibir misericordia y hallar la gracia que nos ayude en el momento que más la necesitemos (Hebreos 4.16).

8. Lee Hebreos 4.16. Independientemente de si elegimos obedecer a Dios como Ester, o huir de él como Jonás, ¿por qué podemos acercarnos al Rey de reyes con confianza? ¿Cómo te estás acercando a él hoy con tus peticiones?

Cuando Dios nos llama a hacer algo, tenemos la opción de escabullirnos (como Jonás) u obedecerlo (como Ester). Cuando Dios nos llama, consideremos el por qué. Como Mardoqueo le dijo a Ester: «Si ahora te quedas absolutamente callada, de otra parte vendrán el alivio y la liberación para los judíos» (Ester 4.14). Mardoqueo sabía que Dios no necesitaba que Ester se encargara de su plan soberano, ni tampoco necesita que nosotros lo hagamos. Pero Dios, en su misericordia, extendió una invitación a Ester para que se uniera a su trabajo, confiara en él e hiciera algo verdaderamente valiente que el pueblo de Dios recordaría para siempre. Dios hace lo mismo cuando nos invita a que nos unamos a él en su trabajo. Y cuando lo hace, siempre brinda la ayuda y el apoyo que necesitamos. Al igual que Asuero, nos extiende su cetro de autoridad y nos da el poder y la fuerza que necesitamos para llevar a cabo la tarea que tenemos ante nosotros.

Porque somos hechura de Dios, creados en Cristo Jesús para buenas obras, las cuales Dios dispuso de antemano a fin de que las pongamos en práctica (Efesios 2.10).

Verdades para recordar

- ❖ Dios cumplirá sus propósitos a pesar de lo que nosotros hagamos, pero él nos invita a participar en lo que ya está haciendo para concretarlos.
- ❖ Cuando veamos el gran propósito de Dios y aceptemos las tareas que nos ha llamado a emprender, experimentaremos su favor y su protección.
- ❖ Como hijos amados de Dios, podemos acercarnos a él con confianza, sabiendo que él está listo y dispuesto a escuchar nuestras peticiones.

Oración para hoy

Señor y Dios: Gracias por las oportunidades que nos das cada día para acompañarte en este mundo y hacer realidad tus propósitos. Gracias porque, mediante Cristo Jesús, podemos acercarnos a tu trono con toda confianza para presentarte nuestras peticiones. Hoy te pedimos que afines nuestros oídos para escuchar tu voz y responder con fe. Amén.

Día cinco: El trono de la gracia

El plan de Satanás se derrumba

Lo que sigue en el resto de la historia es el rápido colapso de la baraja de cartas de Satanás. Amán planea atrapar a Mardoqueo, el único hombre que no se arrastrará a sus pies. Ester planea un par de banquetes para Asuero y Amán. Al final del segundo banquete, el rey le dice a Ester que pida algo. Ester baja la mirada y, tímidamente, dice: «Ahora que lo menciona, hay un pequeño favor que he querido pedirle». Entonces procede a informarle sobre el furioso antisemita que estaba empeñado en matar a sus amigos como ratas, lo que significaba que Asuero corría el riesgo de perder a su esposa si no actuaba pronto. «¿Y tú no quieres eso, verdad, amor mío?». Jerjes pide el nombre del asesino. Amán empieza a buscar las salidas. Ester le cuenta todo.

Ester respondió: «Si me he ganado el favor de Su Majestad, y si le parece bien, mi deseo es que me conceda la vida. Mi petición es que se compadezca de mi pueblo. Porque a mí y a mi pueblo se nos ha vendido para exterminio, muerte y aniquilación» (Ester 7.3-4).

Asuero se enfurece, se levanta y sale corriendo en busca de un calmante. Cuando regresa, se encuentra con que Amán está inclinado sobre el diván en el que estaba la reina. En realidad, estaba pidiéndole misericordia, pero el rey pensó otra cosa; de modo que, antes de que Amán tuviera la oportunidad de explicarlo, es llevado al mismo patíbulo que había construido para Mardoqueo. Así, Amán obtiene la cuerda de Mardoqueo. Mardoqueo

De modo que colgaron a Amán en la estaca que él había mandado levantar para Mardoqueo. Con eso se aplacó la furia del rey (Ester 7.10).

consigue el trabajo de Amán. Ester tiene una buena noche de sueño y los judíos viven para ver otro día.

Y nosotros, obtenemos un dramático recordatorio de lo que sucede cuando nos acercamos a nuestro Rey.

1. Lee Ester 5.9—7.10. ¿Qué gama de emociones experimenta Amán en este pasaje? ¿Cómo sus planes contra Mardoqueo finalmente le salen mal?

2. ¿Cómo le revela Ester al rey las noticias sobre la trama de Amán? ¿Cómo reacciona Amán? ¿Cómo reacciona el rey?

El edicto del rey facultaba a los judíos de cada ciudad a reunirse y defenderse, a exterminar, matar y aniquilar a cualquier fuerza armada de cualquier pueblo o provincia que los atacara a ellos o a sus mujeres y niños, y a apoderarse de los bienes de sus enemigos (Ester 8.11).

3. Lee Ester 8.1-17. Después de que Amán es colgado en la misma horca que había mandado a construir, ¿qué pidió Ester para su pueblo? ¿Qué derechos otorgó Asuero al pueblo judío como resultado de las palabras de Ester?

4. El rey Asuero no solo dice que sí a la solicitud de Ester de salvar a su pueblo, sino que también le pone una corona en la cabeza a Mardoqueo y bendice a su familia. ¿Cuándo Dios te dio más de lo que pedías? ¿Qué te mostró esto acerca de Dios?

NUNCA LOS ABANDONÓ

Vengan a mí todos ustedes que están cansados y agobiados, y yo les daré descanso (Mateo 11.28).

Ester logró salvar a su pueblo por su disposición a acercarse con sus peticiones a Asuero, el «rey de reyes». Cuando Jesús vino a la tierra, reveló lo que sucede cuando nosotros también estamos dispuestos a acudir a Dios, el verdadero Reyes de reyes, con nuestras peticiones. Los Evangelios están llenos de historias de personas de todas las clases sociales y estilos de vida que estuvieron dispuestas a ir a Jesús y hablarle de sus necesidades. Y Jesús nunca los rechazó.

Uno de esos individuos que se acercó audazmente a Jesús con un pedido fue un hombre llamado Jairo. Era el líder de la sinagoga local, lo que lo convertía en la persona más importante de la comunidad. En muchos sentidos, era el líder religioso principal, el profesor de más alto rango, el alcalde y el ciudadano más conocido, todo en uno. Jairo lo tenía todo. Seguridad laboral. Una bienvenida garantizada en la cafetería. Un plan de pensiones. Golf todos los jueves y un viaje anual con todos los gastos pagados a la convención nacional.

Llegó entonces uno de los jefes de la sinagoga, llamado Jairo. Al ver a Jesús, se arrojó a sus pies (Marcos 5.22).

¿Alguien podría pedir más? Jairo sí. Él tenía que pedir más. De hecho, estuvo dispuesto a cambiar todo el paquete de gratificaciones y privilegios por una sola garantía: que su hija viviera. Así es que buscó una audiencia con el Rey de reyes. Y cuando lo encontró, cayó a sus pies y le dijo, una y otra vez: «Mi hijita se está muriendo. Ven y pon tus manos sobre ella para que se sane y viva» (Marcos 5.22-23).

Jairo no negocia ni inventa excusas. Simplemente se acerca al Rey de reyes y suplica misericordia. ¿Y cómo responde Jesús? Le tiende el cetro de oro del cielo. Deja lo que está haciendo y va con Jairo a su casa.

Jesús se fue con él, y lo seguía una gran multitud, la cual lo apretujaba (v. 24).

En el camino, les avisan que la hija ha muerto. Aquí es donde la historia se transforma. Jesús pasa de ser un acompañante a ser el líder. Ya en la casa, ¡ordena a todos los llorones que salgan de la habitación! Los toma por el cuello y el cinturón y los manda a lamentarse a otra parte. Entonces, el Señor de la Vida toma la mano de la niña y le dice que se ponga de pie. La niña se levanta y comienza a caminar. Jairo está asombrado. La gente está admirada. ¿Y nosotros? Recibimos una lección sobre la autoridad de Cristo. Y aprendemos que cuando nos acercamos con valentía al trono de la gracia de Dios, podemos estar seguros de que el Rey de reyes nos escuchará y satisfará nuestras necesidades.

La niña [...] se levantó en seguida y comenzó a andar. Ante este hecho todos se llenaron de asombro (Marcos 5.42).

5. Lee Marcos 5.21-24. ¿Qué estaba haciendo Jesús cuando Jairo se le acerca? ¿Qué revela esto sobre la disposición de Cristo a ayudar siempre a la gente?

6. Lee Marcos 5.35-43. ¿Qué le dicen los emisarios a Jesús? ¿Cómo responde Jesús?

Sin hacer caso de la noticia, Jesús le dijo al jefe de la sinagoga: «No tengas miedo; cree nada más» (Marcos 5.36).

7. En este punto, Jairo creía que no había esperanza de que Jesús todavía pudiera satisfacer su petición. ¿Pero qué le dice Jesús? ¿Qué le dice a Jairo que haga?

8. ¿Cuándo acudiste a Dios con una petición, y la respuesta no pareció venir en el momento o en la forma que esperabas? ¿De qué manera perdiste la esperanza de que tu ruego sería contestado? ¿Qué aprendiste acerca de confiar en Dios siempre?

Mardoqueo salió de la presencia del rey vistiendo ropas reales de azul y blanco (Ester 8.15).

Hay muchas verdades que podemos descubrir en la historia de Ester. Al igual que ella, hemos sido arrancados del anonimato para recibir un lugar en el palacio. Como ella, se nos han dado vestiduras reales. Ella estaba vestida de tela, nosotros estamos vestidos de rectitud. Y al igual que Ester, tenemos el privilegio de hacer nuestra petición al Rey de reyes.

Eso es lo que hizo mi hija Sara hace muchos años cuando se embarcó en la urgente necesidad de hacerme cambiar de opinión sobre el escritorio. En cada esquina de la tienda donde nos encontrábamos me rogaba que llevara a casa el escritorio ese mismo día. Y aunque su pedido no fue tan dramático como el de Ester, cambió los planes de su papá.

Por cierto, la parábola viva de Sara y su escritorio no se detuvo en la tienda. En el camino a casa, se dio cuenta de que mi escritorio todavía estaba en la tienda. «Supongo que no pediste, ¿verdad, papá?». («No tienen, porque no piden», Santiago 4.2). Cuando descargamos su escritorio, me invitó a bautizarlo dibujando una imagen. Yo hice una que decía: «El escritorio de Sara». El suyo decía: «Amo a mi papá». (La adoración es la respuesta correcta a una oración contestada).

El SEÑOR ha establecido su trono en el cielo; su reinado domina sobre todos (Salmos 103.19).

Mi parte favorita de la historia es lo que sucedió al día siguiente. Compartí esta historia en mi sermón dominical. Una pareja de nuestra iglesia se ofreció para pintarlo. Cuando lo devolvieron un par de días después, estaba cubierto de ángeles. ¡Y eso me recordó que cuando oramos para que el Reino de Dios venga, llega! Todas las huestes del cielo se apresuran a ayudarnos.

Verdades para recordar

- Cuando nos acercamos al trono de Dios con nuestras peticiones, podemos hacerlo con la confianza de que él nos escucha y no nos abandona.
- La invitación de Dios para que nos unamos a él en su trabajo es una oportunidad para verlo haciendo grandes cosas en este mundo y, al mismo tiempo, presenciar la derrota del mal.
- Mediante nuestra fe en Dios, él no solo contesta nuestras oraciones, sino que también nos bendice más allá de nuestras mejores expectativas.

Oración para hoy

Señor Jesús: Gracias por ser no solo el Rey de reyes y Creador del universo sino también nuestro amoroso Padre celestial. Hoy, te pedimos que nos ayudes a confiar en ti como un Padre que no solo quiere lo mejor para sus hijos. Gracias porque siempre podemos ir a ti con nuestras peticiones; porque siempre nos escuchas y nos respondes. Te amamos, Señor. Amén.

Versículo de la semana para memorizar

Acerquémonos confiadamente al trono de la gracia para recibir misericordia y hallar la gracia que nos ayude en el momento que más la necesitemos.

HEBREOS 4.16

Para lectura adicional

Las selecciones a lo largo de esta lección fueron tomadas de *Con razón lo llaman El Salvador* (Nashville, Grupo Nelson, 2013); *Aplauso del cielo* (Nashville, Grupo Nelson, 1996); *Todavía remueve piedras* (Nashville, Grupo Nelson, 2011); *Como Jesús* (Nashville, Grupo Nelson, 1999); *La gran casa de Dios* (Nashville, Grupo Nelson, 1997); *Aligere su equipaje* (Miami, Grupo Nelson, 2001); *Un amor que puedes compartir* (Nashville, Grupo Nelson, 2014).

Notas

1. A. W. Tozer, *The Knowledge of the Holy* (San Francisco: HarperOne, 1978).
2. Earl Radmacher, Ronald B. Allen, H. Wayne House, editores. *Nelson´s New Illustrated Bible Commentary*. (Nashville: Thomas Nelson, 1999), p. 606.
3. Geoffrey W. Bromilcy, *International Standard Bible Encyclopedia*, entrada para "scepter" (Grand Rapids: Wm. B. Eerdmans, 1988).

LECCIÓN 5

MARÍA, LA MADRE DE JESÚS

MÁS QUE UNA HISTORIA DE NAVIDAD

EL PEQUEÑO JOSÉ PASA CORRIENDO POR EL ESCENARIO DE LA IGLESIA. Lleva sandalias, una bata y una expresión de ansiosa curiosidad en el rostro. Da unos golpecitos en la puerta que su padre construyó para la obra de Navidad de los niños; se afirma en un pie, y luego en el otro, en parte porque debe dar la impresión de que está nervioso y en parte porque de verdad lo está.

El mesonero abre. También luce una túnica y una toalla en la cabeza a modo de turbante. Una banda elástica le asegura una barba falsa en el rostro. Mira a José y ahoga una risita. Solo un par de horas antes los dos muchachos estaban formando un muñeco de nieve en el frente del edificio. Sus madres tuvieron que decirles dos veces que se vistieran para el servicio de Nochebuena.

Aquí están los dos. El mesonero se cruza de brazos. José agita los suyos. Le habla de un viaje montados en un burro desde Nazaret, cinco días en el camino, un censo en Belén y, principalmente, una esposa. Se vuelve y señala en dirección a una niña de nueve años rellena con una almohada.

Camina con dificultad hacia la parte central del escenario con una mano en la parte baja de la espalda y con la otra haciendo ademán de limpiarse la frente. Sus pasos vacilantes tratan de describir de la mejor forma el dolor que le provoca su embarazo de término, aunque seguramente no tiene la menor idea de lo que significa dar a luz.

Pero está desempeñando su papel. *Gime. Suspira.* «¡José, ayúdame!».

La concurrencia ríe.

José mira al mesonero.

El mesonero mira a María.

Y todos sabemos lo que sucede después. José presiona. El mesonero sacude la cabeza. Su hostal está hasta el tope. Los viajeros copan todos los espacios. No hay lugar para ellos.

Se me ocurre que en este punto se podría dar lugar a cierta libertad en el drama. Por ejemplo, en lugar de pasar de una vez a la escena siguiente, dejar que José argumente. «¡Pero señor mesonero! Piense en la decisión que está tomando. ¿Sabe usted a quién está rechazando? ¡Es Dios dentro de esa joven! ¡Está rechazando al Rey del universo! Es mejor que lo piense dos veces. ¿De verdad quiere que se le recuerde como la persona que mandó al hijo del cielo al frío de la noche?».

Estoy a la puerta y llamo. Si alguno oye mi voz y abre la puerta, entraré (Apocalipsis 3.20).

Y deja que el mesonero reaccione. «Me has pedido desesperadamente una habitación; eso lo he escuchado; pero ¿Dios dentro de esta joven? *¿Esta* jovencita? ¿Con esas espinillas en la cara y esos pies hinchados? ¡Por favor! Para mí, no luce como la madre de Dios. Y tú tampoco te ves muy especial que digamos... ¿Cómo te llamas? ¡Ah, sí, José! Bien, José. Con todo ese polvo del camino que te cubre de pies a cabeza, lleva tu cuento a otro lado. No me impresionas con eso de que Dios está dentro de esta joven. ¡Oh! Anda a ver si en el pesebre te puedes acomodar. Es todo lo que te puedo ofrecer».

El mesonero resopla, se vuelve y se va. José y María salen. El coro canta «Allá en el pesebre» mientras los tramoyistas sacan una pila de heno, un comedero y algunas ovejas de plástico. La audiencia sonríe, aplaude y une su canto al coro. Les encanta la canción al igual que los niños, y les fascina la historia. Pero, sobre todo, se aferran a la esperanza. La esperanza de que en la Navidad Dios more en la cotidianidad de nuestro mundo.

1. Sin fanfarria. Sin fuegos artificiales. Solo un portazo de rechazo, un burro cansado y una adolescente aún más cansada y embarazada. ¿Por qué crees que Dios predestinó que la historia de Navidad pareciera tan humilde?

___

___

___

2. Dedicamos un tiempo especial durante la temporada navideña para celebrar la encarnación, Dios hecho carne, pero que Dios more en «la cotidianidad de nuestro mundo» es una razón para adorarlo todos los días. Piensa en tu día. ¿De qué manera el esplendor de la encarnación puede afectar cada detalle de tu día, monótono o nuevo, grande o pequeño? (¡Sé específico!)

___

___

___

El milagro más estremecedor de la Biblia es también el más discreto: Dios haciéndose hombre. Cuando lo aceptamos, este milagro cambia nuestra identidad, nuestro corazón, nuestro futuro, todo. Sin embargo, a menudo olvidamos la magnitud de este milagro. Quizá en nuestras recargadas rutinas nosotros, como el mesonero, no tenemos espacio para él, y nos perdemos las promesas de la encarnación. Dependemos de nuestro propio poder en lugar del poder prometido de Cristo en nosotros. Enfrentamos nuestros miedos solos, olvidando que Dios está con nosotros. El milagro de Cristo viniendo a la tierra no fue un milagro de una sola vez. Es un milagro cotidiano que nos ofrece promesas diarias. Así que hagámosle espacio, recordémoslo y pidámosle a Dios que nos ayude a descansar en esas promesas.

¿Cómo sabemos que él permanece en nosotros? Por el Espíritu que nos dio (1 Juan 3.24).

Cuando venga el Espíritu Santo sobre ustedes, recibirán poder (Hechos 1.8).

Oración para la semana

Señor: Nunca podremos darte todas las gracias que te mereces por haberte hecho un ser humano y vivir entre nosotros. Que esta verdad traiga gozo, paz y esperanza a nuestra vida diaria. Amén.

Día uno: Una pareja ordinaria

Normal e inadvertido

La historia se desarrolla a paso lento. Los protagonistas no son ni la Reina María ni el Rey José. No viajan a Belén en caravana: camellos, sirvientes, estandartes morados, bailarines. María y José no gozan de exención de impuestos ni de conexiones políticas. Caen en la categoría de inmigrantes y cuentan con el valor neto de un salario mínimo. Ni se les ocurre pensar que el PBS (Public Broadcasting System) u otra televisora se van a interesar por hacerles un reportaje.

Dios envió al ángel Gabriel a Nazaret, pueblo de Galilea, a visitar a una joven virgen comprometida para casarse con un hombre que se llamaba José (Lucas 1.26-27).

Tampoco son candidatos para recibir ayuda del gobierno. Piensan celebrar el nacimiento de Jesús con dos tórtolas, que los Evangelios dicen que es la ofrenda que los pobres presentan en el templo (Lucas 2.22-24). Su vida es difícil pero no son indigentes. José tiene como para pagar impuestos. Habitan el populoso mundo entre la realeza y los aldeanos.

Pero, si no le alcanza para comprar un cordero, tomará dos tórtolas o dos pichones de paloma (Levítico 12.8).

Ellos son, bueno, *normales*. Una persona normal tiene callos en las manos como José, y estrías en el abdomen como María. Alguien normal lava la ropa tarde en la noche y se levanta al amanecer para ir a su trabajo. Un individuo normal se moviliza en un transporte colectivo usando una bata de baño y pantuflas. Lo normal es Norman y Norma, no es Príncipe y Princesa.

Norman canta fuera de tono. Norma trabaja en un cubículo y se esfuerza por encontrar tiempo para orar. Ambos se paran donde estaba José y escuchan lo que María escuchó. No del mesonero en Belén, sino del entrenador de la escuela o del galán de la escuela secundaria o del capataz en la planta. «No tenemos lugar para ti... No tenemos tiempo para ti... No tenemos espacio para ti... No tenemos trabajo para ti... No tenemos interés en ti. Además, mírate. Eres demasiado lento... Gordo... No tienes experiencia... Torpe... Joven... Viejo... Chueco... Bizco... Gastado. Eres demasiado ordinario».

Pero luego viene la historia de Navidad: Esta pareja de normales camina lentamente hacia la aburrida Belén en medio de la noche. A nadie le importan. Nadie los vuelve a ver. El mesonero ni siquiera limpiará una esquina en el ático. Las trompetas guardan silencio. Las campanas enmudecen y los ángeles no arrojan confeti. ¿No estamos contentos de que no lo hayan hecho?

Mientras estaban allí, se le cumplió el tiempo. Así que dio a luz a su hijo primogénito. Lo envolvió en pañales y lo acostó en un pesebre, porque no había lugar para ellos en la posada (Lucas 2.6-7).

1. Lee la historia del nacimiento de Jesús como se narra en Lucas 2.1-7. ¿Qué detalles permiten apreciar la condición humilde de María y José?

____

____

____

2. ¿Por qué crees que Dios eligió a dos personas tan normales y humildes para ser los padres del Rey de reyes? ¿Qué dice esto sobre su naturaleza?

____

____

____

Este es el nombre que se le dará: «El SEÑOR es nuestra salvación» (Jeremías 23.6).

3. Muchos de los judíos en los días de María y José esperaban que el Mesías prometido tuviera influencia terrenal —un reino terrenal literal— a causa de profecías como la de Jeremías 23.5-6. ¿Qué le estaba diciendo Dios al mundo a través del humilde nacimiento de Jesús acerca de la diferencia entre los reinos terrenales y su reino espiritual?

____

____

____

De sus tronos derrocó a los poderosos, mientras que ha exaltado a los humildes (Lucas 1.52).

4. Lee Lucas 1.46-55. En esta canción de alabanza y adoración, María proclama muchas de las maravillas del reino de Dios. Busca los versículos de su canción que nos enseñan lo contrario de lo que promueve el mundo.

____

____

____

Ordinario como nosotros

José y María no tenían la ventaja que tenemos nosotros ahora: el ultrasonido. Cuando Denalyn estaba embarazada de cada una de nuestras tres hijas, aprovechamos al máximo la tecnología. La imagen fija en blanco y negro en la pantalla parecía cualquier cosa menos un niño. Pero cuando el doctor empezó a mover el instrumento a través del vientre de Denalyn, la cosa cambió. «Ahí está la cabeza, los pies, el torso... bueno, todo parece normal».

El doctor de María habría hecho y dicho lo mismo. Jesús era un bebé normal. No hay nada en la historia que indique que haya levitado sobre el pesebre o salido del establo por sus propios medios. Justo lo opuesto porque «habitó entre nosotros» (Juan 1.14). La palabra de Juan para *habitar* traza su origen hasta *tabernáculo* o *tienda*. Jesús no se separó de su creación. Más bien, armó su tienda justo en medio del vecindario.

Pero ¿será posible que tú, Dios mío, habites en la tierra con la humanidad? Si los cielos, por altos que sean, no pueden contenerte (2 Crónicas 6.18).

¿Qué habría pasado si José y María hubieran aparecido con abrigos de piel, con chofer, ostentosos y arrogantes? ¿Y si Dios hubiera engalanado a Belén como Hollywood en la noche de los Oscar: alfombra roja, luces intermitentes, ángeles entrevistando a la pareja real? «María, María, ¡te ves sencillamente divina!». Si Jesús hubiera venido con tanto brillo, habríamos leído la historia y pensado: *Miren cómo Jesús entró en su mundo*. Pero como no lo hizo así, podemos leer la historia y soñar.

¿Podría haber nacido Jesús en nuestro mundo? ¿Digo, en nuestro mundo cotidiano? ¿No es eso en lo que moramos? No es un mundo de vacaciones, ni un mundo de día de fiesta. No, vivimos una vida ordinaria. Tenemos cuentas por pagar, camas por hacer y césped para cortar. Nuestros rostros no adornarían las portadas de las revistas ni esperaríamos una llamada de la Casa Blanca. Calificamos para una historia navideña moderna. Dios entra al mundo a través de personas como nosotros y llega en un día como hoy.

El esplendor de la primera Navidad es la falta de esplendor. Lo que ningún rabino se atrevió a soñar, Dios lo hizo. «Y el Verbo se hizo hombre» (Juan 1.14). El Artista se hizo óleo en su propia paleta. El Alfarero se derritió en el barro de su propia rueda. Dios se convirtió en un embrión en el vientre de una jovencita aldeana. Cristo en María. Dios en Cristo. La Palabra de Dios entró al mundo con el llanto de un bebé. Su familia no tenía dinero en efectivo ni conexiones a quienes acudir. Jesús, el Hacedor del universo, el que inventó el tiempo y creó el aliento, nació en una familia demasiado humilde como para habilitar la mejor cama para una futura madre embarazada.

La doncella concebirá y dará a luz un hijo, y lo llamará Emanuel (Isaías 7.14).

5. José y María eran gente normal, trabajadora, común y corriente. Sin embargo, Dios los usó para anunciar la mejor historia que se haya contado jamás. ¿De qué manera conocer esta verdad alienta tu vida diaria y ordinaria?

____

____

____

6. Lee de nuevo Juan 1.14, y luego descansa por un tiempo en la verdad de este versículo. En el Antiguo Testamento, Dios compartía habitación con su pueblo en el tabernáculo. En el Nuevo Testamento, lo hizo en forma humana. ¿Qué te dice esto acerca del Dios al que servimos?

____

____

7. Parafrasea los siguientes versículos en tus propias palabras, y luego escribe el tema común que recorre cada versículo.

2 Corintios 13.5: «Examínense para ver si están en la fe; pruébense a sí mismos. ¿No se dan cuenta de que Cristo Jesús está en ustedes? ¡A menos que fracasen en la prueba!».

Gálatas 2.20: «He sido crucificado con Cristo, y ya no vivo yo, sino que Cristo vive en mí. Lo que ahora vivo en el cuerpo, lo vivo por la fe en el Hijo de Dios, quien me amó y dio su vida por mí».

Colosenses 1.27: «A estos Dios se propuso dar a conocer cuál es la gloriosa riqueza de este misterio entre las naciones, que es Cristo en ustedes, la esperanza de gloria».

Ahora bien, ustedes son el cuerpo de Cristo, y cada uno es miembro de ese cuerpo (1 Corintios 12.27).

8. Al habitar Cristo en nosotros, nuestra identidad ordinaria se convierte en extraordinaria. Nuestra vida natural se vuelve sobrenatural. Lee Juan 1.12, 1 Corintios 12.27 y 1 Pedro 2.9. ¿En qué forma estos versículos te hablan sobre tu extraordinaria identidad con Cristo?

Se rebajó voluntariamente, tomando la naturaleza de siervo y haciéndose semejante a los seres humanos (Filipenses 2.7).

Dios no tuvo problemas en crecer en el vientre de una joven común y corriente. Ni en exhalar su primer aliento en un establo dominado por el mal olor de los animales. Ni en tocar a un leproso, ni en hablar con un publicano recaudador de impuestos, ni en bendecir a una prostituta. Desde el primer día, Dios «se rebajó voluntariamente» (Filipenses 2.7), revelando al mundo que el verdadero reino no tiene nada que ver con las riquezas sino con los pobres en espíritu, con la gente sencilla que piensa más en Dios que en ellos mismos, con la gente humilde que pone a Dios primero y a los demás antes que a ellos. Entonces, si crees que tú eres una persona normal, estás en buena compañía. Dios ama lo ordinario para su reino. Y cuando lo hace, lo ordinario se vuelve extraordinario.

Verdades para recordar

- Jesús entró al mundo —su creación— a través de gente ordinaria y llegó a ser parte del tejido de la vida humana.
- Cuando Cristo habita en nosotros, nuestra identidad ordinaria llega a ser extraordinaria.
- El reino de Dios se muestra en las personas humildes que ponen a Dios primero y a los demás antes que a ellos mismos.

Dichosos los pobres en espíritu, porque el reino de los cielos les pertenece (Mateo 5.3).

Oración para hoy

Señor: Gracias por ser un Dios que desea vivir entre y dentro de tu pueblo. Con todo lo pecadores y ordinarios que somos, aun así, tú has decidido vivir en nuestros corazones. Hoy, te pedimos que nos concedas tu presencia y que tomes el control de todo lo que hacemos y todo lo que somos. Te amamos. Amén.

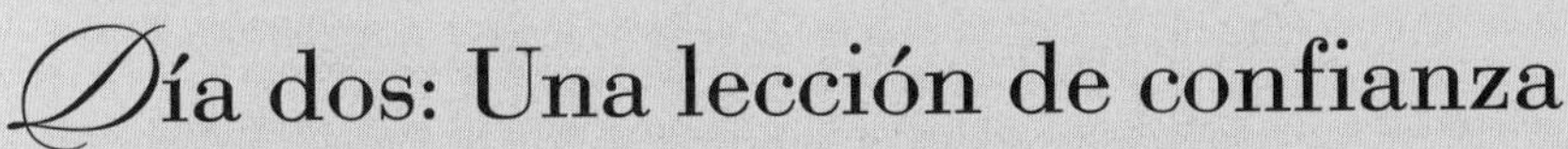

Día dos: Una lección de confianza

Una raza aparte

Hay algunas cosas que solo una madre puede hacer. Solo una madre puede empolvarle el trasero a un bebé con una mano y sostener el teléfono con la otra. Solo una madre puede saber cuál de sus hijos está llegando a la casa con solo oír el ruido de la llave en la cerradura. Solo una madre puede pasar un día limpiando narices, lavando ropa, revisando cuentas pagadas y por pagar y dando gracias a Dios por sus hijos, todo al mismo tiempo. Solo una mamá.

Existen algunas cosas que solo una mamá puede preparar y reparar. Como preparar una tanda de hamburguesas sin receta ni los ingredientes recomendados. Como reparar la puerta del armario que su marido no pudo arreglar y dejarlo con el ego lastimado cuando él vio que su esposa sí pudo. ¿Cordones de los zapatos rotos? ¿Corazones destrozados? ¿Espinillas en la cara? ¿Terminar una relación con tu novio? Las mamás pueden manejar todo eso, y más. Hay cosas que solo una madre puede arreglar.

Asimismo, hay algunas cosas que solo una madre puede saber. ¿El tiempo que necesita entre levantar y preparar a sus hijos para que lleguen a tiempo a la escuela? Ella lo sabe. ¿Cuántos perros calientes y helados se necesitan para esa fiesta de cumpleaños? Mamá lo sabe. ¿Cuánto tiempo puedes pasar frente al televisor después de haber hecho las tareas y antes de irte a dormir? Mamá puede manejar eso. Ella sabe.

Cuando habla, lo hace con sabiduría; cuando instruye, lo hace con amor (Proverbios 31.26).

Nosotros los hombres usualmente no sabemos de esas cosas. ¿Los hijos? No tienen idea. Las madres son una raza aparte. Nosotros solo podemos suponer... Solo suponer. Y si alguna vez nos hemos puesto a pensar en las habilidades de las madres, cuánto más nos tendríamos que preguntar acerca de la madre más famosa de todas: María. Tener un bebé es una cosa, ¿pero tener a Dios? ¿Cómo es *eso*?

María estaba comprometida para casarse con José, pero, antes de unirse a él, resultó que estaba encinta por obra del Espíritu Santo (Mateo 1.18).

1. Lee Mateo 1.18-19. Antes de que José y María consumaran su matrimonio, el ángel les dice que habían concebido a través del Espíritu Santo. ¿Cuál es la primera cosa que a José se le ocurre hacer después de haber recibido tal noticia? ¿Qué sentimientos crees que llenaron la mente de María cuando pensó en cómo reaccionarían José y la gente de Nazaret?

Aquí tienes a la sierva del SEÑOR —contestó María—. Que él haga conmigo como me has dicho (Lucas 1.38).

2. Vamos a Lucas 1.26-45. ¿Cómo reaccionó María ante la noticia que le dio el ángel? ¿Cuáles son tus primeras observaciones sobre su personalidad?

3. Después de la visita del ángel, Lucas dice que María se apresuró a ir a ver a su prima. ¿Por qué se apresuraría tanto? ¿Qué crees que sintió emocional y espiritualmente María mientras pasó tiempo con Elisabet?

A los pocos días María emprendió viaje y se fue de prisa a un pueblo en la región montañosa de Judea (Lucas 1.39).

4. «El viaje de María a la región montañosa de Judea no fue un paseo tranquilo... Aquella era una región desolada donde pululaban fugitivos de la ley, hombres rebeldes y ermitaños, todo lo que tú quieras, pero de ninguna manera apropiado para una mujer».[1] ¿Qué dice esto sobre la relación de María con Elisabet? ¿Tienes tú una «Elisabet» en tu vida? ¿Qué hace ella para animarte?

UNA SIERVA DISPUESTA

Como en María, Cristo mora en ti y en mí. Si te cuesta creerlo, ¡imagínate cuánto más le habrá costado a María! La lectura en la parte inferior de su foto en el anuario de la secundaria no decía: «Aspira a ser la madre de Dios». No. Nadie debe de haber estado más sorprendido con este milagro que ella.

Y nadie estuvo menos ocupado que ella. Dios lo hizo todo. María no se ofreció para ayudar. ¿Qué habría podido ofrecer? ¿Asesoría? «Desde mi perspectiva, un coro celestial habría podido agregar un toque maravilloso». Sí, por supuesto. Ella no ofreció asistencia. Ni tampoco resistencia. Pudo haberlo hecho. Y pudo haber dicho: «¿Quién soy yo para tener a Dios en mi vientre? No soy lo suficientemente buena». O bien: «Me interesan otras cosas. No tengo tiempo para Dios en mi vida».

El ángel se acercó a ella y le dijo: «¡Te saludo, tú que has recibido el favor de Dios! El SEÑOR está contigo». Ante estas palabras, María se perturbó, y se preguntaba qué podría significar este saludo (Lucas 1.28-29).

María no dijo nada de eso. Tampoco rechazó el llamado que le hizo Dios. En cambio, le creyó al ángel cuando éste le dijo: «No tengas miedo, María; Dios te ha concedido su favor», a lo que ella respondió: «Aquí tienes a la sierva del Señor. Que él haga conmigo lo que me has dicho» (Lucas 1.30, 38). Si María es nuestra medida, Dios parece menos interesado en el talento y más interesado en la confianza.

Nunca sabremos cómo fue para María dar a luz al Hijo de Dios, pero podemos aprender mucho de su ejemplo. Podemos aprender a no tratar de «ayudar» a Dios cuando nos llama, asumiendo que nuestra parte es tan importante como la suya. Podemos aprender a no resistir, con el argumento de que somos muy malos o que estamos demasiado ocupados. Aún más, podemos aprender a no perdernos el motivo por el que fuimos puestos en esta tierra: estar tan embarazados del hijo del cielo que él vive a través de nosotros. A estar tan llenos de él que podríamos decir con Pablo: «Ya no vivo yo, sino que Cristo vive en mí» (Gálatas 2.20).

5. Vuelve a leer la respuesta de María al ángel que encontramos en Lucas 1.38. ¿Cómo se llama ella a sí misma en este versículo? ¿Qué implica esto sobre su corazón hacia Dios?

____

____

____

____

6. Lee Lucas 1.11-22. ¿Dónde está la diferencia en la reacción de Zacarías y la de María a lo que les dijo el ángel? ¿Cuándo fue la última vez que Dios te llamó a un trabajo o a una situación aparentemente imposible? ¿Tu reacción fue más como la de María o como la de Zacarías? Explica.

¿Cómo podré estar seguro de esto? —preguntó Zacarías al ángel—. Ya soy anciano y mi esposa también es de edad avanzada (Lucas 1.18).

____

____

____

7. Después de vivir con un esposo mudo, Elisabet proclamó gozosa que María era muy bendecida. ¿Por qué fue bendecida María? Lee Gálatas 3.9 y Juan 20.29. ¿Cómo se relacionan estos versículos con las palabras de Elisabet en Lucas 1.45?

Así que los que viven por la fe son bendecidos (Gálatas 3.9).

Dichosos los que no han visto y sin embargo creen (Juan 20.29).

____

____

____

8. María fue favorecida a los ojos de Dios por su confianza, no por sus talentos. En tu relación con Dios, ¿crees que él te acepta basado en tu fe, o luchas para ganar su amor a través de tus talentos? Explica tus pensamientos.

Su señor le respondió: «¡Hiciste bien, siervo bueno y fiel! En lo poco has sido fiel; te pondré a cargo de mucho más. ¡Ven a compartir la felicidad de tu señor!» (Mateo 25.21).

El ángel comenzó a entregar el mensaje que traía del cielo diciéndole a María que era la «favorecida» de Dios. ¿No querríamos que se nos diga lo mismo a nosotros? ¿No querríamos descansar en la seguridad de que Dios nos ve y nos aprueba? Las buenas nuevas que el ángel le anunció a María acerca de la venida de Dios a la tierra nos ofrecen el descanso que nuestras almas anhelan. Al confiar en las palabras del ángel, que el Hijo de Dios ha venido, también recibimos un favor inmerecido. Como María, nosotros también podemos proclamar: «Se ha dignado fijarse en su humilde sierva» (Lucas 1.48). Que nuestra confianza en Cristo no solo nos salve, sino que también defina todo lo que hacemos, decimos y pensamos.

Verdades para recordar

- Dios está más interesado en nuestra confianza que en nuestro talento.
- Cuando estamos llenos de Cristo, él vive a través de nosotros.
- Nuestra confianza en Cristo define todo lo que hacemos, decimos y pensamos.

Oración para hoy

Dios: Gracias por el ejemplo de fe de María. Gracias por el favor que nos das a través del don de tu Hijo. El día de hoy te pedimos que aumentes nuestra fe en ti. Danos la humildad que necesitamos para ser útiles a ti y vivir como tus siervos, tal como María estuvo dispuesta a hacerlo. Amén.

Día tres: El milagro inaugural

Comité angelical

Vamos a suponer que tú eres un ángel. (Quizá esto sea un poco difícil para algunos de ustedes, pero de todos modos vamos a intentarlo). Tú eres un ángel en la era anterior al Mesías. Dios aún no ha venido a la tierra, pero vendrá pronto. A ti se te comunica que se te ha asignado una misión sui géneris. Una oportunidad única. Se te ha escogido para que formes parte de un comité especial. Todo un honor, ¿no crees?

Miguel preside la representación celestial.

—Vamos a comenzar —dice—, escogiendo el primer milagro que el Mesías hará. Este primer milagro es crucial. Es el milagro inaugural; la demostración inicial; por lo tanto, debemos elegirlo cuidadosamente.

—Debe ser impactante —dice alguien de entre los voluntarios.

—Inolvidable —dice otro.

—Estamos de acuerdo, entonces —dice Miguel—. El primer milagro de Dios en la tierra debe ser un golpe de efecto. ¿Alguna idea?

La creatividad angelical comienza a zumbar.

—Que resucite a un muerto.

—Que alimente a un hambriento.

—¡Que quite las enfermedades del planeta!

—¡Ya sé! —dices tú. Todos los otros ángeles se vuelven a mirarte—. ¿Qué pasa si él libra a la tierra de todo mal? ¿Quiero decir, con un gran golpe, todo lo malo se fue y solo queda lo bueno?

—No está mal —dice Miguel—. Nos quedamos con este, entonces.

Las alas crujen de aprobación y tú sonríes con orgullo.

¿Suena exagerado? Tal vez, pero la historia no carece de unos cuantos hilos de verdad. Uno es que Jesús sí tenía un plan. La misión de Jesús había sido planeada. Quizá no hubo un comité, pero sí hubo un plan. Sin embargo, ese plan se cambiaría debido a una sencilla solicitud hecha por su madre, María.

Él ordenará que sus ángeles te cuiden en todos tus caminos (Salmos 91.11).

Miguel, el gran príncipe protector de tu pueblo (Daniel 12.1).

1. ¿Alguna vez «has formado un comité» para hacer sugerencias a Dios? ¿Qué ideas le has dado a Dios, esperando que él las obedeciera?

____

____

____

2. A lo largo de la Escritura, encontramos que Dios no funciona de la manera que pensamos que debería. Lee las palabras de Dios a Isaías en Isaías 55.8-9. De acuerdo con este pasaje, ¿cuánto más altos, mejores y más claros son los caminos de Dios que los nuestros?

____

____

____

«Porque mis pensamientos no son los de ustedes, ni sus caminos son los míos —afirma el SEÑOR—. Mis caminos y mis pensamientos son más altos que los de ustedes; ¡más altos que los cielos sobre la tierra!» (Isaías 55.8-9).

3. Lee las palabras de Pablo en 1 Corintios 1.27. ¿Qué nos dice acerca de la forma de obrar de Dios en nuestro mundo?

____

____

____

Dios escogió lo insensato del mundo para avergonzar a los sabios (1 Corintios 1.27).

Sean transformados mediante la renovación de su mente (Romanos 12.2).

Nosotros [...] tenemos la mente de Cristo (1 Corintios 2.16).

4. Dios, en su bondad, transforma nuestras mentes para que pensemos más como él y así podamos crecer en cuanto a nuestra confianza de que sus caminos son más elevados que los nuestros. ¿Qué dice el apóstol Pablo en Romanos 12.2 y en 1 Corintios 2.16 sobre esta transformación?

UN ASUNTO DISCRETO

Al tercer día se celebró una boda en Caná de Galilea, y la madre de Jesús se encontraba allí. También habían sido invitados a la boda Jesús y sus discípulos (Juan 2.1-2).

El argumento es casi demasiado simple. Jesús y sus discípulos están en una boda. Una boda común y corriente. La novia no es la hija de un emperador. El novio no es un príncipe. Si no fuera por el hecho de que la familia invitó a María y a Jesús a la boda, nadie se habría dado cuenta del evento. Pero como Jesús siempre va a donde lo invitan, él y sus discípulos viajan a Caná para asistir a la boda.

Los invitados están celebrando felices. Pero alguien no calculó bien el número de personas que asistirían; o el apetito de la gente; o la capacidad de los jarrones donde se guardaba el vino; o no tomó en cuenta la cantidad de amigos que llevaría Jesús. La cosa es que, en medio de la fiesta, el vino se agotó. A esa hora, todas las licorerías ya estaban cerradas así es que Jesús, a instancias de su madre, transformó seis jarrones de agua en seis jarrones de vino.

Eso es todo. Es el primero con el que Jesús abre la serie de milagros que realizaría en la tierra. Muy discreto, ¿no crees? No es tan impactante como resucitar a una persona muerta o enderezarle las piernas a un paralítico ¿o sí? Quizá haya más en esto de lo que pensamos.

Una boda en la época de Cristo no era un evento pequeño. Usualmente comenzaba con una ceremonia al atardecer en la sinagoga. La gente luego salía de la sinagoga y comenzaba una larga procesión con velas encendidas a través de la ciudad. Después de la procesión, la pareja no se iba de luna de miel. Iban a la casa para presidir la fiesta. Durante varios días habría regalos, discursos, comida, y... vino. La comida y el vino se tomaban muy en serio. Se consideraba un insulto a los invitados si la comida y el vino se terminaban antes de tiempo.

Cuando el vino se acabó, la madre de Jesús le dijo: «Ya no tienen vino» (Juan 2.3).

María fue una de las primeras en notar que el vino se había acabado. Así es que buscó a su hijo y lo puso al tanto del problema. «Ya no tienen más vino». ¿Y qué le respondió Jesús? «¿Eso qué tiene que ver conmigo? Todavía no ha llegado mi hora» (Juan 2.3-4). Jesús conocía el plan. Tenía un lugar y un tiempo para su primer milagro. Pero esto no fue todo.

Quizá el comité angelical encargado de los milagros del Mesías haya exhalado un suspiro colectivo de alivio.

—Vaya, por un minuto pensamos que iba a estropearlo todo. ¿Se imaginan a Jesús inaugurando su ministerio con el milagro de convertir agua en vino?

5. Lee Juan 2.1-11. ¿Cuáles son tus observaciones iniciales sobre María en esta historia: sus palabras, su personalidad, sus acciones?

6. Jesús eligió para su primer milagro estar en una fiesta de bodas entre amigos y familiares. ¿Qué nos dice esto sobre el Dios al que servimos?

El reino de los cielos es como un rey que preparó un banquete de bodas para su hijo. Mandó a sus siervos que llamaran a los invitados (Mateo 22.2-3).

7. En la respuesta inicial de Jesús a María, le dijo: «Mi hora no ha llegado» (Juan 2.4). ¿Qué quiso decir con eso? ¿Por qué crees que María insistió a pesar de la respuesta que recibió de parte de Jesús?

8. María no se detuvo después de que Jesús le dijo que no había llegado el momento para que revelara su poder. Tal vez la razón se puede encontrar en el tono con que lo dijo. Quizá la miró en una forma que solo una madre entendería. Al ver esa mirada, María supo que Jesús haría algo. ¿Confías también en que Jesús escucha tus peticiones? ¿Confías en que te dará una respuesta?

Su madre dijo a los sirvientes: «Hagan lo que él les ordene» (Juan 2.5).

Sugerirle planes a Dios es una reacción humana muy normal. Lo es porque nosotros queremos tener el control de todo. Este deseo nos lleva hasta Adán y Eva. Pero Dios quiere desactivar esta naturaleza de Adán en nosotros y recordarnos nuestra naturaleza de Cristo. Jesús está en nosotros. Su mente está en nosotros. ¿Te cuesta aceptar que los caminos de Dios son más altos que los tuyos? ¡Díselo! Podemos pedirle que nos ayude a pensar con la mente de Cristo. Cuando lo hagas, verás que quiere responderte de manera milagrosa. Él quiere comenzar a convertir tu deseo de control en confianza, así como convirtió el agua en vino.

Si a alguno de ustedes le falta sabiduría, pídasela a Dios, y él se la dará, pues Dios da a todos generosamente (Santiago 1.5).

VERDADES PARA RECORDAR

❖ Dios no actúa de acuerdo con nuestros planes. En realidad, su perspectiva sobrepasa nuestra capacidad de entender los suyos.
❖ Dios transforma nuestras mentes para que podamos desarrollar nuestra confianza en él y en sus planes.
❖ Cuando nos cueste creer en Dios, pidámosle que nos ayude a pensar con la mente de Cristo.

ORACIÓN PARA HOY

Señor: Perdónanos cuando no confiemos en ti. Aunque no siempre podemos comprender tus planes, ayúdanos a confiar en la misma forma en que María confió en ti. Es más, ayúdanos a confiar en ti como Jesús lo hizo. Gracias por escucharnos y respondernos. Te amamos. Amén.

Día cuatro: La lección que nos deja Caná

CAMBIO DE PLANES

En un principio, parecía que Jesús iba a seguir con el plan. Pero al escuchar a María y ver los rostros de la gente que estaba en la fiesta de bodas, reconsideró. La importancia del plan fue eclipsada por su preocupación por la gente. El tiempo era importante, pero la gente lo era aún más. Como resultado, cambió su plan para satisfacer las necesidades de algunos amigos.

Jesús dijo a los sirvientes: «Llenen de agua las tinajas» (Juan 2.7).

Increíble. El plan del cielo fue alterado para que algunos amigos no pasaran vergüenza. El milagro inicial fue motivado no por la tragedia ni la hambruna ni el colapso moral, sino por la preocupación por los amigos que estaban en un aprieto.

Seguramente que a ti, como un ángel miembro del comité de milagros mesiánicos, no te habrá gustado para nada lo que ha ocurrido. No, señor. No habrás estado de acuerdo con ese cambio hecho por Jesús. Todo ha estado mal. Tiempo equivocado. Lugar equivocado. Milagro equivocado. Pero si tú eres una persona que alguna vez sintió vergüenza, habrás estado de acuerdo con el cambio de planes. ¿Por qué? Porque te dice que lo que te importa a ti le importa a Dios.

Probablemente piensas que eso es cierto cuando se trata de cosas importantes; de dificultades tipo campeonato mundial como la muerte, la enfermedad, el pecado, los desastres porque sabes que a Dios le importa. ¿Pero y de las cosas más pequeñas? ¿De los jefes gruñones, de los neumáticos desinflados o de los perros que se escapan de la casa? ¿Platos, vuelos atrasados, dolores de muelas o un disco duro accidentado? ¿Le importará esto a Dios?

Me alegra que hayas preguntado. Déjame decirte quién eres. *Tú eres un hijo de Dios*. «¡Qué gran amor nos ha dado el Padre, que se nos llame hijos de Dios! ¡Y lo somos!» (1 Juan 3.1). Como resultado, si algo es importante para nosotros, es importante para Dios.

¿No se venden cinco gorriones por dos moneditas? Sin embargo, Dios no se olvida de ninguno de ellos. Así mismo sucede con ustedes: aun los cabellos de su cabeza están contados. No tengan miedo; ustedes valen más que muchos gorriones (Lucas 12.6-7).

Jesús no cambió el agua en vino para impresionar a la multitud; la gente ni se percató del hecho. No lo hizo para llamar la atención del maestro de bodas, porque en realidad pensó que el novio estaba siendo muy generoso. Entonces, ¿por qué lo *hizo*? ¿Qué lo motivó a hacer su primer milagro? Lo hizo porque se lo pidió su madre. Lo hizo porque lo que le preocupaba a ella y a sus amigos también le preocupaba a él. Si sufre el hijo, sufre el padre.

De esto aprendemos que podemos decirle a Dios lo que nos está causando dolor. Podemos hablar con él y saber que no nos rechazará. No pensará que nuestra solicitud es tonta. ¿Le importan a Dios las pequeñas cosas en nuestra vida? Es mejor que lo creas. Si nos importa a nosotros, le importa a él.

1. «La urgencia de María al pedirle ayuda a Jesús cuando se acabó el vino parece sugerir que de algún modo ella estaba relacionada con la familia que celebraba la boda».[2] Por otra parte, en los días de María, la hospitalidad era un deber sagrado. Dado esto, ¿qué emociones o pensamientos crees que inundaron la mente de María cuando la fiesta se quedó sin vino?

____

____

____

____

2. Jesús conocía los pensamientos y las emociones de su madre. Aunque el problema no era catastrófico, él sabía que en la cabeza de su madre sí lo era. Jesús también conoce todos tus pensamientos y preocupaciones. ¿Qué dice David de esto en Salmos 139.2-4?

____

____

____

Sabes cuándo me siento y cuándo me levanto; aun a la distancia me lees el pensamiento. Mis trajines y descansos los conoces; todos mis caminos te son familiares (Salmos 139.2-3).

3. ¿Alguna vez has tenido la sensación de que, para Dios, tus preocupaciones no tienen importancia alguna como para llevárselas a él? Si es así, ¿qué tipo de preocupaciones tiendes a guardar para ti? ¿Por qué sientes que no puedes llevárselas a Dios? O, si se las entregas, ¿por qué sientes que tienes libertad para hacerlo?

____

____

____

En toda ocasión, con oración y ruego, presenten sus peticiones a Dios y denle gracias (Filipenses 4.6).

4. ¿Cuál es el peligro de no compartir tus pequeñas preocupaciones con Dios porque crees que solo puedes acudir a él con los «grandes problemas» de la vida?

El canal apropiado

Hay algo más que podemos aprender de este primer milagro de Jesús.

Fíjate cómo reaccionó María cuando se ve frente a este problema. La forma en que lo enfrenta plantea lo que puede ser un plan práctico para desenredar los nudos de la vida. Cuando el vino se acabó, la madre de Jesús le dijo: «Ya no tienen vino» (Juan 2.3). Eso fue todo. Ella no fue agresiva; simplemente evaluó el problema y se lo dio a conocer a Jesús.

Aunque María fue la persona que conoció mejor a Jesús, muy pocas veces aparece mencionada en la Escritura. Lo cargó durante nueve meses. Lo amamantó por más de ese tiempo. Escuchó sus primeras palabras y fue testigo de sus primeros pasos. Ella era la máxima autoridad sobre Jesús. Por eso, en las raras ocasiones en que habla, nos interesamos.

«Ahora saquen un poco y llévenlo al encargado del banquete», les dijo Jesús. Así lo hicieron. El encargado del banquete probó el agua convertida en vino sin saber de dónde había salido, aunque sí lo sabían los sirvientes que habían sacado el agua. Entonces llamó aparte al novio y le dijo: «Todos sirven primero el mejor vino y, cuando los invitados ya han bebido mucho, entonces sirven el más barato; pero tú has guardado el mejor vino hasta ahora» (Juan 2.8-10).

Nota que María no era mandona. Ella no dijo: «Jesús, se han quedado sin vino, así que esto es lo que necesito que hagas. Ve al viñedo de la esquina, acelera el crecimiento de algunas uvas de Burdeos y conviértelas en vino». No intentó ser ella quien solucionara el problema.

Tampoco era crítica. «¡Oh! Jesús. Si solo hubieran planificado mejor. La gente simplemente no piensa. ¿Qué le espera a esta sociedad? ¡El mundo se está desmoronando! ¡Ayuda, Jesús, ayuda!». No. Ella no culpó al anfitrión. Tampoco culpó a Jesús. «¿Qué clase de Mesías eres? ¡Si realmente tuvieras el control, esto nunca hubiera sucedido!».

Tampoco se culpó a sí misma. «Todo esto es por mi culpa, Jesús. Castígame. Fallé como amiga. Ahora la boda está arruinada. El matrimonio colapsará. Yo tengo la culpa». Nada de esto. María no gimoteó por el vino; simplemente miró el nudo, lo evaluó y lo llevó a la persona adecuada. «Tengo a alguien aquí que lo puede desatar, Jesús». Problema presentado. Oración contestada. Crisis superada. Todo porque María le confió el problema a Jesús.

Hay otra versión de esta historia. En ella, María nunca involucró a Jesús. Cargó contra el maestro de la fiesta por esa mala planificación. El encargado del banquete se ofendió. María salió furiosa de la fiesta. El novio escuchó la discusión y perdió los estribos. La novia le dijo que se olvidara del casamiento; si él no podía controlar su ira, seguro que tampoco podría administrar una casa. Al final del día, los invitados se fueron tristes, el matrimonio terminó antes de que comenzara, y Jesús negó con la cabeza y dijo: «Podría haber ayudado si solo me lo hubieran pedido».

Clama a mí y te responderé, y te daré a conocer cosas grandes y ocultas que tú no sabes (Jeremías 33.3).

Esta versión de la historia no está en la Biblia, pero el principio seguramente está en la vida. Preguntémonos: *¿Cuántos desastres se evitarían si fuéramos primero, en fe, a Jesús?* La frase clave es clara: lleva tu problema a Jesús.

5. ¿Qué les dice María a los siervos que hagan en Juan 2.5? ¿Cómo reflejan estas palabras su fe segura en Jesús?

6. Pedro escribe: «Depositen en él toda ansiedad, porque él cuida de ustedes» (1 Pedro 5.7). ¿Qué tipo de ansiedades dice este versículo que podemos traer a Jesús? ¿Cómo obedece María las palabras de este versículo a través de sus acciones?

Por eso les digo: No se preocupen por su vida (Mateo 6.25).

7. Observa en esta historia que, cuando María presentó su pedido a Cristo, ella no fue mandona, no fue crítica, ni trató de culparse a sí misma por el problema. Cuando estás estresado con un problema, ¿tiendes a seguir su ejemplo? Si no, ¿cuál de estas otras tendencias describe mejor la forma en que manejas los problemas?

8. ¿Cuál es un problema que debes llevar directamente a Jesús hoy?

Encomienda al SEÑOR tu camino; confía en él, y él actuará (Salmos 37.5).

Cuando Pedro escribió acerca de echar todas nuestras ansiedades sobre Cristo, no dijo que echáramos alguna ansiedad. Ni dijo que solo echáramos aquellas ansiedades que sentimos que vale la pena entregarle. Tenemos que entregárselo todo. ¿Por qué? Porque él se preocupa por nosotros. Así es. Él nos ama. Él es un buen padre, y los buenos padres no piensan que las peticiones de sus hijos son una carga. No. Los buenos padres se deleitan en sus hijos; se deleitan en el simple hecho de estar en relación con ellos. Cuando nosotros, como María, vamos directamente a Dios con nuestros problemas, el Señor no solo atiende a nuestra necesidad, sino que en el proceso se fortalece nuestra relación con él.

Pues, si ustedes, aun siendo malos, saben dar cosas buenas a sus hijos, ¡cuánto más el Padre celestial dará el Espíritu Santo a quienes se lo pidan! (Lucas 11.13).

Verdades para recordar

- ❖ Dios está interesado en las necesidades de su pueblo y en responder a ellas.
- ❖ Nosotros podemos decirle a Dios lo que sea con la seguridad que él nos escucha.
- ❖ Cuando se presentan los problemas, tenemos que llevarlos inmediatamente a Jesús porque él se goza en cuidar de nosotros.

Oración para hoy

Padre: Ayúdanos a que siempre llevemos nuestras preocupaciones directamente a ti antes que a cualquier otra parte o persona. Gracias por preocuparte por nosotros. Gracias por ayudarnos a llevar nuestras cargas. Amén.

Día cinco: El dolor del adiós

Una declaración desafiante

El evangelio está lleno de desafíos retóricos que ponen a prueba nuestra fe y nuestra resistencia contra la naturaleza humana. «Hay más dicha en dar que en recibir» (Hechos 20.35). «Porque el que quiera salvar su vida la perderá; pero el que pierda su vida por mi causa la salvará» (Lucas 9.24). «En todas partes se honra a un profeta, menos en su tierra» (Marcos 6.4).

Todo el que por mi causa haya dejado casas, hermanos, hermanas, padre, madre, hijos o terrenos recibirá cien veces más y heredará la vida eterna. Pero muchos de los primeros serán últimos, y muchos de los últimos serán primeros (Mateo 19.29-30).

Pero ninguna declaración es tan desconcertante o atemorizante como la de Mateo 19.29: «Y todo el que por mi causa haya dejado casas, hermanos, hermanas, padre, madre, hijos o terrenos recibirá cien veces más y heredará la vida eterna».

La parte sobre dejar la tierra y los campos la puedo entender. Es la otra parte la que me hace temblar. Es la parte de dejar a mamá y papá, decir adiós a hermanos y hermanas, dar un beso de despedida a un hijo o hija. Es fácil establecer un paralelo entre el discipulado y la pobreza o la desgracia pública, ¿pero dejar a mi familia? ¿Por qué tengo que estar dispuesto a dejar a aquellos que amo? ¿Puede el sacrificio ser más sacrificial que eso?

Cuando Jesús vio a su madre, y a su lado al discípulo a quien él amaba, dijo a su madre: «Mujer, ahí tienes a tu hijo» (Juan 19.26).

«Mujer, he ahí a tu hijo».

María es ya mayor. El cabello en sus sienes es gris. Las arrugas han reemplazado su piel juvenil. Tiene callos en las manos. Ha criado una casa llena de niños. Y ahora contempla la crucifixión de su primogénito. Uno se pregunta: ¿Qué recuerdos evocará mientras es testigo de su tortura? ¿El largo viaje a Belén? ¿Una cama para el bebé, hecha de heno de vaca?

¿Fugitivos a Egipto? ¿En casa en Nazaret? ¿Pánico en Jerusalén? ¿Lecciones de carpintería? ¿Risas en la mesa de la cena?

Luego, la mañana en que Jesús regresó temprano del taller, sus ojos más firmes, su voz más directa. Había escuchado las noticias. «Juan está predicando en el desierto». Jesús se quitó el guardapolvo, se sacudió las manos y, con una última mirada, se despidió de su madre. Ambos sabían que las cosas no volverían a ser como ahora. En esa última mirada, compartieron un secreto, cuyo contenido era tan doloroso que no pudieron decirlo en voz alta.

María aprendió ese día el dolor que experimenta el corazón cuando se dice adiós. Desde ese día, aprendió a amar a su hijo desde la distancia, desde el borde de la multitud, afuera de una casa llena de gente, a la orilla del mar. Tal vez estuvo incluso allí cuando se hizo aquella promesa enigmática: «Todo el que por mi causa haya dejado [...] madre [...] para seguirme».

1. Lee Mateo 19.23-30. En este pasaje, Jesús les dice a los discípulos cuán difícil es para una persona adinerada entrar al reino de Dios. ¿Por qué crees que sea?

Les aseguro —comentó Jesús a sus discípulos— que es difícil para un rico entrar en el reino de los cielos (Mateo 19.23).

2. Jesús luego continúa diciendo esas palabras de Mateo 19.29 que inducen a la confusión e incluso al terror. ¿Cómo eso de dejar a la familia por él se conecta con lo que había dicho antes, en el sentido de lo difícil que es que los ricos entren al reino de Dios?

3. Jesús estaba diciendo que, si ponemos nuestra confianza en las riquezas o en las personas, incluso si se trata de nuestros propios seres queridos, habremos perdido el «ojo de la aguja». Habremos perdido la llave del reino de Dios, que es confiar en él. ¿En quién o en qué te sientes tentado a confiar más que en Jesús?

Le resulta más fácil a un camello pasar por el ojo de una aguja que a un rico entrar en el reino de Dios (Mateo 19.24).

4. Después de pasar treinta años juntos, María tuvo que despedirse de su hijo mayor cuando comenzó su ministerio público. Verlo alejarse fue sin duda una de sus despedidas más difíciles. ¿Alguna vez has tenido que despedirte de alguien o de algo por amor del gran plan de Dios? Si es así, ¿qué fue? ¿Cómo resultó un bien mayor de eso?

EL HIJO QUE UNA MADRE NECESITA

Otro afirmó: «Te seguiré, SEÑOR; pero primero déjame despedirme de mi familia». Jesús le respondió: «Nadie que mire atrás después de poner la mano en el arado es apto para el reino de Dios» (Lucas 9.61-62).

María no fue la primera en ser llamada a despedirse de sus seres queridos por el bien del reino. José fue llamado a ser un huérfano en Egipto. Ana envió a su hijo primogénito a servir en el templo. Daniel fue llevado desde Jerusalén a Babilonia. A Abraham se le pidió que sacrificara a su propio hijo. La Biblia está unida por senderos de despedida y manchada con lágrimas de dolor.

En realidad, parece que decir adiós es algo muy frecuente en el vocabulario del cristiano. Los misioneros lo saben bien. Los que los envían también lo saben. El médico que se va de la ciudad a trabajar en el hospital de la jungla lo ha dicho. Los traductores de la Biblia que optan por pasar la vida lejos de la tierra que los vio nacer. Los que alimentan a los hambrientos, los que enseñan a los perdidos, los que ayudan a los pobres conocen muy bien lo que encierra la palabra *adiós*.

¿Qué clase de Dios sometería a la gente a tal agonía? ¿Qué clase de Dios nos daría familia y luego nos pediría que la dejáramos? ¿Qué clase de Dios nos daría amigos y luego nos pediría que nos despidamos de ellos?

Un Dios que sabe que el amor más profundo no se basa en la pasión y el romanticismo sino en una misión común y en el sacrificio. Un Dios que sabe que solo somos peregrinos y que la eternidad está tan cerca que cualquier «despedida» no es más que un «hasta mañana». *Un Dios que lo hizo.*

Luego dijo al discípulo: «Ahí tienes a tu madre». Y desde aquel momento ese discípulo la recibió en su casa (Juan 19.27).

«¡Mujer, he ahí tu hijo!» (Juan 19.26).

Juan abrazó delicadamente a María. Jesús le estaba pidiendo que fuera el hijo que una madre necesita y que de alguna manera él nunca lo fue. Jesús miró a María. Su dolor era mucho más intenso que el de los clavos y las espinas. En su mirada silenciosa, nuevamente compartieron un secreto. Y él le dijo adiós.

5. Como cristianos, nosotros, al igual que Jesús, estamos llamados a sacrificarnos. A veces eso significa prescindir de pasar tiempo con las personas que amamos o de las comodidades de este mundo. ¿Qué nos dicen los siguientes pasajes acerca del sacrificio que viene con seguir a Jesús?

Lucas 9.24: «El que quiera salvar su vida la perderá; pero el que pierda su vida por mi causa la salvará».

____

____

____

____

____

Juan 15.12-14: «Y este es mi mandamiento: que se amen los unos a los otros, como yo los he amado. Nadie tiene amor más grande que el dar la vida por sus amigos. Ustedes son mis amigos si hacen lo que yo les mando».

Filipenses 3.8: «Es más, todo lo considero pérdida por razón del incomparable valor de conocer a Cristo Jesús, mi Señor. Por él lo he perdido todo, y lo tengo por estiércol, a fin de ganar a Cristo».

Hebreos 13.16: «No se olviden de hacer el bien y de compartir con otros lo que tienen, porque esos son los sacrificios que agradan a Dios».

6. Cualquier «adiós» es en realidad un «hasta mañana». Lee lo que dice Pablo en Filipenses 3.20. Según este versículo, ¿cómo debemos ver nuestro tiempo aquí en la tierra?

Nosotros somos ciudadanos del cielo, de donde anhelamos recibir al Salvador, el SEÑOR Jesucristo (Filipenses 3.20).

7. ¿De qué manera vernos a nosotros mismos como «ciudadanos del cielo» afecta la forma en que nos aferramos a las personas o las posesiones?

Por la fe se radicó como extranjero en la tierra prometida (Hebreos 11.9).

8. Desde el día en que el ángel le anunció a María la concepción sagrada, ella sabía que no podía reclamar a Jesús como suyo. Y sabía que un día tendría que decirle adiós para que pudiera venir una mayor gloria. Lee acerca de esa gran gloria en Romanos 8.11. ¿Qué promesa dice Pablo que nos impregna debido a la agonizante muerte de Cristo?

El mismo que levantó a Cristo de entre los muertos también dará vida a sus cuerpos mortales (Romanos 8.11).

La historia de María en la Biblia revela cuán cerca puede estar Cristo para nosotros. La primera parada en su itinerario fue una matriz. ¿A dónde irá Dios para tocar el mundo? Observa detenidamente a María y tendrás la respuesta. Mejor aún, obsérvate a ti mismo. ¡Lo que hizo con María, te lo ofrece a ti! Extiende a todos sus hijos una invitación a nivel de María: «¡Si me lo permites, entraré!».

A través de la Escritura prolifera este *entraré*. Jesús vive *en* sus hijos. A sus apóstoles, les dijo: «Yo [estaré] en ustedes» (Juan 14.20). La oración de Pablo por los efesios era «que Cristo habita en sus corazones» (3.17). Juan tenía claro que «el que obedece sus mandamientos permanece en Dios, y Dios en él» (1 Juan 3.24). La invitación más dulce viene del propio Jesús: «Si alguno oye mi voz y abre la puerta, entraré, y cenaré con él, y él conmigo» (Apocalipsis 3.20).

Crezcan en la gracia y en el conocimiento de nuestro SEÑOR y Salvador Jesucristo (2 Pedro 3.18).

Jesús creció en María hasta que tuvo que salir. Jesús crecerá en ti hasta que ocurra lo mismo. Él saldrá en tus palabras, en tus acciones, en tus decisiones. Cada lugar donde vivas será un Belén y cada día que vivas será una Navidad. Tú, como María, liberarás a Jesús en el mundo. ¡Dios en nosotros! ¿Has sondeado la profundidad de esta promesa?

Dios estaba con Adán y Eva, caminando con ellos en el fresco de la noche.

Dios estaba con Abraham, incluso llamando al patriarca su amigo.

Dios estaba con Moisés y los hijos de Israel. Los padres podrían señalar a sus hijos el fuego por la noche y la nube por el día; Dios está con nosotros, podrían asegurarles.

Entre los querubines del arca, en la gloria del templo, Dios estaba con su pueblo. Él estaba con los apóstoles. Pedro pudo tocarle la barba a Dios. Juan pudo ver a Dios dormir. Multitudes pudieron escuchar su voz. ¡Dios estaba con ellos!

¿Acaso no saben que su cuerpo es templo del Espíritu Santo, quien está en ustedes y al que han recibido de parte de Dios? Ustedes no son sus propios dueños; fueron comprados por un precio (1 Corintios 6.19-20).

Pero él está también en ti. Tú eres una María moderna. Más aún. Él era un feto en ella, pero él es una fuerza en ti. Él hará lo que no puedas hacer. Imagina que alguien deposita un millón de dólares en tu cuenta bancaria. Para cualquier observador tú te ves igual, excepto por la sonrisa ridícula, ¿pero de verdad eres tú? ¡No del todo! ¡Con Dios en ti, tienes un millón de recursos que no tenías antes!

¿No puedes dejar la bebida? Cristo puede. Y él vive dentro de ti.

¿No puedes dejar de preocuparte? Cristo puede. Y él vive dentro de ti.

¿No puedes perdonar al imbécil, olvidar el pasado o abandonar tus malos hábitos? Cristo puede. Y él vive dentro de ti.

Pablo lo sabía. «Con este fin trabajo y lucho fortalecido por el poder de Cristo que obra en mí» (Colosenses 1.29).

Al igual que en María, Cristo vive en ti y en mí.

VERDADES PARA RECORDAR

- ❖ Confiar en Dios significa ponerlo a él ante cualquier cosa que apreciamos.
- ❖ Sacrificarnos por el amor de Cristo nos lleva a una relación más íntima con él.
- ❖ Sacrificarse en el nombre de Cristo es un acto de adoración que complace a Dios.

Oración para hoy

Gracias, Jesús, por el sacrificio que hiciste en la cruz en favor de nosotros. Nos sentimos honrados por tu voluntad de poner nuestra salvación antes que tus necesidades personales. Podemos enfrentar pruebas y sacrificios por nuestro amor hacia ti con el gozo de saber que estamos expresándote nuestro amor y nuestra adoración. Amén.

Versículo de la semana para memorizar

Y el Verbo se hizo hombre y habitó entre nosotros. Y hemos contemplado su gloria, la gloria que corresponde al Hijo unigénito del Padre, lleno de gracia y de verdad.

JUAN 1.14

Para lectura adicional

Las selecciones a través de esta lección fueron tomadas de *Con razón lo llaman El Salvador* (Nashville: Grupo Nelson, 2013); *Todavía remueve piedras* (Nashville: Grupo Nelson, 2011); *El trueno apacible* (Nashville: Grupo Nelson, 1996); *Mi Salvador y vecino* (Nashville: Grupo Nelson, 2003); *Max habla sobre la vida* (Nashville: Grupo Nelson, 2011); *Antes del amén* (Nashville: Grupo Nelson, 2014); *La historia de Dios, tu historia* (Nashville: Editorial Vida, 2011)

Notas

1. Earl Radmacher, Ronald B. Allen, H. Wayne House, editores. *Nelson´s New Illustrated Bible Commentary* (Nashville: Thomas Nelson, 1999), p. 1250.
2. *Ibid.*, p. 1315.

LECCIÓN 6

LA MUJER SAMARITANA

DE MARGINADA A EVANGELISTA

ERA MI RUTA HABITUAL CAMINO DE LA OFICINA. Todos los días pasaba por aquella pequeña parcela y todos los días me decía, *algún día tendré que detenerme aquí.*

Hoy llegó ese «algún día». Convencí a mi horario apretado para que me diera treinta minutos, y entré. La intersección no parecía diferente de cualquier otra en San Antonio: un Burger King, un Rodeway Inn, un restaurante. Pero... Gire hacia el noroeste, siga el letrero de hierro fundido y se encontrará en una isla de la historia que se está defendiendo del río del progreso.

¿El nombre en el cartel? *Cementerio de Locke Hill.*

Mientras estacionaba, un cielo oscuro amenazaba lluvia. Un camino solitario me invitó a caminar a través de unas doscientas lápidas. Un roble centenario se arqueaba sobre mí, proporcionando un techo para aquellas solemnes cámaras funerarias. Una hierba alta, aún húmeda por el rocío de la mañana, me rozaba los tobillos.

Las lápidas, aunque desgastadas y astilladas, estaban llenas de pasados. Pude leer nombres como Schmidt, Faustman, Grundmeyer y Eckert.

Ruth Lacey está enterrada allí. Nació en los días de Napoleón y murió hace más de un siglo. Me paré en el mismo lugar donde una madre lloró en un día frío hace muchas décadas frente a una lápida que dice simplemente: «Bebé Boldt: Nació y murió el 10 de diciembre de 1910». De dieciocho años, Harry Ferguson fue puesto a descansar en 1883 con estas palabras: «Duerme dulcemente, cansado joven peregrino». No pude dejar de preguntarme qué lo habría cansado tanto a sus dieciocho años.

Entonces la vi. Estaba cincelada en una lápida en el extremo norte del cementerio. La piedra marca el destino del cuerpo de Gracia Llewellen Smith. No hay fecha de nacimiento, no hay fecha de fallecimiento. Solo los nombres de sus dos maridos y este epitafio: *Duerme, pero no descanses. Amaste, pero no te amaron. Trataste de agradar, pero no lo lograste. Moriste como viviste... sola.*

Dios da un hogar a los desamparados (Salmos 68.6).

Al mirar ese epitafio, me pregunté por Grace Llewellen Smith. Me pregunté por su vida. Me pregunté si ella había escrito esas palabras o si solo las había vivido. Me pregunté si habría merecido tal dolor. Me pregunté si habría sido una amargada o una mujer abusada. Me pregunté si fue una mujer sencilla. Si había sido bonita. Me pregunté por qué algunas vidas son tan exuberantes mientras que otras son tan opacas.

También me pregunté cuántas Grace Llewellen Smith andarán por ahí. ¡Cuántas morirán en la soledad en que vivieron! Los desamparados en Atlanta. Los fiesteros en Los Ángeles. Una cartera de dama en Miami. Un predicador en Nashville. Toda persona que no crea que el mundo la necesita. Toda persona que esté convencida de que a nadie realmente le importa. Toda persona a quien se le haya dado un anillo, pero nunca un corazón; toda persona a la que se le criticó, pero nunca se le dio una oportunidad; una cama, pero nunca descanso.

El SEÑOR está cerca de los quebrantados de corazón, y salva a los de espíritu abatido (Salmos 34.18).

Estas son las víctimas de la futilidad. Y a menos que alguien intervenga, a menos que algo pase, el epitafio de Grace Llewellen Smith será de ellas. Es por eso que la historia de la mujer samaritana contada en Juan 4 es tan significativa. Es la historia de otra lápida. Pero esta vez, la lápida no marca la muerte sino el nacimiento.

1. Es fácil leer el epitafio de Grace Llewellen Smith y sentir lástima por ella, pero la verdad es que la mayoría de nosotros hemos sentido al menos algunos de los sentimientos grabados en su lápida en algún momento de nuestra vida: desamor, soledad, fracaso, lucha por aceptación, intranquilidad. ¿Con cuál de las palabras en su lápida te identificas mejor? ¿Por qué?

2. ¿Quién o qué intervino en tus sentimientos pasados de soledad, fracaso, rechazo o falta de paz? ¿Cómo has intervenido tú en favor de otra persona?

Como los demás, éramos por naturaleza objeto de la ira de Dios. Pero Dios [...], por su gran amor por nosotros, nos dio vida con Cristo (Efesios 2.3-5).

Como veremos en la historia de la mujer samaritana, nuestra lucha por sentirnos importantes y los sentimientos de futilidad que surgen cuando esperamos que otros llenen nuestro vacío son síntomas de nuestra necesidad del Salvador. Nuestra necesidad humana básica de sentir que pertenecemos a algo, de sentirnos amados, puede llevarnos a depender de personas que no se merecen nuestra confianza o que hacen cosas que en última instancia destruyen nuestra autoestima. Dios puso dentro de nosotros un hambre de sentirnos importantes. Y su intención era mantenerse comunicado con nosotros. Pero solo cuando nos volvemos hacia su Hijo, Jesús, y confiamos solo en él para satisfacer nuestras necesidades, encontraremos la satisfacción que nuestras almas han estado anhelando.

¡Él apaga la sed del sediento, y sacia con lo mejor al hambriento! (Salmos 107.9).

Oración para la semana

Señor: Vemos nuestra propia insuficiencia para satisfacer nuestras necesidades de autoestima y propósito. Gracias por querer tener una relación con nosotros. Gracias por intervenir y satisfacer nuestras necesidades más profundas a través del Señor Jesús. Gracias por dejar que nos aferremos a ti porque en ti hallaremos la solución a nuestros vacíos existenciales. Amén.

Día uno: Una mujer marginada

Cambio de expectativa

Sus ojos se entrecierran ante el brillo del sol del mediodía. Sus hombros resisten apenas el peso del jarrón de agua. Camina pesadamente, levantando a cada paso con sus pies el polvo del camino. Ojos al suelo tratando de esquivar las miradas de los demás.

Es samaritana. Sabe lo que es el dolor causado por el aguijón del racismo. Una samaritana que se ha venido dando de cabezazos contra el techo del sexismo. Ha estado casada con cinco hombres. *Cinco*. Cinco matrimonios diferentes. Cinco camas diferentes. Cinco rechazos diferentes. Ella conoce bien el sonido que producen los portazos.

Sabe lo que significa amar y no recibir amor a cambio. Su compañero actual ni siquiera le ha dado su apellido. Solo tiene para ella un lugar donde dormir. Si hay una Gracia Llewellen Smith en el Nuevo Testamento, es esta mujer. El epitafio de la insignificancia pudo haber sido suyo. Y habría sido, de no haber tenido un encuentro con un extraño.

En ese día en particular, llega al pozo a las horas del mediodía. ¿Por qué no fue temprano en la mañana con las demás mujeres del pueblo? Quizá lo haya hecho. Quizá solo necesitaba un poco más de agua en un día tan caluroso. O quizá no. Quizá quería evitar encontrarse con las otras mujeres. Una caminata bajo el calor del mediodía pudo haber sido un pequeño precio que pagar con tal de escapar de sus lenguas afiladas.

—¡Ahí viene esa!

—¿Supiste? ¡Tiene un hombre nuevo!

Jesús se enteró de que los fariseos sabían que él estaba haciendo y bautizando más discípulos que Juan (aunque en realidad no era Jesús quien bautizaba, sino sus discípulos). Por eso se fue de Judea y volvió otra vez a Galilea. Como tenía que pasar por Samaria, llegó a un pueblo samaritano llamado Sicar, cerca del terreno que Jacob le había dado a su hijo José. Allí estaba el pozo de Jacob (Juan 4.1-6).

—¡Esa se acuesta con cualquiera!

—*Shhh.* Cuidado que te puede oír.

Así que va al pozo al mediodía. Esperaba silencio. Esperaba estar sola; en cambio, encontró a alguien que la conocía mejor de lo que ella se conocía a sí misma.

1. Lee el comienzo de la historia de la mujer samaritana en Juan 4.1-14. ¿Cuáles son algunas de las características clave que observas sobre ella en este pasaje?

Era cerca del mediodía (Juan 4.6).

2. En el v. 6 leemos que esta historia tuvo lugar en la «hora sexta», que era mediodía. Habitualmente, las mujeres acudían al pozo cuando el sol no estaba alto en el cielo. Sin embargo, aquí vemos a la samaritana sacando agua durante el mayor calor del día. ¿Por qué lo habrá hecho así? ¿De qué manera puedes relacionarte tú con su deseo de evitar la «hora de sacar el agua»?

Pero, como los judíos no usan nada en común con los samaritanos, la mujer le respondió: «¿Cómo se te ocurre pedirme agua, si tú eres judío y yo soy samaritana?» (Juan 4.9).

3. ¿Qué nos dice Juan en el v. 9 de la relación entre los judíos y los samaritanos? ¿Qué te dice sobre la relación hombre—mujer en ese tiempo el que más tarde los discípulos de Jesús «se sorprendieron al verlo hablando con una mujer»?

4. La mujer samaritana había experimentado el aguijón del racismo, se había visto obligada a lidiar con el sexismo y sabía lo que significaba amar, pero no recibir amor a cambio. ¿Con cuál de estos elementos te puedes relacionar más en tu vida? ¿Por qué?

AGUA VIVA

Jesús, fatigado del camino, se sentó junto al pozo (Juan 4.6).

Estaba sentado en el suelo: piernas extendidas, manos juntas, espalda afirmada contra el pozo. Ojos cerrados. Ella lo miró. Miró luego a su alrededor. Nadie cerca. Lo volvió a mirar. No cabía duda: era un judío. ¿Qué estaba haciendo ahí? Abrió los ojos y ella volvió los suyos. Fue a sacar agua. Posiblemente hayan sido las bolsas bajo sus ojos o la forma en que se agachó lo que hizo que Jesús olvidara lo cansado que estaba. *Qué extraño que ella estuviera ahí al mediodía.* Notó que la mujer se sintió incómoda al verlo y, más aún, de que le pidiera agua. Pero ella era demasiado suspicaz como para pensar que lo único que quería él era un poco de agua. «¿Desde cuándo un tipo extranjero como tú le pide agua a una chica como yo?». Lo que ella quería saber era lo que realmente el hombre tenía en mente. Su intuición era parcialmente correcta. Él estaba interesado en algo más que agua. Estaba interesado en su corazón.

En eso llegó a sacar agua una mujer de Samaria, y Jesús le dijo: «Dame un poco de agua» (Juan 4.7).

Entonces hablaron. ¿Quién podría recordar la última vez que un hombre se había dirigido a ella con respeto? Le contó sobre una fuente de agua que no calmaría la sed del cuerpo sino la del alma. Le dijo: «El que beba del agua que yo le daré no volverá a tener sed jamás, sino que dentro de él esa agua se convertirá en un manantial del que brotará vida eterna» (Juan 4.14). ¡Jesús no le ofreció un agua especial sino una fuente artesiana perpetua!

Poco después de este encuentro, Jesús proclamaría ante las gentes: «Si alguno tiene sed, que venga a mí y beba» (Juan 7.37). En las páginas de la Biblia se encuentran algunas de las invitaciones más increíbles. No puedes leer acerca de Dios sin encontrarlo extendiendo invitaciones. Invitó a Eva a casarse con Adán, a los animales a entrar en el arca, a David a ser rey, a María a dar a luz a su Hijo, a los discípulos a pescar hombres, a la mujer adúltera a comenzar de nuevo y a Tomás a tocar sus heridas.

¡Si alguno tiene sed, que venga a mí y beba! De aquel que cree en mí, como dice la Escritura, brotarán ríos de agua viva (Juan 7.37-38).

Dios es un Dios que invita. Dios es un Dios que llama. Dios es un Dios que abre la puerta y mueve su mano, señalando a los peregrinos una mesa llena. Dios es un Dios que sacia la sed de la gente. Pero su invitación no es solo para una comida o un vaso de agua. Es para la *vida.* Es una invitación para entrar en su reino y establecerse en un mundo sin lágrimas, sin muerte, sin dolor.

El Hijo del hombre vino a buscar y a salvar lo que se había perdido (Lucas 19.10).

¿Quién puede venir? Como revela la historia de la mujer samaritana en el pozo, quien quiera puede hacerlo. La invitación es a la vez universal y personal.

5. En Juan 4.9 leemos que la mujer samaritana duda en hablar con Jesús. Describe un momento en que tu propia vergüenza te hizo dudar para hablar con Jesús.

6. ¿Por qué crees que Jesús le pidió agua a la mujer samaritana? ¿Solo buscaba saciar su sed o había un propósito mayor detrás de su solicitud?

Si supieras lo que Dios puede dar, y conocieras al que te está pidiendo agua —contestó Jesús—, tú le habrías pedido a él, y él te habría dado agua que da vida (Juan 4.10).

7. Después de que Jesús le pide agua a la mujer, él le dice que ella debería ser la que le pida agua. ¿Cómo describe Jesús esta agua (véanse los vv. 10 y 14)?

Con alegría sacarán ustedes agua de las fuentes de la salvación (Isaías 12.3).

8. Lee Juan 7.37-39 e Isaías 12.3. Basado en estos pasajes de la Escritura, ¿qué representa el «agua viva»? ¿Cuál fue la verdadera invitación que Jesús estaba haciendo a la mujer? ¿Cómo te ha dado Jesús vida que es como agua viva?

Dichosos los que tienen hambre y sed de justicia, porque serán saciados (Mateo 5.6).

La sed de la mujer samaritana en el calor del día reflejaba la sed de su alma en el calor de su vergüenza. Había ido de un hombre a otro. Quizá se había visto forzada a hacerlo. Quizá era una mujer indigente. O quizá su alma estaba sedienta. Quizá estaba desesperada por amor, desesperada por estabilidad, desesperada por... vida. Cada uno de nosotros podemos relacionarnos con su situación nada fácil. Nuestras almas tienen sed. Sin embargo, recurrimos a la comida, a la bebida y a las cosas de este mundo para satisfacer ese deseo, pero esas cosas nunca lo harán. En cambio, debemos dejar que la invitación de Jesús a la mujer samaritana sea también una invitación para nosotros. Solo él puede satisfacer nuestra sed más profunda, porque en él está la vida, la verdadera vida de agua viva.

Verdades para recordar

- ❖ Las barreras que nos obstaculizan en nuestro acercamiento a Dios no le impiden a él acercarse a nosotros.
- ❖ Jesús nos trata con respeto y está con nosotros sin importar dónde estemos, en nuestro pecado y en nuestra vacuidad.
- ❖ Jesús, personalmente, nos invita a disfrutar de una vida abundante en su reino... pero nosotros debemos aceptar su invitación y entregarle nuestra vida en una rendición voluntaria.

Oración para hoy

Señor Jesús: Gracias por tu invitación a la salvación. Gracias porque tu Espíritu nos llena y fluye a través de nosotros como agua viva. Perdónanos cuando nos volvemos a otras personas o cosas buscando satisfacción, porque sabemos que solo en ti la encontraremos. Te amamos. Amén.

Día dos: Una vida expuesta

Detrás de la máscara

La mujer samaritana estaba ciertamente intrigada por la oferta de Jesús.

—Señor —le dijo—, dame de esa agua para que no vuelva a tener sed ni siga viniendo aquí a sacarla.

—Ve a llamar a tu esposo, y vuelve acá.

Su corazón debe de haberse hundido. Aquí había un judío a quien no le importaba que ella fuera una samaritana. Aquí había un hombre que no menospreciaba a una mujer. Aquí estaba lo más cercano a la gentileza que había visto en su vida. Y ahora le estaba pidiendo... *eso*.

¡Vaya, qué ocurrencia de él! Quizá ella pensó en mentirle. «¿Oh, mi esposo? Él está muy ocupado». Quizá haya pensado en cambiar de tema; o en irse. Pero se quedó y dijo la verdad.

—No tengo esposo.

(La amabilidad es una forma de invitar a la honestidad).

Probablemente conoces el resto de la historia. Me gustaría que no, y que la estuvieras descubriendo por primera vez. Porque si así fuese, estarías con los ojos abiertos esperando para ver qué haría Jesús a continuación. ¿Por qué? Porque tú has querido hacer lo mismo.

Has querido quitarte la máscara. Has querido dejar de fingir. Te has preguntado qué haría Dios si abrieras tu puerta de pecados secretos cubierta de telarañas.

Esta mujer se preguntó qué haría Jesús. Debe haber temido que la amabilidad cesara cuando revelara la verdad. *Se enojará. Se irá. Pensará que soy indigno*. Si has tenido las mismas ansiedades, saca tu lápiz. Querrás subrayar la respuesta de Jesús.

—Tienes razón. Has tenido cinco esposos y el hombre con el que estás ahora ni siquiera te dará su apellido.

¿No hay crítica? ¿No hay enojo? ¿No hay un discurso sobre «qué barbaridad has hecho con tu vida»? No. Jesús no estaba buscando impecabilidad; era sinceridad lo que buscaba.

«SEÑOR, dame de esa agua para que no vuelva a tener sed ni siga viniendo aquí a sacarla». «Ve a llamar a tu esposo, y vuelve acá», le dijo Jesús. «No tengo esposo», respondió la mujer (Juan 4.15-17).

Es cierto que has tenido cinco, y el que ahora tienes no es tu esposo (v. 18).

1. Lee Juan 4.15-18. ¿Por qué crees que Jesús le pidió a la mujer que llamara a su esposo, dado que sabía todos los detalles sobre ella?

____

____

____

____

____

____

____

2. ¿Cómo respondió Jesús a la mujer cuando ella le dijo que no tenía esposo? ¿Cómo esas palabras le hablan a ella verdad en lugar de condenarla?

Por lo tanto, ya no hay ninguna condenación para los que están unidos a Cristo Jesús, pues por medio de él la ley del Espíritu de vida me ha liberado de la ley del pecado y de la muerte (Romanos 8.1-2).

3. En Romanos 8.1 Pablo afirma: «Por lo tanto, ya no hay ninguna condenación para los que están unidos a Cristo Jesús». ¿Qué te dice a ti esta verdad acerca de cómo te ve Jesús? ¿Te es fácil o te es difícil aceptar esta verdad? Explica.

4. ¿Hay un pecado en tu vida que has retenido por miedo a la reacción de Dios? Si es así, ¿qué crees que Jesús te está llamando a hacer hoy para exponer ese pecado a la luz?

Un agujero enorme

Señor, me doy cuenta de que tú eres profeta. Nuestros antepasados adoraron en este monte, pero ustedes los judíos dicen que el lugar donde debemos adorar está en Jerusalén (Juan 4.19-20).

La mujer estaba asombrada. «Puedo ver que eres un profeta», le dijo. Traducción: «Hay algo diferente en ti. ¿Te importa si te pregunto algo?».

Luego hizo una pregunta que reveló el agujero enorme que había en su alma. «¿Dónde está Dios? Nosotros decimos que está en la montaña. Ustedes dicen que está en Jerusalén. ¿Dónde realmente está?».

Daría mil puestas de sol para ver la expresión en el rostro de Jesús cuando escuchó esas palabras. ¿Se le humedecieron los ojos? ¿Sonrió? ¿Miró al cielo e hizo un guiño a su padre? De todos los lugares para encontrar un corazón hambriento... *Samaria.*

El odio es motivo de disensiones, pero el amor cubre todas las faltas (Proverbios 10.12).

Hablando de murallas. Una antigua y muy alta. «Los judíos —escribió Juan en su Evangelio—, rehúsan tener algo que ver con los samaritanos» (Juan 4.9). Es la razón por la que la mujer le había dicho a Jesús: «Me sorprende que me pidas de beber, ya que eres un hombre judío y yo soy una mujer samaritana». Las dos culturas se habían odiado durante mil años. La enemistad implicaba acusaciones de traición, matrimonios mixtos y deslealtades al templo.

Los judíos habían puesto a los samaritanos en la lista negra. Sus camas, sus utensilios, e incluso su saliva se consideraban inmundos. Ningún judío ortodoxo viajaría a esa región. La mayoría preferían que el viaje les tomara el doble del tiempo con tal de no pasar por Samaria.

Sin embargo, Jesús jugó con unas reglas diferentes. Pasó la mejor parte de un día en el territorio de una mujer samaritana, bebiendo agua de su cucharón, respondiendo sus preguntas. Pasó por sobre el tabú cultural como si hubiese sido un perro guardián dormido en la entrada. ¿Por qué lo hizo? Porque a Jesús le encanta derribar muros.

5. Lee Juan 4.19-24. Cuando los israelitas estaban en el desierto, adoraban en una tienda móvil llamada tabernáculo. Cuando Israel se convirtió en una nación, Salomón construyó un templo fijo en Jerusalén, y se convirtió en el lugar donde el pueblo adoraba. Lee números 9.15-17 y 2 Crónicas 6.41–7.1. ¿Por qué los judíos y los samaritanos asocian el lugar de adoración con la presencia de Dios?

Descendió fuego del cielo y consumió el holocausto y los sacrificios, y la gloria del SEÑOR llenó el templo (2 Crónicas 7.1).

6. Después de que Asiria conquistara la nación de Israel, los judíos que sobrevivieron comenzaron a casarse con gentiles en las naciones circundantes. Esto mezcló racialmente a los judíos con los samaritanos y, como consecuencia, los judíos «puros» no querían tener nada que ver con ellos e incluso no les permitirían adorar en el templo. Por esta razón, los samaritanos construyeron su propio templo. ¿A qué situación de hoy puedes comparar aquella? ¿Cómo has visto el odio dividir a la iglesia en nuestro tiempo?

El rey de Asiria trajo gente de Babilonia, Cuta, Ava, Jamat y Sefarvayin. Estos tomaron posesión de Samaria y habitaron en sus poblados (2 Reyes 17.24).

7. La pregunta de la mujer sobre el lugar de culto reveló su búsqueda por la presencia de Dios. Poco sabía ella que la presencia de Dios no estaba constreñida por las murallas de la humanidad. Lee Hechos 7.48-50. ¿Qué dice este pasaje acerca de la presencia de Dios?

El cielo es mi trono, y la tierra, el estrado de mis pies (Hechos 7.49).

8. Jesús dijo: «Se acerca la hora, y ha llegado ya, en que los verdaderos adoradores rendirán culto al Padre en espíritu y en verdad» (Juan 4.23). ¿Qué quiso decir Jesús con esas palabras? ¿Cómo encarnaría la mujer samaritana el tipo de adoradores que Dios estaba buscando?

La mujer samaritana vivía en un mundo donde lo exterior estaba por encima de lo interior. Su apariencia física, su relación física con los hombres, el lugar donde ella adoraba... todas estas cosas eran las que otros juzgaron, porque eso era lo que creían que era lo más importante. Pero Jesús veía las cosas de manera diferente. Él vio más allá de su exterior, pasó a través de su relación con los hombres y reprendió a los adoradores que estaban atrapados por el lugar *donde* adoraban en lugar de *a quién* adoraban. Jesús no vino a condenar la apariencia de las personas sino para transformar su interior. Estaba en busca de adoradores que tuvieran su ser interior lo suficientemente suave para esta transformación. La humilde sinceridad de la mujer samaritana y su búsqueda de Dios reveló que estaba lista para esta transformación. Poco sabía que su corazón estaba preparado para la verdadera adoración: una adoración dirigida por el Espíritu de Jesús y fijada en su verdad.

Que la belleza de ustedes no sea la externa [...]. Que [...] sea más bien la incorruptible, la que procede de lo íntimo del corazón y consiste en un espíritu suave y apacible. Esta sí que tiene mucho valor delante de Dios (1 Pedro 3.3-4).

Verdades para recordar

- ❖ Jesús conoce nuestra condición, habla la verdad acerca de nuestra situación y nos ofrece su favor sin condenación.
- ❖ Jesús nos llama a exponer nuestro pecado a la luz de modo que podamos encontrar sanidad y transformación en él.
- ❖ Jesús se goza en derribar murallas que nos separan de él y entre nosotros.

Oración para hoy

Señor: Sabemos que nada se te puede ocultar. Gracias por traer nuestros pecados a la luz y por ofrecernos tu gracia, misericordia y perdón cuando no hacemos las cosas bien. Te alabamos, Dios, por tu amor y tu bondad. Te alabamos por aceptarnos aun en nuestra condición pecaminosa y por estar junto a nosotros donde nos encontremos. Amén.

Ninguna cosa creada escapa a la vista de Dios (Hebreos 4.13).

Día tres: Murallas que dividen

Muros en nuestro mundo

La historia de la mujer samaritana nos obliga a preguntar si algún muro divide nuestro mundo. Si hay algún lugar en nuestra vida en el que nos paremos de un lado, y en el otro se encuentra la persona que hemos aprendido a ignorar, tal vez hasta a despreciar. O el adolescente con tatuajes. O quizá el jefe con el dinero. O el inmigrante con el acento difícil de entender. O esa persona que se encuentra en el lado opuesto de tu valla política. O tal vez incluso el mendigo que se instala fuera de la puerta de nuestra iglesia todas las semanas.

Durante su ministerio, vemos que Jesús a menudo buscaba derribar los muros que dividían a las personas. En realidad, fue el tema de una de sus parábolas más conocidas. Hoy, podríamos contarla de esta manera: Un día, un hombre blanco opulento viajaba en su automóvil desde su oficina en el centro de la ciudad hasta su casa. Como ya era tarde y se sentía cansado, tomó la ruta directa, que lo llevaría por la parte más complicada de la ciudad. ¡Quién iba a saberlo! Se quedó sin gasolina. Mientras se dirigía caminando hasta la gasolinera, fue asaltado y dejado por muerto. Unos minutos más tarde, un predicador pasó de camino a la iglesia. Vio al hombre botado en la acera y comenzó a ayudarlo, pero se dio cuenta de que sería demasiado peligroso detenerse. Poco después, pasó un respetado profesor de seminario y vio al hombre. Pero él también decidió que era mejor no involucrarse. Finalmente, un inmigrante hispano que conducía un camión destartalado vio al hombre, se detuvo y lo llevó al hospital. Pagó la cuenta y siguió su camino.

Bajaba un hombre de Jerusalén a Jericó, y cayó en manos de unos ladrones. Le quitaron la ropa, lo golpearon y se fueron, dejándolo medio muerto (Lucas 10.30).

Resulta que viajaba por el mismo camino un sacerdote quien, al verlo, se desvió y siguió de largo. Así también llegó a aquel lugar un levita y, al verlo, se desvió y siguió de largo (Lucas 10.31-32).

1. ¿Cuántas barreras, tanto culturales como espirituales, ves que Jesús está derribando para llegar a donde está esta mujer samaritana?

___
___
___
___

2. Lee Lucas 10.30-37. ¿A qué barreras entre las personas se enfrentó Jesús en esta historia?

___
___
___
___

Pero un samaritano que iba de viaje llegó a donde estaba el hombre y, viéndolo, se compadeció de él (Lucas 10.33).

3. ¿Quiénes fueron los hombres que siguieron su camino sin preocuparse por el herido? ¿Por qué crees que pasaron de largo?

___
___
___
___

4. ¿Qué acciones extras hizo el samaritano para mostrar el amor de Dios para el hombre herido a pesar de sus diferencias culturales?

___
___
___
___

Luego lo montó sobre su propia cabalgadura, lo llevó a un alojamiento y lo cuidó (Lucas 10.34).

NO HAY EXCUSA PARA EL PREJUICIO

¿Cuál de estos tres piensas que demostró ser el prójimo del que cayó en manos de los ladrones? «El que se compadeció de él», contestó el experto en la ley (Lucas 10.36-37).

Cambié los personajes, pero no la pregunta de Jesús: «¿Cuál fue el prójimo para este hombre?» (Lucas 10:36). ¿La respuesta? El hombre que respondió con bondad. Ser un buen prójimo, entonces, no está definido por dónde vivimos sino por cómo amamos. Nuestro prójimo no es solo la persona de la casa siguiente, sino quien necesita de nuestra ayuda. Nuestro prójimo puede ser la persona que se nos ha enseñado a no amar. Para el judío en los días de Jesús, era un samaritano.

Para un israelita de hoy, es un palestino. Para un árabe, es un judío. Para un hombre de color, ¿qué tal un chofer de camioneta, un hombre armado, un mascador de tabaco, un campesino blanco? Para un hispano pobre, ¿qué tal el hispano rico?

La historia de Jesús sobre el buen samaritano y su interacción con la mujer del pozo nos muestra que los cristianos no tienen excusa para el prejuicio. El prejuicio de los paganos se puede explicar, pero en el caso de un cristiano, no hay explicación ni justificación. Nunca cruzaremos una barrera cultural mayor que la que cruzó Jesús. Aprendió nuestro idioma, vivió en nuestro mundo, comió nuestra comida... pero, sobre todo, asumió nuestros pecados.

Nosotros amamos porque él nos amó primero (1 Juan 4.19).

Dado esto, ¿cómo podemos nosotros, que hemos sido amados tanto, no hacer lo mismo para con los demás? Aquellos a quienes les resulta difícil superar las diferencias raciales deberían pensarlo dos veces. A menos que sean judíos, un extranjero murió en la cruz por sus pecados.

5. Es trágico que los hombres que se negaron a ayudar en la parábola de Jesús fueran los que, en ese tiempo, estaban entre los más religiosos. ¿Cuál es la diferencia entre ser religioso y ser prójimo de otros? ¿En qué formas la iglesia de hoy cae en la misma trampa de construir muros que dividen a las gentes?

Aunque somos muchos, formamos un solo cuerpo (1 Corintios 10.17).

6. Lee 1 Corintios 10.16-17. A veces, los muros más gruesos están dentro la iglesia; son las barreras que se levantan entre los creyentes. ¿En qué maneras has visto las divisiones dentro de la iglesia? ¿Cómo dice Pablo que debemos ver a los demás en el cuerpo de Cristo?

7. ¿Quién es esa persona (o incluso un grupo de personas) a quienes te cuesta tratar como tu «prójimo»? ¿Qué es lo que hace tan difícil verlo de esa manera?

8. Lee Juan 1.1-14. ¿Qué barreras tuvo que derribar Jesús para llegar a ti? ¿Cómo puedes estar seguro de que estaba dispuesto a hacerlo para ayudarte a abrazar a tus enemigos como tu prójimo?

El que era la luz ya estaba en el mundo, y el mundo fue creado por medio de él, pero el mundo no lo reconoció (Juan 1.10).

¿El muro entre el cielo y la tierra? Derribado. ¿El muro entre Dios y los seres humanos? Demolido. ¿El muro entre la santidad y el pecado? Destruido. Jesús estaba en el negocio de destruir todo lo que estaba de pie en el camino de la unidad. Cuando construimos muros de prejuicios entre nosotros, no solo estamos separando a las personas de las personas, sino que también estamos separando a las personas de la verdad de Dios. Jesús oró: «Yo les he dado la gloria que me diste, para que sean uno, así como nosotros somos uno: yo en ellos y tú en mí. Permite que alcancen la perfección en la unidad, y así el mundo reconozca que tú me enviaste y que los has amado a ellos tal como me has amado a mí» (Juan 17.22-23). ¿Estás luchando con la unidad? ¿Estás luchando por ver a alguien como tu prójimo? Entonces recuerda la oración de Jesús. Somos uno con Jesús. Él está en nosotros. Entonces podemos pedirle que levante el mazo y rompa cualquier juicio en nuestro corazón. ¡Es tiempo de demolición!

Busquen su restauración, hagan caso de mi exhortación, sean de un mismo sentir, vivan en paz (2 Corintios 13.11).

Verdades para recordar

- ❖ Jesús quiere derribar las murallas culturales y espirituales que dividen a las gentes.
- ❖ Ser un buen prójimo no se define por dónde vivimos sino por cómo amamos.
- ❖ Los que han experimentado el amor de Cristo deben mostrar ese mismo amor a los demás. Los creyentes en Jesús no tienen excusa para los prejuicios.

Oración para hoy

Gracias, Dios, por amarnos tanto que derribaste las murallas para encontrarnos en nuestra condición de perdidos y redimirnos mediante el sacrificio de tu Hijo, Jesús. Oramos para que nos ayudes a derribar toda muralla que hayamos levantado en nuestro corazón que nos impida amar a aquellos por los que moriste para redimirlos. Ayúdanos a ser tu luz en la oscuridad de este mundo tan necesitado de ti. En el nombre de Jesús. Amén.

Hagan brillar su luz delante de todos (Mateo 5.16).

Día cuatro: Una vida cambiada para siempre

EL MESÍAS REVELADO

Créeme, mujer, que se acerca la hora en que ni en este monte ni en Jerusalén adorarán ustedes al Padre. Ahora ustedes adoran lo que no conocen; nosotros adoramos lo que conocemos, porque la salvación proviene de los judíos. Pero se acerca la hora, y ha llegado ya, en que los verdaderos adoradores rendirán culto al Padre en espíritu y en verdad, porque así quiere el Padre que sean los que le adoren. Dios es espíritu, y quienes lo adoran deben hacerlo en espíritu y en verdad (Juan 4.21-24).

—¿Dónde está Dios? —había preguntado la mujer samaritana—. Yo no sé dónde está.

Jesús respondió: —Ustedes adoran lo que no conocen [...]. Se acerca la hora, y ha llegado ya, en que los verdaderos adoradores rendirán culto al Padre en espíritu y en verdad (Juan 4.22-23).

—Sé que viene el Mesías [...] —respondió la mujer—. Cuando él venga nos explicará todas las cosas.

¿La respuesta de Jesús? —Ese soy yo, el que habla contigo (vv. 25-26).

Piensa en esto por un momento. De todas las personas que Dios podría haber elegido para recibir personalmente el secreto de las edades, escogió a una samaritana que se había divorciado cinco veces. Una paria entre las parias. La persona más «insignificante» de toda la región.

Notable. Jesús no reveló el secreto al rey Herodes. No solicitó una audiencia al Sanedrín para darles las buenas noticias. No fue a la sombra de las columnatas de una corte romana para anunciar su identidad.

No, fue a la sombra de un pozo en una tierra rechazada a una mujer condenada al ostracismo. Sus ojos deben de haber bailado mientras le susurraba el secreto.

—Yo soy el Mesías.

La frase más importante del capítulo se pasa fácilmente por alto. «La mujer dejó su cántaro, volvió al pueblo y le decía a la gente: "Vengan a ver a un hombre que me ha dicho todo lo que he hecho. ¿No será este el Cristo?"» (vv. 28-29).

Sé que viene el Mesías [...] —respondió la mujer—. Cuando él venga nos explicará todas las cosas (Juan 4.25).

1. Lee Juan 4.25-29. ¿Qué dice la mujer samaritana que hará el Mesías (v. 25)? ¿Cómo ves que Jesús ya está cumpliendo esto en su vida?

2. ¿Cuál es la reacción de la mujer cuando Jesús le dice que él es el Mesías?

3. ¿Te has fijado cómo, según el v. 29, la mujer samaritana se va transformando desde el comienzo de la historia hasta el final? ¿Qué te dice esto sobre la gracia de Cristo?

Pero yo te restauraré y sanaré tus heridas —afirma el SEÑOR— porque te han llamado la Desechada (Jeremías 30.17).

4. ¿Cómo has experimentado recientemente tú la transformación ejercida por el Mesías en tu propia vida?

INSIGNIFICANCIA DEJADA ATRÁS

No te pierdas el drama del momento. Mírala a los ojos. Llenos de asombro. Escúchala mientras lucha por encontrar las palabras. «¡Tú... tú... e-e-eres... el M-m-m-mesías!». Se pone de pie, echa una mirada a este sonriente nazareno, luego se vuelve y corre directamente hacia el fornido pecho de Pedro. Está a punto de caerse, recupera el equilibrio y con paso ligero se encamina al pueblo.

«Ese soy yo, el que habla contigo», le dijo Jesús (Juan 4.26).

¿Notaste lo que se le olvidó? Su cántaro con agua. Se fue, dejando atrás el cántaro que había causado la caída de sus hombros. También dejaba atrás la carga con que había llegado. De repente, la vergüenza de sus andrajosos romances había desaparecido. La insignificancia de su vida se la había tragado la trascendencia de ese momento.

La mujer dejó su cántaro, volvió al pueblo (Juan 4.28).

«¡Dios está aquí! ¡Dios ha venido! ¡Yo soy importante para Dios!». Por eso fue que se olvidó del cántaro. Por eso fue que corrió a la ciudad. Por eso fue que agarró a la primera persona con la que se encontró y le anunció su descubrimiento: «Acabo de hablar con un hombre que sabe todo lo que hice... ¡y me ha manifestado amor a pesar de todo!».

Vengan a ver a un hombre que me ha dicho todo lo que he hecho. ¿No será este el Cristo? (Juan 4.29).

Los discípulos le ofrecen a Jesús algo de comer. Él lo rechaza. ¡Está tan emocionado! Acababa de hacer lo que mejor sabe hacer. Había tomado una vida que iba a la deriva y le ha dado dirección. ¡Estaba emocionado!

«Mi alimento es hacer la voluntad del que me envió y terminar su obra», les dijo Jesús (Juan 4.34).

«¡Miren! —dijo a los discípulos mientras señalaba a la mujer que corría hacia el pueblo—. ¡Abran los ojos y miren los campos sembrados! Ya la cosecha está madura» (v. 35).

¿Quién podría comer en un momento como ese?

5. Lee Juan 4.30-34. La mujer samaritana había dejado atrás el cántaro que le había causado la «caída de los hombros» y ahora corría con la cabeza levantada. ¡Era una mujer nueva! ¿Qué «cántaro» te está pidiendo Dios que dejes atrás para que también puedas abrazar tu

Hagan lo que hagan, trabajen de buena gana, como para el SEÑOR y no como para nadie en este mundo, conscientes de que el SEÑOR los recompensará con la herencia. Ustedes sirven a Cristo el SEÑOR (Colosenses 3.23-24).

nueva identidad en Cristo? ¿Cómo vas a comenzar a abrazar esa nueva identidad?

6. La insignificancia de la vida de la mujer fue tragada por la significancia del momento. En Colosenses 3.23, Pablo escribe: «Hagan lo que hagan, trabajen de buena gana, como para el Señor y no como para nadie en este mundo». ¿Qué significancia tiene para ti seguir a Cristo en cualquiera circunstancia?

7. La mujer se sintió tan superada por Jesús que no pudo contener su emoción. ¡Tenía que hablarle a toda la aldea del Mesías! ¿Cuándo fue la última vez que estuviste tan entusiasmado con la gracia de Jesús que tenías que decírselo a alguien? ¿Qué cosas tienden a atravesarse en el camino de disfrutar de la maravilla de su gracia cada día?

«Yo tengo un alimento que ustedes no conocen», replicó él. «¿Le habrán traído algo de comer?», comentaban entre sí los discípulos (Juan 4.32-33).

8. ¿Cuál fue la pregunta de los discípulos cuando encontraron a Jesús en el pozo? ¿Qué quiso decir Jesús cuando dijo que su comida era «hacer la voluntad del que me envió» (v. 34)?

Cuando el Mesías se nos revela, también revela quiénes realmente somos. Nos dice que, porque él es amor, somos amados. Que, porque él es misericordioso, somos perdonados. Que, porque él es significativo, nuestras vidas tienen significado. La mujer samaritana había estado escondiéndose detrás de su vergüenza, pero ahora, valiente y audazmente, proclama: «Vengan a ver a un hombre que me ha dicho todo lo que he hecho» (Juan 4.29). ¿Cómo pudo ella compartir su vergüenza con emoción? Porque su vergüenza ya no era más suya. Jesús no la condenó, así que ella no se estaba condenando a sí misma. En lugar de eso, estaba tan concentrada en Jesús que su reputación ya no tenía poder sobre ella. ¡Qué hermoso recordatorio de que nosotros tampoco somos definidos por nuestro pecado ni somos propiedad de él! Cuando nos encontramos con el Mesías, nos encontramos con quienes somos en verdad: hijos e hijas de Dios.

Ustedes han nacido de nuevo, no de simiente perecedera, sino de simiente imperecedera (1 Pedro 1.23).

Verdades para recordar

- ❖ Cuando nos encontramos con Jesús, él quita la carga de pecado y vergüenza de nuestra vida.
- ❖ Saber quién es Jesús —nuestro Mesías y Señor— transforma lo que somos.
- ❖ Dios se alegra cuando ve una vida transformada por su gracia y nos pide que alcancemos a otros para que experimenten también esa gracia.

Todo el que confíe en él no será jamás defraudado (Romanos 10.11).

Oración para hoy

Te alabamos, Señor, por tu poder que transforma nuestra vida. Nuestro pecado y vergüenza son lavados por tu amor y tu perdón. Ayúdanos a compartir la emoción de lo que tú has hecho por nosotros con otros que necesitan encontrarse con el Mesías. En tu nombre. Amén.

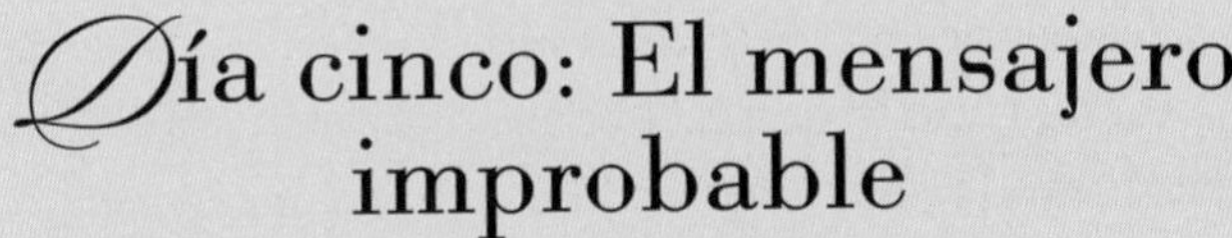

Día cinco: El mensajero improbable

Cuando Dios interviene

Cuando pensamos en las personas que Dios usa para llevar su mensaje al mundo, rara vez pensamos en personas como la mujer en el pozo. No. Pensamos en hombres como William Carey, quien fundó una sociedad misionera y trabajó para llevar el evangelio a la India. O pensamos en hombres como David Livingstone o Hudson Taylor, quienes pasaron sus vidas alcanzando a los perdidos en África y China. O incluso en la Madre Teresa, que ministró incansablemente a los pobres en los barrios marginales de Calcuta.

No me escogieron ustedes a mí, sino que yo los escogí a ustedes y los comisioné para que vayan y den fruto (Juan 15.16).

No. Gente como la mujer del pozo no llegaría jamás a la parte alta de la lista, porque en su «hoja de vida» había unas cuantas manchas feas: Primero, era una samaritana; por lo tanto, discriminada y odiada por los judíos. Segundo, era mujer y, sobre eso, había sido muy condescendiente con los hombres. Tercero, era una divorciada, no una vez ni dos; veamos si podemos contarlos: ¿cuatro? ¿cinco? Cinco matrimonios fracasados, y ahora comparte cama con un tipo que ni siquiera le ha ofrecido un anillo.

Cuando sumamos esto, no pensamos tanto en un evangelista sino en una mujer en un club nocturno: voz enronquecida por el hábito de fumar, un vestido escaso en la parte superior y aún más escaso en la parte inferior. Evidentemente, nada de lo más fino y elegante de Samaria. Una mujer a la que difícilmente se la pondría a cargo de la Clase Bíblica para damas. Todo esto hace que lo que hizo Jesús luzca aún más sorprendente. Jesús no la puso a cargo de la clase, sino que la puso a cargo de evangelizar *a todo un pueblo*. Y ella hizo tan bien su trabajo que antes de que terminara el día, toda la aldea sabía de un hombre que decía ser Dios. «Me dijo todo lo que he hecho» (Juan 4.39), les había anunciado.

Sin embargo, no les dijo lo más evidente: «Y me ha manifestado amor a pesar de todo».

Yo los he enviado a ustedes a cosechar lo que no les costó ningún trabajo. Otros se han fatigado trabajando, y ustedes han cosechado el fruto de ese trabajo (Juan 4.38).

1. Lee Juan 4.35-42. La historia de la mujer samaritana nos muestra que cuando Dios interviene, toma a aquellos a quienes el mundo considera insignificantes y les encarga tareas importantes. Fíjate en lo que dice Jesús en el v. 38. ¿Cuál es la tarea importante que Dios nos da para hacer a cada uno de nosotros?

Salieron del pueblo y fueron a ver a Jesús (Juan 4.30).

2. La mujer samaritana usó solo unas pocas palabras muy sencillas para describir a Jesús ante la gente de la aldea: «Vengan a ver a un hombre que me ha dicho todo lo que he hecho. ¿No será este el Cristo?» (v. 29). ¿Cómo reaccionó la gente ante esta palabra tan sencilla?

3. ¿De qué manera te ves a ti mismo como un misionero para Cristo? ¿De qué manera la historia de la mujer samaritana nos habla acerca de los tipos de personas que Dios usa para difundir el evangelio?

Vengan ustedes, temerosos de Dios, escuchen, que voy a contarles todo lo que él ha hecho por mí (Salmos 66.16).

4. La forma en que la mujer samaritana asumió la tarea evangelizadora no podía ser más sencilla de lo que en realidad fue. Nada de adornos, nada de discursos memorizados, nada de teología para un análisis profundo. Ella simplemente le dijo a la gente lo que Jesús había hecho en su vida. ¿Cuál es tu historia de la gracia de Dios que puedes compartir con los demás? Escribe a continuación tu testimonio en el estilo sencillo de la mujer samaritana.

Sin un listado

Un poco de lluvia puede enderezar el tallo de una flor. Un pequeño amor puede cambiar una vida. ¡Quién sabe si a esta mujer alguna vez se le habría confiado algo, mucho menos la más grande noticia de la historia! Pero esto fue exactamente lo que hizo Jesús. Y cuando leemos Juan 4.39, hacemos este sorprendente descubrimiento: «Muchos de los samaritanos que vivían en aquel pueblo creyeron en él por el testimonio que daba la mujer».

Muchos de los samaritanos que vivían en aquel pueblo creyeron en él por el testimonio que daba la mujer: «Me dijo todo lo que he hecho». Así que cuando los samaritanos fueron a su encuentro le insistieron en que se quedara con ellos. Jesús permaneció allí dos días, y muchos más llegaron a creer por lo que él mismo decía (Juan 4.39-41).

La gente incluso le suplicó a Jesús que se quedara con ellos porque estaban tan hambrientos de escuchar el mensaje del amor de Dios. Entonces Jesús se quedó con ellos dos días más, y muchos samaritanos llegaron a creer en él. Más tarde, le darían este testimonio a la mujer en el pozo: «Ya no creemos solo por lo que tú dijiste [...], ahora lo hemos oído nosotros mismos, y sabemos que verdaderamente este es el Salvador del mundo» (vv. 42-43).

¡La mujer del pozo fue el primer misionero de Jesús! Ella precedió los nombres más notorios de propagadores del evangelio como Pedro, Juan, Esteban, Felipe, Bernabé, Silas y Pablo acerca de quienes leemos en los Evangelios y en el libro de Hechos. El linaje de estos primeros evangelistas, e incluso más tarde líderes como Patricio y Francisco de Asís, todo se remonta hasta esta mujer de mala fama que se sintió tan abrumada por Cristo que no pudo dejar de decir lo que sentía dentro de ella.

Después de su encuentro con Cristo, la vida de la samaritana cambió para siempre. ¿Por qué? No solo por lo que hizo Jesús, aunque eso fue enorme; sino más bien por lo que ella dejó que él hiciera. Lo dejó ver la basura que había en su vida. Dejó que la amara. Que la transformara. Que la llenara de gracia y de verdad. Ella, al igual que Zaqueo, el apóstol Pablo, la mujer en Capernaúm y millones más desde entonces lo han invitado a que tome el control de sus corazones.

Todos podemos relacionarnos de alguna manera con la mujer samaritana. Quizá, como ella, tengamos una lista larga de «puntos en contra» que nos bloquean el pensamiento de cómo Dios podría usarnos de alguna forma. No obstante, déjame asegurarte una cosa: Dios no mantiene una lista de nuestros errores. El rey David sabía lo que estaba diciendo cuando escribió: «[Dios] no nos trata conforme a nuestros pecados ni nos paga según nuestras maldades» (Salmos 103.10). Y lo decía en serio. E hizo esta oración impactante: «Si tú, Señor, tomaras en cuenta los pecados, ¿quién, Señor, sería declarado inocente?» (Salmos 130.3).

En los últimos días —dice Dios—, derramaré mi Espíritu sobre todo el género humano (Hechos 2.17).

Tú no has sido rociado con perdón. No has sido salpicado de gracia. No has sido espolvoreado con bondad. Has sido *sumergido* en un océano de perdón, gracia y bondad. Sumergido en misericordia. Eres un pececito en el océano de su misericordia. ¡Entonces deja que te transforme! Mira si el amor de Dios no hará contigo lo que hizo por la mujer en Samaria.

5. ¿Por qué crees que Jesús eligió a la mujer del pozo para que fuera su primera misionera? ¿Qué cosas había en ella que la hacían un candidato muy poco probable para este papel?

Porque ustedes antes eran oscuridad, pero ahora son luz en el SEÑOR. Vivan como hijos de luz (Efesios 5.8).

6. La mujer samaritana le permitió a Jesús ver la basura en su vida y luego le permitió amarla y cambiarla. ¿Qué te impide a ti permitirle a Jesús que te cambie?

7. El Padre no lleva un registro de nuestros errores. Sin embargo, nosotros tenemos la tendencia de mantener registros de los errores de los demás. ¿Insistes tú en mantener un listado de errores? Si es así, ¿por qué crees que tiendes a aferrarte a esas cosas?

Sean bondadosos y compasivos unos con otros, y perdónense mutuamente, así como Dios los perdonó a ustedes en Cristo (Efesios 4.32).

8. Lee Efesios 4.32 y 5.1-2. ¿Qué nos llama Pablo a hacer en estos versículos? ¿Hay alguien a quien debes perdonar como Cristo te ha perdonado a ti? (Tal vez ese alguien eres tú). ¿Qué harás ahora mismo para comenzar a eliminar cualquier lista de errores que has venido guardando?

Para algunos de nosotros, la historia de la mujer samaritana es conmovedora pero distante. Nosotros tenemos nuestro propio ambiente. Se nos necesita, y lo sabemos. Tenemos más amigos de los que podemos visitar y más cosas de las que podemos hacer. Insignificancia no será la palabra que se cincele en nuestra lápida como lo fue para Grace Llewellen Smith. Nuestro epitafio nunca será: *Duerme, pero no descanses. Amaste, pero no te amaron. Trataste de agradar, pero no lo lograste. Moriste como viviste... sola.*

Sé agradecido.

Sin embargo, otros entre nosotros somos diferentes. La historia de la mujer samaritana nos parece tan nuestra porque, precisamente, nos representa. Vemos su rostro cuando nos miramos en el espejo. Sabemos por qué evitaba a la gente... porque nosotros hacemos lo mismo. Sabemos lo que es no tener a nadie sentado junto a nosotros en la cafetería. Nos hemos preguntado cómo sería tener un buen amigo. Hemos estado enamorados y nos preguntamos si vale la pena volver a intentarlo.

Y al igual que la mujer samaritana, también nos hemos preguntado dónde está Dios.

Una amiga de nombre Joy enseñaba a niños pobres en una iglesia del centro de la ciudad. Su clase era un animado grupo de niños de nueve años que amaban la vida y no le temían a Dios. Pero había una excepción; una niña tímida. Se llamaba Bárbara.

Nunca te dejaré; jamás te abandonaré (Hebreos 13.5).

Su difícil vida hogareña la había transformado en una persona asustada e insegura. Cuando Joy daba su clase, Bárbara no hablaba. Nunca. Mientras los otros niños hacían ruido, ella permanecía en silencio en su asiento. Mientras los otros cantaban, ella no abría la boca. Mientras los otros se reían, ella estaba seria. Siempre estaba ahí. Siempre escuchando. Siempre sin palabras.

Hasta que un día en que Joy dio una clase sobre el cielo y habló de ver a Dios, y que en el cielo habría ojos sin lágrimas y gente que no moría, Bárbara se mostró fascinada. No le quitaba la vista de encima a la maestra. Escuchaba extasiada. Y entonces, levantó la mano.

—¿Señora, Joy?

Joy se sintió turbada. Bárbara nunca había dicho una palabra.

—¿Sí, Bárbara?

—¿Es el cielo para chicas como yo?

De nuevo, habría dado mil puestas de sol por ver el rostro de Jesús cuando esta pequeña oración alcanzó su trono. Porque de hecho eso es lo que fue: ¡una oración! Una oración ferviente que a un buen Dios en el cielo le recordaría un alma olvidada en la tierra. Una oración para que la gracia de Dios se filtrara en las grietas y cubriera a alguien que para la iglesia había pasado desapercibida. Una oración para tomar una vida que nadie más podría usar y usarla como nadie más podría hacerlo.

«Jesús, acuérdate de mí cuando vengas en tu reino». «Te aseguro que hoy estarás conmigo en el paraíso», le contestó Jesús (Lucas 23.42-43).

La historia de la mujer samaritana nos muestra cómo Dios responde a estas oraciones. Nos muestra hasta dónde llegará para encontrarnos donde estamos y quitar la basura de nuestra vida. Nos muestra que puede usarnos a pesar de nuestro pasado. Porque si pudo tomar a una mujer rechazada y convertirla en una misionera, él puede hacer lo mismo con nosotros.

Verdades para recordar

- Dios toma a aquellos que el mundo considera insignificantes y les da tareas significativas.
- Cuando nos sumergimos en el amor de Dios, nos cambia y nos da una nueva identidad que los demás podrán ver.
- Nuestra misión es sencilla: decirles a otros lo que Jesús ha hecho en nuestra vida.

Oración para hoy

Jesús: Gracias por la historia de la mujer samaritana. Así como le diste a ella una vida con significado, nos la has dado a nosotros igualmente. Precioso regalo. Ayúdanos a compartir tu verdad con otros de modo que ellos también puedan encontrar un propósito a través de ti. Amén.

Versículo de la semana para memorizar

El que beba del agua que yo le daré no volverá a tener sed jamás, sino que dentro de él esa agua se convertirá en un manantial del que brotará vida eterna.

JUAN 4.14

Para lectura adicional

Las selecciones a través de esta lección fueron tomadas de *Con razón lo llaman el Salvador* (Nashville: Grupo Nelson, 2013); *Y los ángeles guardaron silencio* (Nashville: Grupo Nelson, 2009); *Él escogió los clavos* (Nashville: Grupo Nelson, 2014); *Un amor que puedes compartir* (Nashville: Grupo Nelson, 2014); *Seis horas de un viernes* (Miami, Editorial Vida, 1992); *Max habla sobre la vida* (Nashville: Grupo Nelson, 2011); *Más allá de tu vida* (Nashville: Grupo Nelson, 2010).

LECCIÓN 7

LA MUJER CANANEA

CUANDO UNA GRAN FE SE ENCUENTRA CON UNA GRAN ACCIÓN

TENGO UN DIBUJO DE JESÚS RIENDO. Se cuelga en la pared al otro lado desde mi escritorio.

Es toda una pintura. Su cabeza está hacia atrás. Su boca está abierta. Sus ojos brillan. No solo está sonriendo. No solo ríe. Él está rugiendo. No ha escuchado ni ha visto algo así en mucho tiempo. Pareciera que le cuesta recuperar el aliento.

Como un novio que se regocija por su novia, así tu Dios se regocijará por ti (Isaías 62.5).

Me lo dio un sacerdote episcopal que lleva cigarros en su bolsillo y colecciona retratos de Jesús sonriendo. «Se los doy a todo el que pudiera estar inclinado a tomar a Dios demasiado en serio», me dijo a modo de explicación cuando puso el dibujo en mis manos.

Acertó al dármelo a mí.

Yo no soy una persona que acostumbra imaginar a un Dios sonriente. Un Dios que llora, sí. Un Dios enojado, también. Un Dios poderoso, seguro. ¿Pero un Dios que se ríe? Parece demasiado... demasiado... demasiado diferente de lo que Dios haría, o sería. Lo que muestra cuánto sé, o no sé, sobre Dios.

¿Qué creo que estaba haciendo cuando estiró el cuello de la jirafa? ¿Un ejercicio de ingeniería? ¿Qué creo que tendría en mente cuando le dijo al avestruz dónde meter su cabeza? ¿Espeleología? ¿Qué creo que estaba haciendo cuando diseñó la llamada de apareamiento de un mono? ¿O las ocho patas del pulpo? ¿Y qué me imagino que fue la expresión de su rostro cuando observó la primera mirada de Adán a Eva? ¿Un bostezo?

Dios el SEÑOR hizo una mujer y se la presentó al hombre (Génesis 2.22).

Difícilmente.

A medida que mi visión mejora y puedo leer sin mis anteojos policromados, estoy viendo que su sentido del humor es quizá la única forma en que Dios ha podido aguantarnos por tanto tiempo.

Así que [Moisés] pensó: «¡Qué increíble! Voy a ver por qué no se consume la zarza» (Éxodo 3.3).

¿No estará sonriendo al ver la reacción de Moisés cuando se encuentra con un arbusto que no se quema y que habla?

¿No estará sonriendo cuando ve a Jonás aterrizando en la playa, goteando jugos gástricos y oliendo a aliento de ballena?

¿Por qué te fijas en la astilla que tiene tu hermano en el ojo, y no le das importancia a la viga que está en el tuyo? (Mateo 7.3).

¿No habrá un brillo en sus ojos cuando observa a los discípulos repartiendo la cena a miles a partir del almuerzo de un niño? ¿Crees que su rostro se mantuvo inexpresivo mientras habla del hombre con una gran viga en su ojo mientras señala una paja en el ojo de un amigo?

Dime honestamente: ¿Puedes imaginar a Jesús jugando con los niños sobre sus rodillas con un rostro serio y sombrío?

No. Yo creo que Jesús sonreía. Creo que sonreía un poco *a* la gente y mucho *con* la gente.

Déjame explicártelo con un ejemplo.

1. ¿Alguna vez te has sentido inclinado a tomar a Dios «demasiado en serio»? ¿Explica cómo ha sido la experiencia?

____
____
____
____
____
____

2. ¿Cómo tiendes a imaginar a Dios? ¿Te trae alegría imaginártelo riendo o sonriendo? ¿De qué manera ese pensamiento ilumina tu día?

____
____
____
____
____

Tres veces al año harás fiesta en mi honor (Éxodo 23.14).

Deléitate en el SEÑOR, y él te concederá los deseos de tu corazón (Salmos 37.4).

Dios no es solo la esencia del amor, el poder y la misericordia. También es la esencia de la alegría. Tenemos un Dios que le dijo a su gente que se divirtiera. Separó semanas para que dejaran el arado y celebraran festivales con comida y bebida. Asistió a bodas y comparó su relación con nosotros a un novio y una novia. ¡Uno de los días más felices en la vida de una mujer es cuando se encuentra con su novio! Sabiendo esto, ¿cómo no creer en un Dios que se deleita en sonreír y ver a sus hijos reír? Así que hoy, tómate un momento para simplemente deleitarte con Dios y su obra. Sonríele mientras te sonríe. Y la próxima vez que encuentres que tu fe se vuelve demasiado rígida, recuerda las palabras del hombre según el corazón de Dios: «me llenarás de alegría en tu presencia, y de dicha eterna a tu derecha» (Salmos 16.11).

Oración para la semana

Señor: A veces la vida nos roba nuestro gozo en ti. A veces nuestra fe y nuestra imagen de ti son demasiado serias. Hoy, te pedimos que restaures en nosotros el gozo de nuestra salvación. Gracias por deleitarte en nosotros. Amén.

Día uno: Fe con agallas

Dos golpes culturales

Nada sabemos sobre ella. Ni su nombre... Ni su trasfondo... Ni su apariencia... Ni su ciudad natal. Vino de alguna parte y se fue a quién sabe dónde. Desapareció de la misma manera como había aparecido.

Como una bocanada de humo.

¡Pero qué bocanada tan deleitosa fue!

Los discípulos, después de dos años de entrenamiento, no habían hecho lo que la mujer hizo en solo unos momentos de plática. Impresionó a Dios con su fe. Sin duda que los discípulos tenían un buen corazón y, además, eran sinceros; pero, su fe no logró que Dios volviera la cabeza.

Ella sí lo hizo. Frente a todo lo que no sabemos de ella, hay una gran verdad que sí sabemos: impresionó a Dios con su fe. Después de eso, cualquier otra cosa que haya hecho, resultaba insignificante.

«¡Mujer, qué grande es tu fe!», le dijo Jesús (Mateo 15.28).

¡Qué afirmación! Sobre todo, si consideramos que quien la hizo fue el propio Dios. Ese Dios que puede poner un puñado de galaxias en la palma de su mano. El que crea las más altas montañas como si fuera un pasatiempo. El que pinta arco iris sin lienzo. El que puede medir el grosor de las alas de un mosquito con una mano y nivelar una montaña con la otra.

Uno pensaría que el Creador no se impresiona fácilmente. Pero algo sobre esta mujer produjo un brillo en sus ojos y, probablemente, una sonrisa en su faz.

Mateo se refiere a ella como «mujer cananea», y al hacerlo, da dos golpes culturales. Uno: Era una cananea. Una extraña. Una forastera. Una manzana en un árbol genealógico de naranjas. Y dos: Era una mujer. Perfectamente pudo haber sido un perro callejero, porque ella era parte de una cultura donde no se valoraba a las mujeres salvo en el dormitorio y en la cocina.

Pero se encontró con el Maestro, quien le manifestó su más profundo respeto.

Ah, pero no parece que haya sido así, porque el diálogo que se produce entre ellos luce bastante rudo. En realidad, este no es un pasaje fácil de entender a menos que estemos dispuestos a conceder que Jesús también

Partiendo de allí, Jesús se retiró a la región de Tiro y Sidón (Mateo 15.21).

En sus manos están los abismos de la tierra; suyas son las cumbres de los montes. Suyo es el mar, porque él lo hizo; con sus manos formó la tierra firme (Salmos 95.4-5).

sabía sonreír. Si tienes problemas con el dibujo de la sonrisa de Jesús que tengo en mi oficina, tendrás problemas con esta historia. Pero si no; si el pensamiento de Dios sonriendo te trae un poco de alivio, entonces te gustará lo que viene ahora.

Una mujer cananea [...] salió a su encuentro, gritando: «¡SEÑOR, Hijo de David, ten compasión de mí! Mi hija sufre terriblemente por estar endemoniada» (Mateo 15.22).

1. Lee Mateo 15.21-22. ¿Cuáles son tus observaciones iniciales sobre la mujer cananea? ¿Qué fue lo que pidió?

2. ¿Cómo sería para ella, mujer y cananea, recibir dos golpes culturales en los días de Jesús?

[No] te unirás en matrimonio con ninguna de esas naciones (Deuteronomio 7.3).

Cuando algún extranjero se establezca en el país de ustedes, no lo traten mal. Al contrario, trátenlo como si fuera uno de ustedes (Levítico 19.33-34).

¡Ay de ustedes, maestros de la ley y fariseos, hipócritas! Les cierran a los demás el reino de los cielos (Mateo 23.13).

3. Vamos a Deuteronomio 7.3-4 y Levítico 19.33-34. ¿Cómo dijo Dios que se tratara a las naciones gentiles? ¿En qué forma había que ser cautelosos con ellos, pero sin dejar de ser compasivos?

4. Lee Mateo 23.13-15. Durante el tiempo de Jesús, muchos de los líderes religiosos judíos habían perdido el rumbo ante la ley de Dios. En lugar de ser cautelosos y, a la vez, compasivos con los gentiles, su autosuficiencia rechazaba toda interacción con ellos. ¿Qué dijo Jesús sobre la condición de los corazones de los líderes religiosos? ¿Por qué los llamó hipócritas?

Una interpretación

Desnudo salí del vientre de mi madre, y desnudo he de partir. El SEÑOR ha dado; el SEÑOR ha quitado. ¡Bendito sea el nombre del SEÑOR! (Job 1.21).

Aquí está mi interpretación de la interacción de Jesús con la mujer cananea. Ella está claramente desesperada. Su hija está poseída por un demonio. Ella sabe que no tiene derecho a pedirle nada a Jesús. Ella no es judía. No es un discípulo. No ofrece dinero para el ministerio. No hace ninguna

promesa sobre dedicarse al servicio misionero. Queda la impresión de que ella sabe tan bien como cualquiera que Jesús no le debe nada; no obstante, le está pidiendo todo.

Pero eso no la frena, sino que persiste en su súplica: «¡Señor, Hijo de David, ten compasión de mí!» (Mateo 15.22).

Mateo nota que, al principio, Jesús no dice nada. *Nada*. No abre la boca. ¿Por qué? ¿Para probarla? Muchos comentaristas lo sugieren. Tal vez, dicen, él decide esperar para ver qué tan seria ella es sobre lo que está pidiendo. Mi padre solía hacerme esperar una semana desde el día en que le pedía algo hasta el día en que me daba su respuesta. Muchas veces me había olvidado de lo que le había pedido. El tiempo tiene una forma de separar los caprichos de las necesidades. ¿Estaría Jesús haciendo eso?

Jesús no le respondió palabra (Mateo 15.23).

Yo tengo otra opinión: Creo que la estaba admirando. Creo que le hizo bien a su corazón ver una fe tan valiente; que le emocionó ver a alguien pidiéndole que hiciera lo que había venido a hacer: darles grandes dones a sus hijos que no los merecían.

¿No te parece extraño que, a menudo, no lo dejemos hacerlo con nosotros?

Tal vez la respuesta más increíble al don de Dios sea nuestra renuencia para aceptarlo. Lo queremos, pero en nuestros términos. Por alguna extraña razón, nos sentimos mejor si nos lo ganamos. Creamos aros religiosos y saltamos a través de ellos; hacemos de Dios un entrenador y de nosotros sus mascotas y de la religión un circo.

La mujer cananea lo sabía bien. No presentó ningún currículum. No reclamó la parte de la herencia que le correspondía. No exhibió títulos académicos. Solo sabía dos cosas: Su hija estaba débil y Jesús era fuerte.

1. Lee Mateo 15.1-9. ¿Cuál era el problema de los fariseos con Jesús según estos versículos?

____

____

____

____

Se acercaron a Jesús algunos fariseos y maestros de la ley que habían llegado de Jerusalén, y le preguntaron: «¿Por qué quebrantan tus discípulos la tradición de los ancianos?» (Mateo 15.1-2).

2. ¿Cómo describió Jesús a los fariseos? ¿Qué quiso decir Jesús cuando dijo que anulaban la palabra de Dios por el bien de su tradición?

____

____

____

____

____

¡Hipócritas! Tenía razón Isaías cuando profetizó de ustedes: «Este pueblo me honra con los labios, pero su corazón está lejos de mí. En vano me adoran; sus enseñanzas no son más que reglas humanas» (Mateo 15.7-9).

3. Los fariseos eran los líderes religiosos del pueblo. Sin embargo, Jesús dijo que actuaban como «guías ciegos» (v. 14). Dado este encuentro con estos líderes religiosos ¿por qué crees que a Jesús le impresionó la fe sencilla que la mujer cananea demostró tener en él?

____

____

____

____

____

Déjenlos; son guías ciegos. Y, si un ciego guía a otro ciego, ambos caerán en un hoyo (Mateo 15.14).

4. Los fariseos estaban creando aros religiosos para saltar a través de ellos «haciendo de Dios un entrenador, de nosotros sus mascotas y de la religión un circo». En tu relación con Dios, ¿cómo tiendes tú a crear aros religiosos para «ganarte» la gracia de Dios?

Dios siempre ha sido, es y será, un Dios de gracia. Desde el principio, solo le pidió a su pueblo que tuviera fe en él. Incluso las leyes que creó para sus hijos las hizo para que estos pudieran hallar gracia. Tristemente, la gente siempre busca la manera de destruir esa gracia, como los fariseos cuando hicieron agregados a la ley de Dios y desvirtuaron su propósito. Pero Jesús hizo claro que lo único que tenemos que hacer para recibir la gracia de Dios es *creer*. Esto es lo que hizo la mujer cananea. Ella sabía que no tenía nada que ofrecer. No se basó en su herencia, en su raza, en su influencia, en su dominio de la Torá, solo en Cristo. ¡Si solo pudiéramos hacer lo mismo! Si solo pudiéramos olvidarnos de nuestro conocimiento, de nuestras buenas obras, de nuestros «aros» religiosos. Cristo fue suficiente y, asimismo, nuestra fe en él es suficiente.

Si confiesas con tu boca que Jesús es el SEÑOR y crees en tu corazón que Dios lo levantó de entre los muertos, serás salvo (Romanos 10.9).

Verdades para recordar

❖ Jesús se alegra cuando le pedimos que haga lo que vino a hacer: darnos grandes dones a nosotros, sus hijos indignos.
❖ Cuando reconocemos que somos débiles y que Jesús es fuerte, podemos ver nuestras necesidades y pedir en fe que Dios las satisfaga.
❖ Una fe sencilla es el objeto de la gracia de Dios.

Oración para hoy

Señor: Danos fe como la fe de la mujer cananea. Ayúdanos a darnos cuenta de que debido a que no tenemos nada que ofrecerte —ningún derecho ante ti— nos corresponde depender completamente en ti y no en nosotros mismos. Ayúdanos para que recibamos con la mayor sencillez tu don de gracia gratuito hoy día y a creer que tú nos proveerás. Te amamos. Amén.

La dádiva de Dios es vida eterna en Cristo Jesús, nuestro SEÑOR (Romanos 6.23).

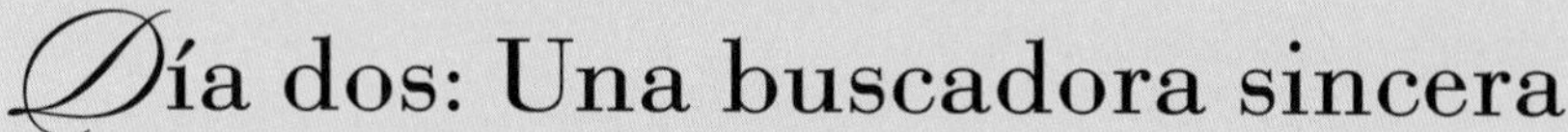

Día dos: Una buscadora sincera

UN DIÁLOGO INTRIGANTE

El texto deja claro que los discípulos se sienten molestos. Cuando Jesús guarda silencio, se vuelven más presumidos. «Despídela», le piden (Mateo 15.23). El centro de atención se vuelve hacia Jesús. Mira a los discípulos, y luego mira a la mujer. Lo que sigue es uno de los diálogos más intrigantes en el Nuevo Testamento.

Así que sus discípulos se acercaron a él y le rogaron: «Despídela, porque viene detrás de nosotros gritando» (Mateo 15.23).

—No fui enviado sino a las ovejas perdidas del pueblo de Israel —le dice Jesús a la mujer.

—¡Señor, ayúdame! —suplica ella.

—No está bien quitarles el pan a los hijos y echárselo a los perros.

—Sí, Señor —responde ella—; pero hasta los perros comen las migajas que caen de la mesa de sus amos (vv. 24-27).

¿Está Jesús siendo grosero? ¿Será que se siente agotado? ¿O frustrado? ¿Está comparando a esta mujer con un perro? ¿Cómo podemos explicarnos este diálogo? Los comentaristas bíblicos nos ofrecen tres opciones.

Algunos dicen que Jesús se sintió atrapado. No podía ayudar a la mujer porque había sido enviado primero a las ovejas perdidas de Israel. Interesante teoría, pero llena de problemas. Uno es la mujer samaritana. Otro es el centurión. Jesús ya había ayudado a gentiles sin haber perdido el enfoque de su misión. Entonces, ¿por qué no habría podido hacerlo ahora?

Otros piensan que Jesús fue grosero. ¿Quién podría culparlo? Estaba cansado. Había sido un viaje largo. La lentitud con que caminaban los discípulos aumentaba su cansancio. Y la petición de esta mujer fue la gota que colmó el vaso. ¿Qué te parece esta explicación? No sé a ti, pero a mí no me parece. El que se había mostrado compasivo con cinco mil hombres, que había llorado contemplando la ciudad de Jerusalén, que había venido a buscar y a salvar a otros como esta, no podría tratar tan bruscamente a una mujer tan necesitada.

Cuando los pobres y los necesitados busquen agua y no la encuentren [...], entonces yo, el SEÑOR, les responderé; yo, el Dios de Israel, nunca los abandonaré (Isaías 41.17).

La opción que parece más lógica es que la estaba probando, de nuevo; solo para asegurarse de la seriedad de su pedido; solo para asegurarse de que su fe era real.

¿Pero compararla con un perro? No creo que Jesús hubiese hecho eso. Déjame sugerir otra alternativa.

1. Lee Mateo 15.23-28. ¿Por qué crees que Jesús guardó silencio después de que la mujer le pidió su ayuda? ¿Cómo interpretaron los discípulos su falta de una respuesta?

____

____

____

Mi pueblo ha sido como ovejas perdidas. Sus pastores los llevaron por mal camino y los dejaron sueltos en las montañas (Jeremías 50.6, NTV).

Todos nosotros nos hemos extraviado como ovejas (Isaías 53.6, NTV).

2. ¿Quiénes son las «ovejas perdidas»? ¿Y quiénes son los «hijos» en este pasaje?

3. Jesús había dicho a sus discípulos: «No vayan entre los gentiles ni entren en ningún pueblo de los samaritanos. Vayan más bien a las ovejas descarriadas del pueblo de Israel» (Mateo 10.5-6). ¿De qué manera este pasaje arroja luz sobre las palabras que Jesús pronunció aquí?

4. A primera vista, la respuesta de Jesús a la mujer pareciera implicar que está siendo grosero con ella, o rechazándola, o que no está dispuesto a ayudarla. ¿Pero qué dicen los siguientes versículos acerca de los sentimientos y la sensibilidad de Dios?

   Éxodo 34.6-7, NTV: «[Yo soy un] Dios de compasión y misericordia! Soy lento para enojarme y estoy lleno de amor inagotable y fidelidad. Yo derramo amor inagotable a mil generaciones, y perdono la iniquidad, la rebelión y el pecado. Pero no absuelvo al culpable».

   Lucas 6.35-36, NTV: «¡Amen a sus enemigos! Háganles bien. Presten sin esperar nada a cambio. Entonces su recompensa del cielo será grande, y se estarán comportando verdaderamente como hijos del Altísimo, pues él es bondadoso con los que son desagradecidos y perversos. Deben ser compasivos, así como su Padre es compasivo».

   2 Pedro 3.9, NTV: «En realidad, no es que el Señor sea lento para cumplir su promesa, como algunos piensan. Al contrario, es paciente por amor a ustedes. No quiere que nadie sea destruido; quiere que todos se arrepientan».

1 Juan 4.16, NTV: «Nosotros sabemos cuánto nos ama Dios y hemos puesto nuestra confianza en su amor. Dios es amor, y todos los que viven en amor viven en Dios y Dios vive en ellos».

Un Dios que se deleita

A lo mejor, y sin proponérselo, Jesús y la mujer cananea se encuentran de pronto participando en una especie de broma irónica; en un intercambio en el que queda de manifiesto la gracia ilimitada de Dios. Quizá todo pudo haber comenzado por el propio Jesús, encantado de haberse tropezado con alguien que no viene a especular con un sistema religioso ni que es tan orgullosa de su herencia que no acepta una broma.

Entonces Jesús le dijo a la mujer: «Fui enviado para ayudar solamente a las ovejas perdidas de Dios, el pueblo de Israel [...]. No está bien tomar la comida de los hijos y arrojársela a los perros» (Mateo 15.24, 26, NTV).

Jesús sabe que puede sanar a su hija. Sabe que no hay plan previo que lo limite. Sabe que la mujer es de buen corazón. Por eso, decide tener un pasaje humorístico con esta mujer fiel. Así hablaron:

—Tú sabes que a Dios solo le importan los judíos ¿verdad? —dice Jesús, sonriendo.

Cuando ella capta el humor tras la pregunta, responde: —Sí, lo sé. Sin embargo, el pan de los judíos es tan sabroso que estaría encantada de comer, aunque sean las migajas que caen de su mesa.

Con una expresión de alegría exuberante, Jesús dice: —¡Nunca había visto fe tan grande! ¡Mujer, tu hija está sana!

Esta historia imaginada por mí no retrata a un Dios despectivo, sino a un Dios dispuesto a deleitarse en un buscador sincero.

¿No te alegra que lo haga?

5. ¿Qué piensas acerca de esta interpretación en cuanto a que Jesús y la mujer sostuvieron una broma satírica? ¿Qué detalles en el texto podrían apoyar esta idea?

Sí, SEÑOR; pero hasta los perros comen las migajas que caen de la mesa de sus amos (Mateo 15.27).

6. La historia de la mujer cananea no muestra a un Dios despectivo sino a un Dios que se deleita cuando encuentra a un buscador sincero. ¿Qué dicen los siguientes pasajes de la Escritura sobre la forma en que Dios se deleita en nosotros?

Salmos 147.11: «[El Señor] se complace en los que le temen, en los que confían en su gran amor».

Salmos 149.4: «Porque el Señor se complace en su pueblo; a los humildes concede el honor de la victoria».

Sofonías 3.17: «Porque el Señor tu Dios está en medio de ti como guerrero victorioso. Se deleitará en ti con gozo, te renovará con su amor, se alegrará por ti con cantos».

Efesios 2.4-5: «Pero Dios, que es rico en misericordia, por su gran amor por nosotros, nos dio vida con Cristo, aun cuando estábamos muertos en pecados. ¡Por gracia ustedes han sido salvados!».

7. ¿Por qué crees que a menudo nos cuesta creer que Dios podría deleitarse en nosotros?

¿Por qué tus discípulos desobedecen nuestra antigua tradición? (Mateo 15.2, NTV).

¡SEÑOR, Hijo de David, ten compasión de mí! (Mateo 15.22).

8. Lee de nuevo Mateo 15.2 y Mateo 15.22. Tanto la mujer cananea como los fariseos hicieron una petición a Jesús, pero sus enfoques eran completamente diferentes. ¿Qué diferencias encuentras entre una y otra petición? ¿Con cuál te sientes más identificado? ¿Por qué?

Jesús contestó: «Toda planta que no fue plantada por mi Padre celestial será arrancada de raíz» (Mateo 15.13).

Independientemente de por qué Jesús eligió las palabras que usó, es evidente que quiso dejar un ejemplo con el caso de la mujer cananea. Jesús recién había tenido un diálogo con los fariseos, los que a la mujer cananea habrían tratado como a un perro. Había tenido un encuentro con los gobernantes religiosos, que nunca habrían compartido su pan, mucho menos la misma habitación con una mujer gentil. Había acabado de estar con unos judíos arrogantes que rechazaron su autoridad. Por eso, ¿te imaginas cuán dulce le habrán sonado las palabras de la mujer cuando le dijo «¡Señor!» incluso antes de presentarle su petición? No es de extrañar que Jesús se alegrara de su encuentro con ella. Ni es de extrañar que, de pura alegría —y probablemente con una gran sonrisa— le haya dicho: «¡Mujer, qué grande es tu fe!» (Mateo 15.28). En cuanto a ti, querido lector y apreciada lectora, no dudes que Jesús también tiene una sonrisa para ti. Si lo has hecho tu Señor, lo has hecho un orgulloso Papá.

¡Mujer, qué grande es tu fe! —contestó Jesús—. Que se cumpla lo que quieres. Y desde ese mismo momento quedó sana su hija (Mateo 15.28).

Verdades para recordar

- ❖ Pacientemente, el Señor Jesús probará la sinceridad de nuestra fe.
- ❖ Dios se deleita en establecer una relación con los que le buscan de verdad.
- ❖ A Jesús le encanta usar nuestra auténtica expresión de fe como un ejemplo para guiar a otros a confiar en él.

Oración para hoy

Señor: Tú eres amor. Eres lento para enojarte. Eres misericordioso. Hoy, te pedimos que arranques de nosotros toda mentira que diga que tú te decepcionas de nosotros, que te enojas con nosotros y nos condenas. Sabemos que estamos escondidos en tu justicia y que somos vistos como tuyos. ¡Qué privilegio! Amén.

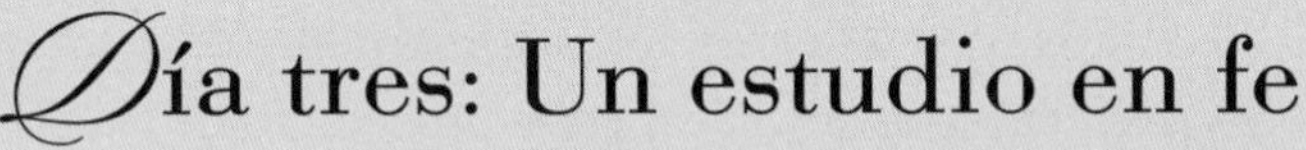

Día tres: Un estudio en fe

Una caña cascada

En el relato que hace Marcos de la historia, leemos que «cuando [la mujer] llegó a su casa, encontró a la niña acostada en la cama. El demonio ya había salido de ella» (Marcos 7.30). La fe en Jesús de la mujer cananea y su decisión de buscar su ayuda dio como resultado la sanidad de su hija. Este es un patrón que encontramos repetidas veces a través de los Evangelios.

Jesús le dijo: «Por haberme respondido así, puedes irte tranquila; el demonio ha salido de tu hija» (Marcos 7.29).

Por ejemplo, cuando los amigos de un hombre paralítico hacen un agujero en el techo de la casa donde estaba Jesús para poder bajarlo, Jesús ve «la fe de ellos» y sana al paralítico (Marcos 2.5). Cuando un ciego llamado Bartimeo acudió a Jesús en busca de sanidad, Jesús, al ver su fe, le dice: «Puedes irte [...]; tu fe te ha sanado» (Marcos 10.52). Y cuando otra mujer simplemente se acerca con fe y toca el manto de Jesús, también es sanada.

La oración de fe sanará al enfermo y el SEÑOR lo levantará (Santiago 5.15).

Al igual que la mujer cananea, no sabemos el nombre de esta mujer ni mucho de su historia pasada, pero sí conocemos su situación. Su mundo era tan oscuro como la medianoche. Vivía a tientas y esperando ayuda. Lee estos tres versículos y ve lo que quiero decir: A Jesús «lo seguía una gran multitud, la cual lo apretujaba. Había entre la gente una mujer que hacía doce años padecía de hemorragias. Había sufrido mucho a manos de varios médicos, y se había gastado todo lo que tenía sin que le hubiera servido de nada, pues en vez de mejorar, iba de mal en peor» (Marcos 5.24-26).

Había entre la gente una mujer que hacía doce años padecía de hemorragias (Marcos 5.25).

Ella era una caña cascada: «hacía doce años padecía de hemorragias», «había sufrido mucho», «había gastado todo lo que tenía» y «en vez de mejorar, iba de mal en peor». Un desorden menstrual crónico. Un problema de sangre perpetuo. Un mal de ese tipo es algo difícil para cualquiera mujer de cualquiera época. Pero para una judía, nada podía ser peor. Ninguna parte de su vida quedaba sin ser afectada. Ninguna.

Sexualmente, ella no podía tocar a su marido ni dejarse tocar por él.

Maternalmente, no podría tener hijos.

Domésticamente, todo lo que tocaba se consideraba inmundo. Nada de lavar los platos. Nada de barrer el piso.

Espiritualmente, le estaba prohibido concurrir al templo.

Estaba físicamente exhausta y socialmente aislada.

«Había sufrido mucho a manos de varios médicos» (v. 26). El Talmud da no menos de once curas para tal condición. Seguramente ella las probó todas. Algunos tratamientos eran legítimos. Otros, como llevar las cenizas de un huevo de avestruz en un paño de lino, eran puras supersticiones.

«Había gastado todo lo que tenía» (v. 26). Cargar sobre la tensión física la tensión financiera es echarle sal a la herida. Un amigo que estaba luchando contra el cáncer una vez me dijo que el acoso de los acreedores para que les pagara las facturas por el tratamiento médico era más doloroso que la misma enfermedad.

A pesar de todos los esfuerzos de la mujer, en vez de mejorar había empeorado (v. 26). Había estado despertando cada mañana en un cuerpo que nadie quería. Estaba por hacer la última oración de su vida. Y el día que nos la encontramos, está a punto de hacerla.

Llegó entonces uno de los jefes de la sinagoga, llamado Jairo. Al ver a Jesús, se arrojó a sus pies [...]. Jesús se fue con él (vv. 22, 24).

Para cuando trata de acercarse a Jesús, lo encuentra rodeado de gente. Él está en camino de ayudar a la hija de Jairo, el hombre más importante en la comunidad. ¿Qué probabilidades hay de que Jesús interrumpa una misión urgente con un alto funcionario para ayudar a alguien como ella? Muy pocas. ¿Pero cuáles son las probabilidades de que ella sobreviva si no se arriesga? Menos aún.

Entonces se arriesga.

1. Lee Marcos 5.24-28. ¿De qué manera te hace recordar esta mujer a la mujer cananea? ¿En qué sentido son diferentes?

___

___

___

2. Vamos a Levítico 15.25-27. ¿Cuáles eran algunas de las regulaciones contenidas en la ley judía con las que esta mujer tenía que enfrentarse todos los días?

Cuando una mujer tenga flujo continuo de sangre fuera de su período menstrual [...], quedará impura (Levítico 15.25).

3. La mujer era considerada ceremonialmente impura y por lo tanto su responsabilidad legal era evitar el contacto humano. ¿Cómo la afectaría esto emocional y espiritualmente?

Todo aquello sobre lo que se siente quedará impuro [...]. Todo el que toque cualquiera de estos objetos quedará impuro (vv. 26-27).

4. ¿Recuerdas algún tiempo en tu vida en el que sentiste que habías «gastado todo lo que tenías» como la mujer con el flujo de sangre? ¿Cómo describirías tu estado de fe durante ese tiempo?

Definición de fe

Si logro tocar siquiera su ropa —pensaba ella—, *quedaré sana* (Marcos 5.28).

Riesgosa decisión. Para tocar a Jesús, ella tendrá que tocar a la gente. Si uno de ellos la reconoce... bienvenida reprensión, adiós sanidad. Pero de nuevo, ¿qué decidirá hacer? No tiene dinero, no tiene influencia, no tiene amigos, no tiene solución. Lo único que tiene es una corazonada loca de que Jesús la puede ayudar y una gran esperanza en que lo hará.

Se le acercó por detrás entre la gente y le tocó el manto. Pensaba: «Si logro tocar siquiera su ropa, quedaré sana» (Marcos 5.27-28).

En cuanto a ti, quizá eso sea lo único que tienes: una corazonada loca y una gran esperanza. No tienes nada para dar. Pero estás sufriendo, y lo único que tienes para ofrecerle es tu dolor. Tal vez eso te ha impedido llegar a Dios. Quizá has dado un paso o dos en dirección a Jesús, pero luego viste a otras personas rodeándole. Parecían tan limpias, tan ordenadas, tan elegantes y tan pulcras en su fe. Y cuando las viste, dejaste de verlo a él. Y diste un paso atrás.

Si esto te describe a ti, ten en cuenta que aquel día solo una persona recibió elogios por su fe. No fue un rico generoso, ni fue un seguidor leal, ni fue un maestro aclamado. Fue una mujer marginada, golpeada por la vergüenza que, al igual que la mujer cananea, se aferró al presentimiento de que Jesús podía ayudarla y a la esperanza de que lo haría. Lo cual, por cierto, no es una mala definición de fe: una convicción de que Jesús puede *hacerlo* y una esperanza de que lo *hará*. Suena similar a la definición de fe dada por el autor de Hebreos: «Sin fe es imposible agradar a Dios, ya que cualquiera que se acerca a Dios tiene que creer que él existe y que recompensa a quienes lo buscan» (11.6).

La fe es la garantía de lo que se espera (Hebreos 11.1).

No es demasiado complicado ¿verdad? Fe es la creencia de que Dios es real y que Dios es bueno. La fe no es una experiencia mística, una visión de medianoche ni una voz en el bosque; es una decisión de creer que Aquel que lo hizo todo no se ha ido, sino que todavía envía luz a las sombras y responde a los gestos de fe.

En esa esperanza fuimos salvados. Pero la esperanza que se ve ya no es esperanza. ¿Quién espera lo que ya tiene? (Romanos 8.24).

Por supuesto, no había ninguna garantía. La mujer esperaba que Jesús respondiera... Lo anhelaba, pero no sabía si lo haría. Lo único que sabía era que él estaba allí y que era bueno. Eso es fe. Fe no es la creencia de que Dios hará lo que tú quieres que haga. Fe es la creencia de que Dios hará lo que es correcto.

5. Si aquella mujer solo se hubiese enfocado en lo que ella tenía para ofrecer, nunca habría llegado a tocar a Jesús. ¿Alguna vez te has centrado más en lo que tienes que ofrecer a Dios que en lo que Dios tiene para ofrecerte a ti? Si es así, ¿no crees que esa forma de pensar te mantiene alejado de Jesús?

Los discípulos se acercaron a Jesús y [...] le preguntaron: «¿Por qué nosotros no pudimos expulsarlo [al demonio]? «Por la poca fe que tienen», les respondió [Jesús] (Mateo 17.19-20).

6. En Mateo 17.20, Jesús dijo: «Si tienen fe tan pequeña como un grano de mostaza, podrán decirle a esta montaña: "Trasládate de aquí para allá", y se trasladaría. Para ustedes nada sería imposible». ¿Qué dice este versículo sobre el poder de Dios? ¿Qué dice acerca de quitar de sobre nosotros el enfoque y el sentido de dependencia?

7. A veces, cuando nos comparamos con otros, los vemos «limpios, ordenados, elegantes y pulcros» en su fe, mientras que nosotros nos vemos mucho menos que eso. Pero ¿cómo podría la comparación de nuestra fe con otros de esta manera «bloquear nuestra visión» de la verdad?

8. Una buena definición de fe es que esta es «la creencia de que Dios es bueno y hace lo correcto». La fe consiste en tomar la decisión de creer

que Aquel que lo hizo todo no nos ha abandonado, sino que al día de hoy sigue obrando entre nosotros. ¿De qué manera podría esta idea de que Dios «hace lo correcto» diferir de lo que nosotros queremos que haga? Da algunos ejemplos.

¡Que reconfortante es saber que Dios actúa basado en la abundancia de su poder y no en la abundancia de nuestra fe! Él solo pide una fe del tamaño de una semilla de mostaza. ¿Y cómo podemos obtener esta fe del tamaño de una semilla? ¡De Dios mismo! El escritor de Hebreos nos dice que Jesús es «el iniciador y perfeccionador de nuestra fe» (12.2). ¡Él hace la obra completa! Cuando restringimos la respuesta de Dios al tamaño de nuestra fe, de nuestra justicia y de nuestro nivel de madurez espiritual, perdemos de vista el evangelio. Desviamos nuestros ojos de Jesús y los ponemos sobre nosotros mismos. Hacemos que la sanidad dependa de nuestras buenas obras. Pero la verdad es que todo tiene que ver con la gracia abundante de Dios. Nuestro único trabajo es confiar que él es bueno y que hace el bien.

Corramos con perseverancia la carrera que tenemos por delante. Fijemos la mirada en Jesús, el iniciador y perfeccionador de nuestra fe, quien, por el gozo que le esperaba, soportó la cruz, menospreciando la vergüenza (Hebreos 12.1-2).

VERDADES PARA RECORDAR

- ❖ Nosotros no tenemos nada que ofrecer a Jesús sino nuestra necesidad y nuestra fe en él.
- ❖ Fe no es creer que Dios va a hacer lo que nosotros queremos que haga, sino que va a hacer lo que es correcto.
- ❖ Dios actúa a través de la abundancia de su poder, no a través de la abundancia de nuestra fe.

ORACIÓN PARA HOY

Señor: Sin importar cuán harapientos seamos, cuán golpeados nos encontremos o cuán pequeña sea nuestra fe, ayúdanos a nunca tener miedo de acercarnos a tu trono. Tu gracia es más grande que nuestra debilidad. Tu sanidad tiene que ver con tu bondad, no con la bondad nuestra. Hoy te pedimos que hagas crecer nuestra dependencia de ti. Amén.

Día cuatro: La respuesta de Dios a la fe

NUNCA RECHAZADO

Dichosos los pobres en espíritu, porque el reino de los cielos les pertenece. Dichosos los que lloran, porque serán consolados. Dichosos los humildes, porque recibirán la tierra como herencia. Dichosos los que tienen hambre y sed de justicia, porque serán saciados (Mateo 5.3-6).

«Bienaventurados los pobres de la tierra, sin nada que dar, atrapados en una esquina, indigentes, enfermos —dijo Jesús en el Sermón del Monte—, porque de ellos es el reino de los cielos» (Mateo 5.3-6, paráfrasis del autor). Jesús reveló que la economía de Dios está al revés de la nuestra; la suya boca arriba y la nuestra boca abajo. Dios dice que mientras más desesperadas sean nuestras circunstancias, más cerca estamos de nuestra salvación. Cuanto mayor sea nuestra necesidad de cuidados, más genuinas serán nuestras oraciones.

La mujer cananea era muy consciente de la desesperada naturaleza de su situación. Su hija estaba sufriendo, y había pocas esperanzas de que se recuperara. Esto fue lo que la llevó a buscar a Jesús a pesar de que era una extraña a su cultura. Eso fue lo que la obligó a acudir a él. Y cuando su dilema se encontró con la bondad de Jesús, el milagro ocurrió.

Observa que lo que tuvo que hacer la mujer cananea para conseguir la sanidad de su hija fue muy poco. Solo tuvo que buscar a Jesús y clamar por misericordia. «Si solo pudiera hablar con él». Lo importante en este caso no fue la forma del esfuerzo sino el esfuerzo mismo. El hecho es que ella *hizo* algo. Rehusó conformarse con la enfermedad de su hija un día más y resolvió hacer algo.

¿Está enfermo alguno de ustedes? Haga llamar a los ancianos de la iglesia para que oren por él y lo unjan con aceite en el nombre del SEÑOR (Santiago 5.14).

La sanidad comienza cuando hacemos *algo*. La sanidad comienza cuando pedimos. La sanidad comienza cuando damos un paso. La ayuda de Dios está cerca y siempre disponible, pero solo se otorga a quienes la buscan. La apatía no conduce a nada. El gran trabajo en esta historia es la poderosa sanidad que ocurrió. Pero la gran verdad es que la sanidad comenzó con la fe de la mujer y con su acción. Y con ese pequeño y valiente gesto, experimentó el tierno poder de Jesús.

Al atardecer se le acercaron sus discípulos y le dijeron: «[...] Despide a la gente» (Mateo 14.15).

Jesús nunca rechazó a un intercesor. ¡Nunca! Pedro le llevó su preocupación por la enfermedad de su suegra. El centurión le llevó una solicitud en favor de su sirviente enfermo. Jairo la llevó por su hija enferma. La mujer cananea tenía una hija poseída por un demonio. Desde el amanecer hasta la puesta del sol, Jesús no cesó de escuchar una petición tras otra: «Mi tío no puede caminar». «Mi hijo no puede ver». «Mi esposa está sufriendo». Fueron tantas las peticiones que hubo momentos en que los discípulos intentaron alejar a la gente.

Pero Jesús no los dejó. «Se le acercaron grandes multitudes que llevaban cojos, ciegos, lisiados, mudos y muchos enfermos más, y los pusieron a sus pies; *y él los sanó*» (Mateo 15.30, énfasis añadido). Jesús respondió en cada caso. Su constante amabilidad emite un anuncio de bienvenida: *Dios escucha el clamor de los necesitados*.

En comparación con la parte de Dios en el proceso, nuestra parte es minúscula, pero necesaria. No tenemos que hacer mucho, pero tenemos que *hacer algo*.

Así también la fe por sí sola, si no tiene obras, está muerta (Santiago 2.17).

Escribir una carta.
Pedir perdón.
Llamar a un consejero.
Confesar.
Llamar a mamá.
Visitar a un doctor.
Ser bautizado.
Darle comida a un desamparado.
Orar.
Enseñar.
Ir.

Tenemos que hacer algo que demuestre fe, porque fe sin esfuerzo no es fe. Y Dios responderá. Él nunca ha rechazado un gesto genuino de fe. Nunca.

1. Lee Santiago 2.18. ¿Qué opinas sobre la afirmación de que «tenemos que hacer algo que demuestre fe, porque fe sin esfuerzo no es fe»? ¿De qué manera describe este versículo en Santiago la fe genuina?

Alguien dirá: «Tú tienes fe, y yo tengo obras». Pues bien, muéstrame tu fe sin las obras, y yo te mostraré la fe por mis obras (Santiago 2.18).

2. A veces se interpreta mal lo que dice Santiago 2.18 y se pone demasiado énfasis en lo que hace la gente y no en lo que hace Dios. Sin embargo, la Escritura es clara en que, si no hay trabajo involucrado, la fe que tenemos es una fe muerta. ¿Cómo interpretas hacer algo para Dios a partir de una fe genuina y no a partir de un mero legalismo?

3. ¿Qué es lo que te impide crecer en tu caminar por fe? ¿Reconoces que en tu vida hay ciertas áreas que Dios quiere sanar? Si es así, identifícalas.

4. Cuando se trata de sanidad, no tenemos que hacer mucho, pero algo tenemos que hacer. Piensa en alguien que conozcas que necesita sanidad, y luego pregúntale a Dios si te está pidiendo que hagas algo por esa persona. En el espacio a continuación, escribe algunas ideas que

A una persona se la declara justa por las obras, y no solo por la fe (Santiago 2.24).

Dios pone en tu corazón, y luego pasa un tiempo hablando con Dios sobre qué pasos quiere que des para lograrlo.

____

____

____

____

____

UNA PALABRA DE AFECTO

Todos los que el Padre me da vendrán a mí; y al que a mí viene, no lo rechazo (Juan 6.37).

Dios honra la fe radical y esa fe que se arriesga. Cuando se construyen arcas, se construyen para salvar vidas. Cuando los soldados marchan, los Jericó caen. Cuando se levantan las varas, los mares se abren. Cuando se comparte un almuerzo, miles comen. Cuando alguien clama por misericordia, Jesús se detiene, escucha y responde.

Al instante cesó su hemorragia, y se dio cuenta de que su cuerpo había quedado libre de esa aflicción (Marcos 5.29).

La decisión de la mujer cananea de correr un riesgo condujo a que su hija sanara instantáneamente. No hubo luces de neón ni vivas a todo pulmón, ni alboroto, ni fanfarria, ni conmoción, ni chapoteo. Solo ayuda. Lo mismo es verdad en el caso de la mujer con el flujo de sangre. Cuando tocó a Jesús, poder salió de él en forma automática e instantánea. Fue como si el sistema de cortocircuito del Padre y la divinidad de Cristo hubiesen ido un paso delante de la humanidad de Jesús.

Observa la forma en que Jesús responde a estas mujeres. Para la mujer cananea, dice: «¡Mujer, qué grande es *tu fe*!» (Mateo 15.28, énfasis añadido). A la mujer en Galilea, le dice: «¡Hija, *tu fe* te ha sanado!» (Marcos 5.34, énfasis añadido). En ambos casos, Jesús hace referencia a la fe de estas mujeres. Y en ambos casos, los resultados de la acción se traducen en sanidad.

¡Hija, tu fe te ha sanado! —le dijo Jesús—. Vete en paz y queda sana de tu aflicción (Marcos 5.34).

Observa que en la segunda historia Jesús llama a la mujer, *hija*. Es la única vez registrada en la Biblia que Jesús llama *hija* a una mujer. ¡Imagínate cómo se habrá sentido! ¿Cuándo habría sido la última vez que ella había sido tratada con tanto afecto? ¿Cuándo habría sido la última vez que dos ojos amables se habían encontrado con los suyos?

León Tolstoi, el gran escritor ruso, contó de una vez que estaba caminando calle abajo y se encontró con un mendigo. Metió la mano en el bolsillo para darle algo de dinero al mendigo, pero en el bolsillo no encontró nada. Entonces le dijo al hombre: «Lo siento, hermano, pero no tengo nada que darte».

El mendigo, con una expresión de satisfacción en el rostro, le dijo: «¡Me has dado más de lo que yo esperaba, me has llamado hermano!». Para la persona a la que se ama, una palabra de afecto puede ser un bocado, pero para los hambrientos de amor, una palabra de afecto puede ser una fiesta. Y Jesús les dio a estas dos mujeres un banquete.

Se volvió hacia la gente y preguntó: «¿Quién me ha tocado la ropa?» (Marcos 5.30).

5. Lee Marcos 5.29-34. ¿Qué emociones crees que la mujer del flujo de sangre habrá experimentado cuando vio a Jesús mirando a su alrededor buscando a la persona que lo había tocado? Recuerda que a una mujer

con esa enfermedad se la consideraba inmunda de acuerdo con la ley judía. ¿Qué emociones la habrán inundado cuando Jesús la llamó «hija»?

6. Vamos ahora a 1 Juan 3.1. ¿De qué manera responde Jesús cuando –como la mujer enferma– acudimos a él con fe?

¡Fíjense qué gran amor nos ha dado el Padre, que se nos llame hijos de Dios! (1 Juan 3.1).

7. Y ahora, Mateo 5.3. ¿Qué significa ser «pobre de espíritu»? ¿En qué sentido la mujer cananea y la enferma de flujo eran pobres de espíritu? ¿Cómo recibieron la promesa del reino de los cielos?

8. ¿Qué había traído sanidad a la mujer según lo dicho por Jesús? Describe un tiempo en tu vida cuando Dios respondió a un acto *tuyo* de fe genuina.

Dios honra la fe radical y arriesgada. Esto puede ser un simple clamor por misericordia, como la mujer cananea; o un sencillo paso para tocar a Jesús y confiar en su poder, como la mujer con el flujo de sangre. Cuando damos ese paso, él responde. Él sana un cuerpo y susurra afecto en un espíritu oprimido. Proporciona un trabajo. Produce perseverancia. Cuando vamos a él con humildad, pobres en nosotros mismos, completamente dependientes de su favor, nos da el reino de los cielos. Por supuesto, esto no siempre puede parecer la respuesta que queremos. Después de todo, la economía del reino de los cielos se ve muy diferente de la economía de este mundo. Pero podemos confiar en su respuesta. ¿Por qué? Porque él es un buen Padre que nos reclama como sus hijos. Y no solo nos ama, sino que nos ama *generosamente*.

Esta es la confianza que tenemos al acercarnos a Dios: que, si pedimos conforme a su voluntad, él nos oye (1 Juan 5.14).

Verdades para recordar

❖ Mientras más desesperadas sean nuestras circunstancias, más cerca estamos de nuestra salvación.
❖ La sanidad comienza cuando mediante la fe nos acercamos a Jesús y descansamos en su poder.
❖ Una palabra de afecto a personas hambrientas de amor llenará su corazón.

Oración para hoy

Señor: Gracias por llamarnos tus hijos y por considerarnos tuyos. Hoy, oramos para que alejes de nosotros toda apatía que haya en nuestro corazón y nos des una fe genuina, una fe que nos estimule a amarte no solo con palabras y discursos sino también con acción. En el nombre de Jesús. Amén.

Día cinco: Una nueva forma de pensar

Nuestro amor por orden jerárquico

Cuando miramos la historia de la mujer cananea, no podemos escapar del hecho de que la gente, tanto en la época de Jesús como en la nuestra, es propensa a la jerarquización. Nos encanta clasificar a las personas por categorías. El rico sobre el pobre. El educado sobre el iletrado. El antiguo sobre el recién llegado. El judío sobre el gentil.

Esta mujer era extranjera, sirofenicia de nacimiento (Marcos 7.26).

El relato de Marcos dice que la mujer era griega, nacida en la región sirofenicia. Jesús se encontró con ella cuando viajó a Tiro y Sidón, que eran dos de las principales ciudades fenicias en la costa ubicada al norte del monte Carmelo. En los tiempos de Jesús, los habitantes de esta región tendían a ser de nacionalidades mixtas, y parecía haber un abismo infranqueable entre los no judíos o gentiles y los judíos.

Algunas de las regulaciones en el tiempo de Jesús nos muestran hasta dónde había llegado esta brecha. Un judío no podía beber leche extraída por gentiles ni comer su comida. Los judíos no podían ayudar a una madre gentil si esta necesitaba ayuda. Los médicos judíos no podían atender a pacientes no judíos. El judío no tenía relación alguna con un gentil. Para los judíos, los gentiles eran inmundos.

A menos que ese judío, por supuesto, haya sido Jesús. La curiosa conversación de Jesús con la mujer cananea llevó a los discípulos a pensar en la llegada de un nuevo orden en esa materia. Porque cuando sanó a la hija de la cananea, hizo evidente su posición. Y su posición demostraba que le preocupaba más *atraer* a cierta gente hacia sí que *alejarlas* de sí.

Ya no hay judío ni griego [...], sino que todos ustedes son uno solo en Cristo Jesús (Gálatas 3.28).

Esta tensión entre judíos y gentiles continuaría después de la muerte, la resurrección y la ascensión de Jesús al cielo. Pedro la experimentaría cuando recibió una visión de Dios que lo llevó a compartir una comida, y el mensaje de Cristo, con un gentil llamado Cornelio (Hechos 10.9-33). Su tradición cultural le decía: «Mantén la distancia con los gentiles». Su Cristo decía: «Construye puentes con los gentiles». Pedro tuvo que tomar una decisión y, además, tuvo que defender esa decisión cuando otros «colegas» lo quisieron condenar por haber entrado a la casa de incircuncisos y haberse sentado a la mesa con ellos (Hechos 11.3).

Pedro no atinaba a explicarse cuál podría ser el significado de la visión. Mientras tanto, los hombres enviados por Cornelio, que estaban preguntando por la casa de Simón, se presentaron a la puerta. Llamando, averiguaron si allí se hospedaba Simón, apodado Pedro. Mientras Pedro seguía reflexionando sobre el significado de la visión, el Espíritu le dijo: «Mira, Simón, tres hombres te buscan. Date prisa, baja y no dudes en ir con ellos, porque yo los he enviado» (Hechos 10.17-20).

Pero Pedro no pudo ocultar que había ido a compartir el Evangelio de Cristo con esos gentiles porque Dios se lo había ordenado. Tampoco los resultados que presenció cuando el Espíritu Santo descendió sobre ellos al igual que cuando descendió sobre los creyentes judíos reunidos en el aposento alto el día de Pentecostés. En realidad, lo único que pudo hacer fue menear la cabeza como si así hubiese querido sacudirse el polvo de todas esas viejas creencias sobre los gentiles. «Ahora comprendo que en realidad para Dios no hay favoritismos —dijo. Y agregó—: sino que en toda nación él ve con agrado a los que le temen y actúan con justicia» (Hechos 10.34-35).

1. La sanidad de la hija de la mujer cananea es solo una de tantas ocasiones en que Jesús pasó por sobre las barreras sociales. Por las reacciones de los discípulos a estos episodios, podemos entender que les llevó un tiempo entender la aceptación de Jesús de aquellos que están fuera de su identidad cultural. Lee el relato de Pedro sobre su confrontación con esto en Hechos 10.1-34. ¿Qué barreras sociales puedes ver en esta historia?

Ustedes saben muy bien que nuestra ley prohíbe que un judío se junte con un extranjero o lo visite (Hechos 10.28).

2. ¿Qué simboliza la visión que Dios le dio a Pedro? ¿Qué le estaba queriendo decir cuando le dijo: «Levántate, Pedro; mata y come»? (v. 13).

Por segunda vez le insistió la voz: «Lo que Dios ha purificado, tú no lo llames impuro» (Hechos 10.15).

3. ¿Cómo resume Pedro el episodio en los vv. 34-35? ¿Qué indica que él finalmente ha empezado a ver a los demás de la manera en que Jesús vio a la mujer cananea?

4. ¿De qué manera te enorgulleces tú por tu estatus o tu identidad? ¿Qué te dicen las historias de Pedro y la mujer cananea sobre el valor que les damos a los logros o a los estatus?

Un mensaje claro

Dios me ha hecho ver que a nadie debo llamar impuro o inmundo. Por eso, cuando mandaron por mí, vine sin poner ninguna objeción (Hechos 10.28-29).

La historia de la mujer cananea nos deja reflexionando sobre la misma verdad que preocupó a Pedro cuando Dios lo condujo a la casa de Cornelio: «Dios me ha hecho ver que a nadie debo llamar impuro o inmundo» (Hechos 10.28). La vida sería mucho más fácil si no existieran esas diferencias. Porque siempre que llamemos a los demás personas *vulgares* o *incapaces*, estaremos alejándolas para que vayan por caminos diferentes. Las etiquetas nos liberan de responsabilidad. El encasillamiento nos permite lavarnos las manos e irnos.

«Oh sí. Conozco a Juan. Es un alcohólico». (Traducción: «¿No se podrá controlar?»).

«El nuevo jefe es un demócrata liberal». (Traducción: «¿No se dará cuenta lo equivocado que está?»).

«Sí. ¡Cómo no! Es divorciada». (Traducción: «¡Tiene cada historia!»).

Categorizar a otros crea distancia y nos da una estrategia de salida muy conveniente para evitar comprometernos. Pero Jesús actuó en forma completamente diferente. Su afán era incluir, no excluir. «Y el Verbo se hizo carne y habitó entre nosotros» (Juan 1.14). Jesús tocó a los leprosos, mostró su amor hacia los extranjeros y pasaba tanto tiempo en fiestas y comidas a las que lo invitaban que la gente empezó a decir de él «este es un glotón y un borracho, amigo de recaudadores de impuestos y de pecadores» (Mateo 11.19).

Estoy convencido de que ni la muerte ni la vida [...], ni cosa alguna en toda la creación podrá apartarnos del amor que Dios nos ha manifestado en Cristo Jesús nuestro SEÑOR (Romanos 8.38-39).

El racismo no pudo evitar que socorriera a la mujer cananea. Los demonios no pudieron evitar que liberara a su hija de los demonios. Su página de Facebook incluía a gente como Zaqueo, el recaudador de impuestos y ladrón al mismo tiempo; como Mateo, inspector de Rentas Internas y una que otra mujerzuela con la que se había topado en casa de Simón. Jesús pasó treinta y tres años moviéndose en este mundo caótico. Como Pablo diría tiempo después: «Quien, siendo por naturaleza Dios, no consideró el ser igual a Dios como algo a qué aferrarse. Por el contrario, se rebajó voluntariamente, tomando la naturaleza de siervo y haciéndose semejante a los *seres humanos*» (Filipenses 2.6-7, énfasis añadido).

Cuando yo estaba en la escuela primaria, todos los niños de mi clase de primer grado nos unimos para expresar nuestra superioridad masculina. Nos encontramos todos los días en el recreo y, con los brazos entrelazados, marchamos por el patio, gritando: «¡Los hombres somos mejores que las mujeres! Francamente, yo no estaba de acuerdo con eso, pero me agradó el sentido de fraternidad. Las chicas, en respuesta, formaron su propio club y desfilaron, como nosotros, expresando su desdén por sus compañeritos hombres.

El ejemplo de Jesús envía este mensaje muy claro: *no hay lugar para las marchas de superioridad.*

«No llames a nadie vulgar ni incapaz».

5. ¿Dónde ves «manifestaciones de superioridad» en el mundo de hoy?

6. Nos gustaría creer que la tendencia a la jerarquización termina con los estereotipos de la escuela secundaria. Pero la verdad es que la jerarquización se sigue existiendo en la edad adulta. Y esto se da incluso en el cuerpo de Cristo. ¿Qué categorías de personas has creado tú en tu mente, consciente o inconscientemente?

Llénenme de alegría teniendo un mismo parecer, un mismo amor, unidos en alma y pensamiento (Filipenses 2.2).

7. ¿De qué manera la afirmación «las etiquetas nos eximen de la responsabilidad» es verdad en tu vida? ¿De qué manera poner etiqueta a las personas nos permite deshumanizarlas?

8. Medita en Filipenses 2.5-8. ¿Qué palabra o frase en este pasaje habla especialmente a tu corazón hoy?

Se rebajó voluntariamente, tomando la naturaleza de siervo y haciéndose semejante a los seres humanos (Filipenses 2.7).

La historia de fe de Pedro nos enseña a ver a los demás de la manera en que Jesús los ve. La mujer con flujo de sangre nos enseña que no se necesita más que estirar la mano en fe. Y a través de la mujer cananea, aprendemos que la fe que hace sonreír a nuestro Dios implica una total dependencia de

Lo que ustedes recibieron gratis, denlo gratuitamente (Mateo 10.8).

Jesús se acercó entonces a ellos y les dijo: «Se me ha dado toda autoridad en el cielo y en la tierra» (Mateo 28.18).

su poder. Ella no tenía ni influencia, ni bienes, ni conocimiento para ofrecer. Le bastó con depender del trabajo del Salvador para recibir el don de la sanidad con humilde gratitud. Ella no preguntó cuánto tenía que pagar por la sanidad o qué podría hacer en retribución. Nada de eso. Solo tuvo que recibir lo que Jesús le dio. Cuando Dios sonríe a nuestra fe, cuando nos da el don de corazones sanados, una nueva identidad y un hogar celestial, nosotros no tenemos más que hacer lo mismo, solo recibirlo.

Es como la historia de un despierto soldado raso, asistente de Napoleón, que fue tras el caballo del emperador cuando se escapó. Al regresar con el animal y devolvérselo al emperador, este le dijo: «Gracias, capitán». El soldado, sorprendido, saludó con un «¡Gracias, señor!». Acto seguido, se dirigió al dormitorio de los soldados, tomó sus cosas y fue a instalarse al dormitorio de los oficiales. Llevó su uniforme de soldado al intendente y le pidió que se lo cambiara por uno de capitán. Por la palabra del emperador se había convertido de asistente en capitán. En el proceso, no preguntó, no se encogió de hombros, no dudó. Creyó en la palabra de quien podía hacerlo. Para él, eso fue suficiente.

Muchas veces, nosotros no actuamos como ese soldado. Preferimos tratar de obtener la salvación *ganándonosla*. Pensamos que aceptar la gracia es admitir debilidad de carácter, un paso que dudamos en dar. Y entonces, optamos por impresionar a Dios con lo buenos que somos en lugar de aceptar y confesar cuán grande es él. Nos mareamos con doctrinas. Nos cargamos con reglas. Pensamos que Dios sonreirá ante nuestros esfuerzos.

Pero no lo hará.

La sonrisa de Dios no es para el caminante fornido que se jacta de haber hecho el viaje solo. Es, en cambio, para el leproso lisiado que clama a Dios por socorro. Tales fueron las palabras de la mujer cananea. Ella sabía que su pedido podía parecer ridículo. Pero también sabía que Jesús era el Señor. Pudo haber hecho suyas las palabras del profeta Daniel: «Al hacerte estas peticiones, no apelamos a nuestra rectitud, sino a tu gran misericordia» (Daniel 9.18).

La mujer llegó y cayó a los pies de Jesús porque estaba contando con la esperanza de que él respondería a su oración basado en su bondad y no en los méritos de ella. Y él lo hizo. Con una sonrisa. Y cuando pienso en las oraciones que Dios me ha respondido a pesar de la vida que he vivido, creo que él debe estar sonriendo todavía. Así que creo que mantendré su imagen en la pared de mi oficina.

Verdades para recordar

- ❖ A Dios le preocupaba más *atraer* a cierta gente hacia sí que *alejarlas* de sí.
- ❖ Jesús nos dice cómo amar a los demás sin ponerles etiquetas.
- ❖ Jesús se alegra al responder nuestras oraciones con base en su bondad, no en los valores que nosotros creemos tener.

Oración para hoy

Señor: Gracias por darnos un nuevo nombre, un nuevo estado y una nueva posición en ti. Ayúdanos no solo a recibir tu gracia cada día sino también a darla a otros sin prejuicios. En el nombre de Jesús. Amén.

Versículo de la semana para memorizar

Acérquense a Dios, y él se acercará a ustedes.
SANTIAGO 4.8

Para lectura adicional

Las selecciones a lo largo de esta lección fueron tomadas de *Todavía remueve piedras* (Nashville, Grupo Nelson, 2011); *En el ojo de la tormenta* (Nashville: Grupo Nelson, 2003); *Sin temor* (Nashville: Grupo Nelson, 2009); *Más allá de tu vida* (Nashville: Grupo Nelson, 2010); *Antes del amén* (Nashville: Grupo Nelson, 2014).

LECCIÓN 8

MARÍA DE BETANIA

UN ARRIESGADO ACTO DE AMOR

A ARTFUL EDDIE NO LE FALTABA NADA. Entre los abogados hábiles, él era el mejor. Era el que más rugía en los turbulentos años veinte. Íntimo de Al Capone, era el que manejaba el negocio de las carreras de galgos del gánster. Era maestro en la técnica de arreglar las carreras, sobrealimentando a siete perros y apostando al octavo.

Riqueza. Estatus. Estilo. A Artful Eddie no le faltaba nada.

Entonces, ¿por qué se entregó? ¿Por qué se ofreció para delatar a Capone? ¿Cuál fue su motivo? ¿No sabía Eddie las consecuencias infalibles por delatar a la mafia?

Lo sabía, pero ya había tomado una decisión.

¿Qué tenía que ganar? ¿Qué podría darle la sociedad que no lo tuviera ya? Tenía dinero, poder, prestigio. ¿Dónde estaba el problema?

Eddie lo reveló. El problema era su hijo. Eddie había pasado su vida con lo despreciable. Había olido demasiado el hedor del bajo mundo. Para su hijo, él quería otra cosa. Quería darle un nombre. Pero para darle un nombre, tendría que limpiar el suyo. Eddie estuvo dispuesto a asumir el riesgo para que su hijo pudiera tener una página limpia.

Vale más la buena fama que las muchas riquezas, y más que oro y plata, la buena reputación (Proverbios 22.1).

Artful Eddie nunca vio su sueño hecho realidad. Después de que habló, dos ráfagas de ametralladoras lo silenciaron para siempre. ¿Valió la pena? Para el hijo, sí. El hijo de Artful Eddie estuvo a la altura del sacrificio de su padre. Llegó a ser uno de los nombres más conocidos en el mundo.

Pero antes de hablar sobre el hijo, hablemos del principio: *amor arriesgado*. Amor que se atreve. Amor que se aventura. Amor que hace una declaración y deja un legado. Amor que es inesperado, sorprendente y conmovedor.

Con amor eterno te he amado (Jeremías 31.3).

Actos de amor que roban el corazón y dejan impresiones en el alma. Actos de amor que nunca se olvidan.

Llegó Jesús a Betania, donde vivía Lázaro, a quien Jesús había resucitado. Allí se dio una cena en honor de Jesús (Juan 12.1-2).

Tal acto de amor se vio en los últimos días de la vida de Jesús. Tuvo lugar en la ciudad de Betania durante una cena que Jesús compartió con su amigo Lázaro y sus dos hermanas, Marta y María. Dentro de una semana, Jesús sentiría el aguijón del látigo romano, las agujas de la corona de espinas y el hierro de los clavos del verdugo. Pero esta noche, solo sentiría el amor de estos amigos. Y fue durante esta cena que María haría una demostración de devoción que el mundo nunca olvidaría: un acto derrochador de ternura en el que Jesús no fue el dador, sino el receptor.

9. El «amor arriesgado» es un amor que se atreve, que se desvive, que se aventura, que hace una declaración y deja un legado. ¿Cómo has demostrado tú este tipo de amor a alguien más?

10. Lee Mateo 27.27-56. ¿Qué versículo en este pasaje encarna mejor la idea del «amor arriesgado»? ¿Por qué elegiste ese versículo?

Le quitaron la ropa y le pusieron un manto de color escarlata. Luego trenzaron una corona de espinas y se la colocaron en la cabeza, y en la mano derecha le pusieron una caña. Arrodillándose delante de él, se burlaban (Mateo 27.28-29).

Jesús no solo dejó de lado su reputación, su nombre y su dignidad para morir en la cruz, sino que también dejó de lado su poder como Dios. Nosotros solo podemos imaginarnos las emociones que debe de haber sentido al escuchar a la gente burlándose de él: «Salvó a otros [...], ¡pero no puede salvarse a sí mismo!» (Mateo 27.42). *Sálvate.* ¿No es eso lo que hace el amor egoísta? Salva nuestro nombre, nuestra reputación, nuestros propios cuerpos físicos. Sin embargo, esta es la tentación contra la que Jesús había orado en el huerto de Getsemaní, cuando les dijo a sus discípulos: «Estén alerta y oren para que no caigan en tentación. El espíritu está dispuesto, pero el cuerpo es débil» (Mateo 26.41). Él estaba concentrado en el «gozo que le esperaba» (Hebreos 12.2), en su Padre, en la más grande gloria... En *nosotros.* Él sabía que muriendo nos llevaría a él. El acto de amor más arriesgado lo hizo por ti y por mí.

Oración para la semana

Señor: Nunca podremos darte todas las gracias que te mereces por haberlo arriesgado todo en la cruz para que pudiéramos estar contigo para siempre. Hoy te pedimos que hundas muy profundo en nuestros corazones la verdad de tu amor de modo que sea la raíz de todo lo que somos. Te amamos, Señor. Amén.

Día uno: Historia de dos hermanas

PUNTO DE EBULLICIÓN

La cena celebrada en la casa de un hombre llamado Simón una semana antes de la crucifixión de Jesús, no es el único lugar en la Biblia donde encontramos a María de Betania. En realidad, un relato anterior, registrado en Lucas 10.38-42, nos ofrece una buena imagen de algo de la dinámica familiar entre ella y su hermana, Marta. La historia tiene lugar cuando Jesús hace una breve parada de sus viajes para descansar en casa de sus amigos.

Mientras iba de camino con sus discípulos, Jesús entró en una aldea, y una mujer llamada Marta lo recibió en su casa (Lucas 10.38).

Marta es claramente una buena persona, dada a la hospitalidad y a la organización. Más frugal que frívola, más práctica que reflexiva, su casa es un barco riguroso y ella es un capitán severo. Pídale que elija entre un libro y una escoba, y ella tomará la escoba. Su hermana, María, por el contrario, tomará el libro. A ella le gusta pensar. Los platos pueden esperar. Que Marta vaya al mercado; ella irá a la biblioteca.

Tenía ella una hermana llamada María que, sentada a los pies del SEÑOR, escuchaba lo que él decía. Marta, por su parte, se sentía abrumada porque tenía mucho que hacer (Lucas 10.39-40).

Dos hermanas. Dos personalidades. Cuando están de acuerdo, miel sobre hojuelas; pero cuando una se resiente de la otra, piedra y pedernal. Entremos en silencio por la puerta trasera a la cocina de Marta y te mostraré lo que quiero decir.

Shhh. Ahí está ella. En la mesa. Es la del delantal. ¡Mírala cómo trabaja! Te dije que esta señora sabe cómo manejar una cocina. Fíjate cómo lo hace. Revuelve con una mano, rompe huevos con la otra, y nada se derrama. Ella sabe lo que está haciendo. Debe haber bastante gente. Se escuchan risas en la habitación contigua. Parece que se están divirtiendo.

Pero Marta no. Una mirada al ceño cubierto de harina te dirá eso. «Hermana estúpida».

¿Qué? ¿La oíste murmurar algo?

«Esa María. Aquí estoy yo sola en la cocina mientras ella está allí afuera».

Vaya. Parece que el agua no es lo único que hierve aquí.

«No hubiera invitado a Jesús si hubiese sabido que iba a traer a todo ese ejército. Esos tipos comen como caballos, y ese Pedro siempre eructando».

¡Vaya, vaya! Se ve que está molesta. Observa cómo mira por sobre el hombro a través de la puerta entreabierta. Es a María a la que está mirando. Sentada en el piso, María escucha a Jesús.

«Mi pequeña y dulce hermana... siempre lista para escuchar y nunca lista para trabajar. Yo querría también sentarme a escucharlo, pero lo único que hago es cocinar y coser, cocinar y coser. ¡Pero esto se acabó!».

Refrena tu enojo, abandona la ira; no te irrites, pues esto conduce al mal (Salmos 37.8).

¡Cuidado! Ahí va. Esperemos para ver qué pasa.

1. Lee Lucas 10.38-42. ¿Cuáles son algunos de los detalles sobre estas hermanas que saltan primero a tu vista? ¿Sobre sus acciones, sus palabras, sus rasgos de personalidad?

2. ¿Con cuál de las dos hermanas te relacionas mejor? ¿Por qué?

3. Es fácil describir a Marta como la villana en esta historia, pero ¿qué versículos del relato de Lucas nos dan una idea sobre la bondad en su corazón? ¿Qué dones le había dado Dios?

No juzguen a nadie, pero que nadie los juzgue a ustedes (Mateo 7.1).

4. Cuando no usamos nuestros dones para honrar a Dios, podemos encontrarnos usándolos como un medio para juzgar a los demás o compararnos con otros, hasta el punto de transformarnos en unos resentidos, como ocurrió con Marta respecto de su hermana. ¿Se da esta situación en tu vida? ¿Qué estás haciendo para asegurarte de que estás usando tus dones para honrar a Dios?

Leche en mal estado

Soy un adicto a la leche. Uno de los días más tristes de mi vida fue cuando supe que la leche entera no era saludable. Con gran renuencia me he adaptado a la versión diluida, pero en ocasiones todavía me permito el éxtasis sagrado de un vaso frío de «leche leche» y una galleta caliente, empalagosa, con incrustaciones de chocolate.

En todos mis años de disfrutar del fino fruto de la vaca, he venido a entender que se paga un alto precio por dejar la leche fuera del refrigerador. (En una ocasión tuve que arrojar a la basura una cantidad de alimentos que se habían dañado por dejarlos en el armario de la cocina.) La leche dulce se vuelve agria cuando está demasiado tiempo expuesta al calor. Lo mismo ocurre con muchos otros productos. Y si no dejas que el estofado de

La lengua que brinda alivio es árbol de vida; la lengua insidiosa deprime el espíritu (Proverbios 15.4).

la irritación se enfríe, el resultado será una actitud bastante mala, amarga y lejos de ser apetitosa.

Vemos este proceso de deterioro operando en la vida de Marta. Al ver a María sentada a los pies de Jesús como uno más de sus discípulos, no haciendo *nada* mientras ella trabaja en la cocina, un espíritu de resentimiento empieza a formarse dentro de ella hasta alcanzar un punto de ebullición. Finalmente, cuando ya no puede soportar más, su amargura hace erupción como un volcán.

«Señor, ¿no te importa que mi hermana me haya dejado sirviendo sola? ¡Dile que me ayude!» (Lucas 10.40).

Se acercó a él y le dijo: «SEÑOR, ¿no te importa que mi hermana me haya dejado sirviendo sola?» (Lucas 10.40).

¡Vaya, vaya! ¡Qué irritables que somos! De un momento a otro, Marta pasa de servir a Jesús a darle órdenes. La habitación se calla... un silencio mortal, excepto por el golpeteo del zapato de Marta en el piso de piedra. Se proyecta sobre los demás: harina en las mejillas y fuego en sus ojos. Nos hace gracia ver los rostros de los discípulos. Miran con los ojos muy abiertos a esta furia que no conocían. Y pobre María, le suben los colores a las mejillas, suspira y trata de hacerse chiquita allí donde está, sentada en el piso escuchando a Jesús.

Solo Jesús habla porque solo él entiende el problema. El problema no es la cantidad de comensales. El problema no es María escuchando a Jesús. El problema ni siquiera es Marta que ha decidido ser la anfitriona. El problema es el corazón de Marta, un corazón amargado por la ansiedad. Bendito su corazón, Marta queriendo hacer lo correcto. Bendito su corazón, pero su corazón está equivocado. Su corazón, Jesús lo dijo, está preocupado. Y por eso, pasa de ser una anfitriona feliz a una bestia de carga. Está preocupada: se preocupa por tener que cocinar, por tener que ser una anfitriona agradable, demasiado preocupada.

Encomienda al SEÑOR tus afanes, y él te sostendrá; no permitirá que el justo caiga y quede abatido para siempre (Salmos 55.22).

5. Marta deja en claro que su enojo es con María. Pero el problema de Marta va más allá de que su hermana no le esté ayudando. ¿Por qué piensas que Marta echó sus frustraciones sobre María? ¿Qué la hizo preocuparse por lo que María *no* estaba haciendo?

____

____

____

____

6. Cuando la preocupación se queda demasiado tiempo en nuestro corazón, se hace más y más grande. Incluso puede convertirse en pecados tales como la amargura y el resentimiento. ¿Cuándo fue la última vez que permitiste que la preocupación se quedara demasiado tiempo dentro de ti? ¿Qué pasó como resultado?

No permitan que el enojo les dure hasta la puesta del sol, ni den cabida al diablo (Efesios 4.26-27).

____

____

____

____

7. ¿Qué te recomiendan los siguientes pasajes de la Escritura que hagas la próxima vez que sientas preocupación y el estrés agite tu corazón?

Isaías 26.3: «Al de carácter firme lo guardarás en perfecta paz, porque en ti confía».

Lucas 12.29-31: «Así que no se afanen por lo que han de comer o beber; dejen de atormentarse. El mundo pagano anda tras todas estas cosas, pero el Padre sabe que ustedes las necesitan. Ustedes, por el contrario, busquen el reino de Dios, y estas cosas les serán añadidas».

Filipenses 4.6-7: «No se inquieten por nada; más bien, en toda ocasión, con oración y ruego, presenten sus peticiones a Dios y denle gracias. Y la paz de Dios, que sobrepasa todo entendimiento, cuidará sus corazones y sus pensamientos en Cristo Jesús».

Cuentas con una esperanza futura, la cual no será destruida (Proverbios 23.18).

8. Aunque a veces Marta podía parecer demasiado franca, no tenía miedo de ser sincera con Jesús. ¿Qué «preocupaciones como las de Marta» tienes tú hoy? Descríbelas en el espacio de abajo, y luego pasa un tiempo en oración llevándoselas a Jesús.

Abandonen toda amargura, ira y enojo, gritos y calumnias, y toda forma de malicia (Efesios 4.31).

La preocupación puede convertirse en resentimiento. El resentimiento puede convertirse en amargura. La amargura puede convertirse en palabras duras. Este es un círculo vicioso. Mientras más preocupación se asiente en tu vida, más agrios serán tus días, así como la leche que queda demasiado tiempo en la mesa de la cocina. La Biblia es clara en decirnos que cuando lleguen las preocupaciones, no debemos dejarlas que se instalen en nuestro corazón, sino que se las pasemos inmediatamente a Jesús. Necesitamos seguir el modelo de autenticidad de Marta y contarle a Cristo todos nuestros miedos, ansiedades, estreses y frustraciones. Una vez que lo hayamos hecho, no intentemos que nos los regrese. Dejémoslos con él.

Verdades para recordar

- Usar nuestros dones para honrar a Dios, no a nosotros mismos, nos ayuda a centrarnos en él y no juzgar a los demás ni a dar lugar al resentimiento.
- Cuando la preocupación se descompone en nuestro corazón, puede convertirse en pecados como la amargura y el resentimiento.
- Nosotros podemos presentar nuestras preocupaciones a Jesús a través de la oración, haciéndolo partícipe a él con un corazón agradecido.

Den a todos el debido respeto: amen a los hermanos, teman a Dios, respeten al rey (1 Pedro 2.17).

Oración para hoy

Señor: No queremos que las preocupaciones de este mundo nos distraigan de los propósitos y planes que tienes para nosotros. Hoy te pedimos que nos enseñes a confiarte todas nuestras preocupaciones. Ayúdanos a traértelas a ti, a centrar nuestras mentes en ti y a confiar en los resultados. Gracias, Señor, porque siempre estás preocupado de nosotros. Amén.

Día dos: Servir a Dios en lugar de a uno mismo

Larga de ansiedad y corta de memoria

Lo que hace que la historia de estas dos hermanas sea tan interesante es que Marta estaba preocupada *por algo bueno*. Estaba literalmente sirviendo a Dios, y su objetivo era agradar a Jesús. Pero había cometido un error muy común: Al comenzar a trabajar para él, su trabajo se hizo más importante que su Señor. Lo que comenzó como una forma de servir a Jesús se convirtió en una forma de servirse a sí misma.

Tal vez el proceso fue algo así: Cuando comenzó a preparar la comida, anticipó los cumplidos sobre la comida. Al poner la mesa, se imaginó la aprobación que recibiría. Pero las cosas no salieron como las había planeado. No hubo ovación de pie. Ni cumplidos. Ni adulaciones. Nadie notó nada de lo que ella esperaba que notaran. Y eso la irritó. Marta estaba abundante de ansiedad y corta de memoria. Olvidó que la invitación había sido idea suya. Olvidó que María tenía todo el derecho de estar con Jesús. Sobre todo, olvidó que la cena era en honor de Jesús, no de ella misma.

Cuando des a los necesitados, no lo anuncies al son de trompeta, como lo hacen los hipócritas en las sinagogas y en las calles para que la gente les rinda homenaje. Les aseguro que ellos ya han recibido toda su recompensa (Mateo 6.2).

Sé exactamente cómo se sentía Marta. Sé lo que es empezar sirviendo a Dios y terminar sirviéndose a sí mismo. He trabajado mucho y duro en preparar sermones solo para que mis sentimientos sufran si no se me felicita después de predicarlos. Me he esforzado arduamente en un manuscrito solo para encontrarme soñando despierto sobre los cumplidos que recibiré después de su publicación. He hablado a audiencias en conferencias sobre los sufrimientos de Cristo y luego me he sentido contrariado porque mi habitación de hotel no estaba lista al yo regresar.

Es fácil olvidar quién es el servidor y a quién se está sirviendo.

Solo podemos imaginarnos cuánto lamentó Marta haber explotado como lo hizo. Apuesto a que después de que se calmó, deseó recoger las palabras. Aquí hay un principio: si quieres evitar una actitud agria, trátala como harías con un vaso de leche. Mantenla fría.

1. Marta pasó rápidamente de *darle la bienvenida* a Jesús a su casa a estar preocupada por tenerlo ahí. ¿Qué crees que cambió en el corazón de Marta para que pasara de buena a consentida? ¿Por qué Jesús dice que María había elegido la mejor parte?

Amen a sus enemigos, háganles bien y denles prestado sin esperar nada a cambio (Lucas 6.35).

2. Trata de recordar un momento en tu vida cuando, como Marta, empezaste a servir Dios, y terminaste sirviéndote a ti mismo. ¿Qué causó el cambio de enfoque en tu situación?

3. ¿Qué dicen los siguientes pasajes de la Escritura sobre el servicio? ¿Cómo puedes aplicar estas palabras a tu actitud cuando sirves a otros?

   1 Samuel 12.24: «Los exhorto a temer al Señor y a servirle fielmente y de todo corazón, recordando los grandes beneficios que él ha hecho en favor de ustedes».

Mateo 20.27-28: «El que quiera ser el primero deberá ser esclavo de los demás; así como el Hijo del hombre no vino para que le sirvan, sino para servir y para dar su vida en rescate por muchos».

Romanos 7.6: «Pero ahora, al morir a lo que nos tenía subyugados, hemos quedado libres de la ley, a fin de servir a Dios con el nuevo poder que nos da el Espíritu, y no por medio del antiguo mandamiento escrito».

1 Pedro 4.10: «Cada uno ponga al servicio de los demás el don que haya recibido, administrando fielmente la gracia de Dios en sus diversas formas».

4. Lee Mateo 6.1-4. ¿Qué dice Jesús sobre cómo deben ser tu actitud y tus motivos cuando se trata de servir a Dios con los dones que te ha dado? ¿Cómo puedes pasar de un corazón consentido a un corazón sincero en tu servicio a los demás?

Cuando des a los necesitados, que no se entere tu mano izquierda de lo que hace la derecha, para que tu limosna sea en secreto. Así tu Padre, que ve lo que se hace en secreto, te recompensará (Mateo 6.3-4).

El corazón detrás del servicio

Marta estaba abrumada de deberes y tareas. Necesitaba parar. «Marta, Marta —le contestó Jesús—, estás inquieta y preocupada por muchas cosas, pero solo una es necesaria. María ha escogido la mejor» (Lucas 10.41-42). ¿Cuál era la «mejor cosa» que había escogido María? Sentarse a los pies de Cristo. Dios se complace más con la atención silenciosa de un siervo sincero que del servicio vocinglero de un siervo amargado.

Marta, Marta —le contestó Jesús—, estás inquieta y preocupada por muchas cosas, pero solo una es necesaria. María ha escogido la mejor, y nadie se la quitará (Lucas 10.41-42).

Las personas como María tienen un pie en el cielo y el otro en una nube. No es fácil para ellas bajar a la tierra, y a veces necesitan que se les recuerde que hay facturas que pagar y clases que se deben enseñar. Que el servir es *también* adoración. Pero no se lo recuerdes con demasiada dureza porque son almas preciosas con corazones tiernos. Si han encontrado un lugar a los pies de Jesús, no les pidas que salgan de ahí. Mucho mejor es pedirles que oren por ti.

Por cierto, esta historia bien podría haberse revertido. María podría ser la que estaba enojada. La hermana sentada en el piso resentida con la hermana en el fregadero. María pudo haber llevado a Jesús a la cocina y decirle: «Dile a Marta que deje de ser tan productiva y que sea más pensativa. ¿Por qué tengo que ser yo la única que piense y ore en esta casa?». Lo que importa no es el tipo de servicio que se brinda sino el corazón que hay detrás del servicio. Una mala actitud arruina el regalo que dejamos en el altar para Dios.

Tal vez has escuchado el chiste de aquel hombre que oraba con una mala actitud. «Dios —decía—, ¿por qué mi hermano ha sido bendecido con riqueza y yo con nada? Nunca en toda mi vida he dejado de hacer mis oraciones por la mañana y por la noche. Mi asistencia a la iglesia ha sido perfecta. Siempre he amado a mi prójimo y he sido mano abierta con mi dinero. Y ahora, que me acerco al final de mi vida, apenas tengo para pagar el alquiler. ¡Mi hermano, en cambio, se lo pasa bebiendo y apostando en el casino y tiene más dinero del que puede contar! No te pido que lo castigues; pero, dime ¿por qué le has dado tanto a él y a mí tan poco?».

«Porque tú te has vuelto un engreído insoportable», le respondió Dios.

Háganlo todo sin quejas ni contiendas (Filipenses 2.14).

Cuida tu actitud. Dios te ha dado talentos. Y ha hecho lo mismo con tu prójimo. Si te preocupas por los que tiene él, descuidarás los tuyos. Pero si te preocupas por los tuyos, podrías inspirar a ambos.

5. «Marta, Marta —le contestó Jesús—, estás inquieta y preocupada por muchas cosas» (Lucas 10.41). Jesús pudo haber sido duro con ella por su arrebato, pero no lo fue. De hecho, al pronunciar su nombre dos veces le estaba demostrando su ternura. ¿Qué te dice esto sobre el corazón de Jesús hacia nosotros cuando cometemos el mismo error que cometió Marta?

Les digo esto [...] para que vivan con decoro y plenamente dedicados al SEÑOR (1 Corintios 7.35).

6. Jesús dijo que María había elegido la «mejor cosa», que era sentarse a sus pies y escuchar lo que él decía. En tu vida cotidiana, ¿cómo te organizas para elegir también la «mejor cosa»? ¿Qué tipo de distracciones tienden a interponerse en tu camino? ¿Cómo evitas esas distracciones?

Lo que pido de ustedes es amor y no sacrificios, conocimiento de Dios y no holocaustos (Oseas 6.6).

7. María nos muestra en esta historia una imagen sobre cómo debe ser el verdadero discipulado. Lee Oseas 6.6. Según este versículo, ¿qué desea Dios de nosotros? ¿Cómo se ve eso en términos prácticos a medida que trabajamos e interactuamos con otros?

8. Imita por un momento a María; guarda silencio delante del Señor y siéntate a sus pies. En el espacio a continuación, escribe lo que sientes que el Señor te está diciendo durante su tiempo juntos.

Vengan, postrémonos reverentes, doblemos la rodilla ante el SEÑOR nuestro Hacedor (Salmos 95.6).

Con demasiada frecuencia, con las mejores intenciones nos proponemos servir a Dios, pero a poco andar descubrimos que nuestro «buen» servicio se ha transformado en un «mal» servicio. Nuestra necesidad de reconocimiento se hace presente y en poco tiempo estamos usando nuestras buenas obras para compararnos con los demás e incluso «ganarnos» el favor de Dios. Sirva la historia de Marta y María como un recordatorio de que cuando la «cosa mejor» se olvida —cuando Cristo no es el centro de lo que hacemos— nuestros intentos de servir a Dios se estropearán. Entonces, ¿cómo podemos ponerlo primero? Haciendo lo que María hizo. Tomar la posición de un discípulo. Sentarnos a sus pies, escucharlo y aprender de él. En resumen, permitirle que se haga cargo de nuestra vida. De esta manera descubriremos que, a medida que él tome el control, trabajará en nosotros y, a través de nosotros, hacer el bien que nuestros corazones pecaminosos no lograrían «pues Dios es quien produce en ustedes tanto el querer como el hacer para que se cumpla su buena voluntad» (Filipenses 2.13).

Si alguien quiere ser mi discípulo —les dijo—, que se niegue a sí mismo, lleve su cruz y me siga (Marcos 8.34).

Verdades para recordar

- Es posible que a veces ocurra que las buenas obras que empezamos a hacer como un servicio a Jesús se transformen en una forma de servirnos a nosotros mismos.
- Dios se complace más en una atención silenciosa de un siervo sincero que en el servicio ostentoso de un siervo resentido.
- Es el corazón detrás del servicio lo que le interesa ver a Dios.

Oración para hoy

Señor Jesús: Hoy ponemos a tus pies todo lo que somos: nuestras intenciones de hacer lo bueno, nuestros dones espirituales y nuestras actitudes agrias. Ponemos a tus pies todo nuestro yo y te pedimos que tomes tú el control. Sin ti, no somos nada. Perdónanos cuando pensamos de otra manera. Amén.

Día tres: El funeral

DESCONCERTADA ENTRE LOS DESCONSOLADOS

Había un hombre enfermo llamado Lázaro, que era de Betania, el pueblo de María y Marta, sus hermanas (Juan 11.1).

La próxima vez que nos encontramos con María en los Evangelios, la escena en Betania ha cambiado por completo. En lugar de una cena alegre y distendida, la encontramos a ella y a su hermana, Marta, de luto por la muerte de un ser querido. Este no es otro que su propio hermano, Lázaro.

Imagina la escena por un momento como si tuviera lugar en los tiempos modernos. La capilla está tan silenciosa como una biblioteca. La gente se saluda con una leve sonrisa y un movimiento de cabeza. La capilla está llena, así que nos quedamos de pie, atrás. Los rayos del sol de la tarde se filtran a través de los vitrales proyectando haces color púrpura y oro sobre los rostros de la gente. En el primer banco están las dos mujeres: María y Marta. Las hermanas del difunto. María en silencio y pensativa. Marta, bulliciosa y ocupada. Aun aquí no puede quedarse quieta. No deja de mirar por sobre el hombro hacia la puerta de entrada. ¿A *quién* espera tanto?, nos preguntamos.

Las dos hermanas mandaron a decirle a Jesús: «SEÑOR, tu amigo querido está enfermo» (Juan 11.3).

En cuestión de segundos, entra la respuesta. Y cuando lo hace, Marta se precipita por el pasillo para encontrarse con él. Si no hubieras sabido su nombre, los muchos susurros te habrían informado. «Es Jesús». Todos se vuelven a mirarlo. Él lleva corbata, aunque da la impresión de que rara vez la usa. Su cuello parece apretado y su chaqueta anticuada. Aproximadamente, una docena de hombres vienen con él. Algunos se paran en el pasillo, otros en el vestíbulo. Lucen cansados, como si hubiesen viajado toda la noche.

Jesús abraza a Marta y ella suelta el llanto. Al verla llorar, nos preguntamos: *¿Qué irá a hacer Jesús? ¿Qué le irá a decir? Él habló a los vientos y a los demonios. Impresionante. ¿Pero la muerte? ¿Tendrá algo que decir sobre la muerte?* Nuestros pensamientos se ven interrumpidos por la acusación de Marta: «Si hubieras estado aquí, mi hermano no habría muerto» (Juan 11.21).

No se la puede culpar por su frustración. Cuando Lázaro se enfermó, ella y María hicieron llegar la noticia a Jesús. Si el Nazareno podía sanar a alguien, este tendría que haber sido Lázaro. Podemos pensar que la siguiente parte de la historia se leería así: «Por el amor que les tenía a María, a su hermana y a Lázaro, se dirigió inmediatamente a la casa de ellos para sanar a Lázaro». Sin embargo, ocurrió todo lo contrario.

Cuando oyó que Lázaro estaba enfermo, se quedó dos días más donde se encontraba (Juan 11.6).

Debido a que Jesús amaba a esos tres hermanos, se demoró hasta que Lázaro murió. Y ahora que por fin había llegado, Marta está tan destrozada que casi no sabe qué decir. Es como tantas personas que encontramos en el funeral: la desconcertada entre los desconsolados. «Ayúdanos a entender esto, Jesús».

«Yo soy la resurrección y la vida —escuchamos que le dice Jesús a Marta—. El que cree en mí vivirá, aunque muera; y todo el que vive y cree en mí no morirá jamás. ¿Crees esto?». Marta asiente lentamente. «Sí, Señor; yo creo que tú eres el Cristo, el Hijo de Dios, el que había de venir al mundo» (Juan 11.25-27).

1. Lee Juan 11.1-27. Pon atención al v. 6 que dice que cuando a Jesús le llegó la noticia de que Lázaro estaba enfermo «se quedó dos días más donde se encontraba». ¿Por qué crees que hizo eso en lugar de apresurarse en ir a ver a su amigo?

«Nuestro amigo Lázaro duerme, pero voy a despertarlo». «SEÑOR —respondieron sus discípulos—, si duerme, es que va a recuperarse». Por eso les dijo claramente: «Lázaro ha muerto y por causa de ustedes me alegro de no haber estado allí, para que crean. Pero vamos a verlo» (Juan 11.11-12, 14-15).

2. Marta se sintió desconcertada ante el retraso de Jesús y seguramente María también. ¿Recuerdas alguna ocasión en tu vida en que te has sentido igualmente desconcertado por el aparente retraso de Dios en dar respuesta a tus oraciones? ¿Qué le dijiste a Dios en tal circunstancia?

3. Vamos ahora a los vv. 20-21. ¿Cuáles son las diferencias que identificas en la forma en que María y Marta actúan cuando Jesús finalmente llega? ¿Qué nos dice esto sobre la forma en que manejan ellas la confusión que sienten ante el retraso de Jesús?

Cuando Marta supo que Jesús llegaba, fue a su encuentro; pero María se quedó en la casa (Juan 11.20).

4. A pesar de la muerte de Lázaro, Marta le dice a Jesús que ella cree que él todavía puede hacer un milagro. ¿Qué nos puede enseñar este ejemplo de fe de ella? ¿Cómo podemos aplicar este modelo de fe cuando no entendemos el plan de Dios?

Pero yo sé que aun ahora Dios te dará todo lo que le pidas (Juan 11.22).

SEÑOR DE LOS VIVOS Y DE LOS MUERTOS

Desde la posición en que nos encontramos al fondo del salón funerario, esperamos ver lo que hará Jesús después de encontrarse con las dos mujeres. Y nos preguntamos *qué*, realmente, puede hacer. Después de todo, Lázaro ya lleva cuatro días en la tumba y su cuerpo ha comenzado a descomponerse. Toda esperanza para Lázaro, por pequeña que sea, ya se ha extinguido.

Al ver llorar a María y a los judíos que la habían acompañado, Jesús se turbó y se conmovió profundamente. «¿Dónde lo han puesto?», preguntó (Juan 11.33-34).

Pero lo que ves no deja de sorprenderte. Jesús se sienta al lado de María, las abraza a ella y a su hermana... y prorrumpe en sollozos. Lloran los tres;

se libera un monzón de lágrimas. Lágrimas que desdibujan la imagen que tenemos de un Jesús displicente e impertérrito. Está llorando.

«Quiten la piedra», ordenó Jesús (Juan 11.39).

Después de unos momentos, Jesús se levanta y se vuelve para mirar el cadáver. La tapa del ataúd está cerrada. Le dice a Marta que la levante. Ella sacude la cabeza y comienza a negarse, pero luego se detiene. Se dirige al encargado de la funeraria, y le dice: «Levántela».

Se puede ver el rostro de Lázaro cuando se levanta la tapa. Es ceroso y blanco. Quizá esperamos que Jesús vuelva a llorar. Lo que sea, pero no que se dirija a su amigo. Sin embargo, eso es lo que hace. De pie a unos pocos centímetros del ataúd, da una orden en alta voz: «¡Lázaro, ven fuera!» (Juan 11.43). Los predicadores siempre se dirigen a los vivos. ¿Pero a los muertos? Una cosa es segura. Es mejor que algo suceda en ese ataúd o a este predicador va a haber que mandarlo con urgencia a terapia. Pero todos oímos un estruendo.

Hay movimiento en el ataúd. Lázaro se incorpora, parpadea y recorre con la vista la habitación; actúa como si viniera despertando de una siesta. Una mujer lanza un grito. Otra se desmaya. Todos gritan. ¿Y nosotros? ¡Asombrados! *Los muertos no salen de sus tumbas, ¿no es así?* Los muertos no despiertan. Corazones muertos no bombean. La sangre seca no circula. Los pulmones vacíos no inhalan. No. Los muertos no se levantan... a menos que... bueno... ¡a menos que escuchen la voz del Señor de la vida!

El muerto salió, con vendas en las manos y en los pies (Juan 11.44).

Jesucristo es, después de todo, «Señor tanto de los que han muerto como de los que aún viven» (Romanos 14.9). Cuando él habla a los muertos, ellos escuchan. En realidad, si Jesús no se hubiera dirigido a Lázaro por su nombre, los ocupantes de cada tumba en la tierra se habrían levantado.

Nunca se sabe qué decir en los funerales. Pero hoy, hemos aprendido algo: *hay un tiempo para no decir nada*. Las palabras no pueden disipar una niebla, pero tu presencia puede abrigarla. Las palabras no pueden devolver a un Lázaro a sus hermanas, pero Dios puede. Y es solo una cuestión de tiempo antes de que él hable. «El Señor mismo descenderá del cielo con voz de mando [...], y los muertos en Cristo resucitarán primero» (1 Tesalonicenses 4.16).

Hasta ese momento, como María, tú sufrirás. Pero no como aquellos que no tienen esperanza. Y escucharás la voz del Maestro. Porque ahora sabes que él tiene la última palabra sobre la muerte.

SEÑOR, si hubieras estado aquí, mi hermano no habría muerto (Juan 11.32).

5. Lee el resto de la historia en Juan 11.28-44. Marta y María reaccionaron en forma diferente cuando Jesús llegó a Betania. ¿Pero cuáles son las similitudes en sus primeras palabras a Jesús (ver los vv. 21, 32)? ¿Qué emociones te parece que hay detrás de estas palabras?

____

____

____

Jesús lloró (Juan 11.35).

6. Observa en el v. 35 que, aunque Jesús sabía que estaba a punto de levantar a Lázaro de entre los muertos, todavía lloraba con María.

¿Por qué crees que hizo eso? ¿Qué lo hizo llorar en este momento en particular?

Alégrense con los que están alegres; lloren con los que lloran (Romanos 12.15).

7. ¿Qué dice el llanto de Jesús con María sobre el tipo de Dios al que servimos? ¿Qué consuelo sientes al saber que Cristo lloraba con los que lloraban? ¿Por qué crees que Pablo nos instruye a «llorar con los que lloran» (Romanos 12.15)?

8. Después de solidarizarse con María, Jesús mostró su señorío sobre la muerte y ordenó a Lázaro que se levantara. ¿Qué dicen los siguientes versículos acerca de la resurrección que un día todos los creyentes en Cristo experimentarán?

Salmos 17.15: «Pero yo en justicia contemplaré tu rostro; me bastará con verte cuando despierte».

Romanos 8.11: «Y, si el Espíritu de aquel que levantó a Jesús de entre los muertos vive en ustedes, el mismo que levantó a Cristo de entre los muertos también dará vida a sus cuerpos mortales por medio de su Espíritu, que vive en ustedes».

1 Corintios 15.51-52: «Fíjense bien en el misterio que les voy a revelar: No todos moriremos, pero todos seremos transformados, en un instante, en un abrir y cerrar de ojos, al toque final de la trompeta. Pues sonará la trompeta y los muertos resucitarán con un cuerpo incorruptible, y nosotros seremos transformados».

Apocalipsis 22.3-5: «Ya no habrá maldición. El trono de Dios y del Cordero estará en la ciudad. Sus siervos lo adorarán; lo verán cara a cara, y llevarán su nombre en la frente. Ya no habrá noche; no necesitarán luz de lámpara ni de sol, porque el Señor Dios los alumbrará. Y reinarán por los siglos de los siglos».

Por lo tanto, ya que en Jesús, el Hijo de Dios, tenemos un gran sumo sacerdote que ha atravesado los cielos, aferrémonos a la fe que profesamos. Porque no tenemos un sumo sacerdote incapaz de compadecerse de nuestras debilidades, sino uno que ha sido tentado en todo de la misma manera que nosotros, aunque sin pecado (Hebreos 4.14-15).

La historia de Marta, María y Lázaro nos enseña que cuando estamos bajo presiones de dolor, no solo tenemos a un Dios que camina a nuestro lado, sino que también nos sostiene y llora con nosotros. Como dice el escritor de Hebreos: «No tenemos un sumo sacerdote incapaz de compadecerse de nuestras debilidades» (4.15). En la Escritura vemos que una de las características más bellas de Dios es su habilidad para relacionarse tan estrechamente con sus hijos y conservar, como Dios que es, el control. Mientras que, por un lado, se relaciona íntimamente con nosotros, por el otro, sigue siendo el Supremo en todo. Puede convivir con nosotros donde todavía estamos, a la vez que nos asegura el final esperanzador por venir. ¿No es este el tipo de consolador que nuestras almas necesitan?

Verdades para recordar

- ❖ Jesús es la resurrección y la vida y ha triunfado sobre la muerte.
- ❖ Jesús se compadece de nuestro dolor y nos trae paz a través de su señorío sobre la muerte.
- ❖ Si el Espíritu de Jesús habita en nosotros, experimentaremos vida eterna.

¡Consuelen, consuelen a mi pueblo! —dice su Dios— (Isaías 40.1).

Oración para hoy

Señor: Gracias por ser un Dios que entiende nuestro sufrimiento. Porque viniste a esta tierra en forma corporal y viviste entre nosotros, sabemos que servimos a un Salvador que puede entender nuestras emociones, necesidades y deseos. Al pasar tiempos de sufrimiento, nos tomamos de tu mano y nos aferramos a la esperanza de la eternidad que provees. Amén.

Día cuatro: La cena

UN ACTO DE AMOR PARA RECORDAR

La María de Betania que hemos visto ha sido más bien un personaje secundario. Al sentarse a los pies de Jesús para escuchar sus palabras, provocó la ira de su autoritaria hermana. Sin embargo, no tenemos un registro de su reacción. Cuando murió Lázaro, al oír que Jesús finalmente estaba llegando, se quedó en casa mientras Marta salió a encontrarlo. Solo cuando Marta le dijo que Jesús estaba preguntando por ella se decidió a salir. Cuando se encontró con Jesús, sus palabras expresaron la misma incredulidad y asombro que su hermana: «Señor, si hubieras estado aquí, mi hermano no habría muerto» (Juan 11.32).

Cuando Marta supo que Jesús llegaba, fue a su encuentro; pero María se quedó en la casa (Juan 11.20).

Pero la próxima vez que la encontramos, poco después de la resurrección de Lázaro, ella ocupa el centro del escenario al ser protagonista de un acto de amor arriesgado que el mundo recordaría siempre. La escena tiene lugar seis días antes de la fiesta de la Pascua, nuevamente en la ciudad de Betania, cuando Jesús está en la ciudad para una cena. Esta vez, el lugar de la cena es la casa de un hombre llamado Simón (Mateo 26.6).

Una vez había sido conocido como Simón el leproso, pero ya no. Ahora es solo Simón. No sabemos cuándo lo sanó Jesús, pero sí sabemos cómo era antes de que Jesús lo sanara. Hombros caídos. Manos sin dedos. Brazos con costras, espalda llagada cubierta con harapos. Una envoltura andrajosa oculta la cara totalmente, a excepción de dos ojos blancos que parecen estar gritando desesperación.

Estando Jesús en Betania, en casa de Simón llamado el Leproso (Mateo 26.6).

Pero eso había sido antes del toque de Jesús. Ahora, ha invitado a Jesús y a sus discípulos a cenar. Un acto sencillo, pero significativo. Después de todo, los fariseos ya están preparando una celda para Jesús. No pasará mucho tiempo antes de que señalen a Lázaro como cómplice, y para el fin de semana figurando en los afiches de "Se busca vivo o muerto". Se necesita valor para tener en casa a un buscado.

Algunos de ellos fueron a ver a los fariseos y les contaron lo que Jesús había hecho (Juan 11.46).

Sin embargo, se requiere más valor para poner la mano en la llaga de un leproso. Simón no había olvidado lo que Jesús había hecho. No lo podía olvidar. Donde antes hubo un muñón, ahora había un dedo del que podría sostenerse su hija. Donde hubo llagas ulcerosas, ahora había una piel que su esposa podría acariciar. Y donde hubo horas solitarias en cuarentena, ahora había horas felices como esta, una casa llena de amigos, una mesa llena de comida.

1. Lee Mateo 26.1-5. ¿Qué había sucedido justo antes de la cena ofrecida a Jesús en la casa de Simón? ¿Cuál fue el complot contra Cristo?

___

___

___

Se reunieron entonces los jefes de los sacerdotes y los ancianos del pueblo en el palacio de Caifás, el sumo sacerdote, y con artimañas buscaban cómo arrestar a Jesús para matarlo (Mateo 26.3-4).

Mientras tanto, muchos de los judíos se enteraron de que Jesús estaba allí, y fueron a ver no solo a Jesús, sino también a Lázaro, a quien Jesús había resucitado (Juan 12.9).

2. Los líderes judíos estaban tramando la muerte de Jesús, y sus seguidores corrían peligro (ver Juan 12.9-10). Por esta razón, era bastante arriesgado para Jesús y los discípulos asistir a la cena en casa de Simón. Describe una situación en tu vida cuando te encontraste con personas hostiles a Cristo. ¿Fuiste valiente como Simón o más tímido con relación a tu fe? Explica.

3. ¿Qué dice acerca de Simón que estaba dispuesto a organizar esta fiesta a pesar de que los sacerdotes y los ancianos estaban conspirando para matar a Jesús?

Dando siempre gracias a Dios el Padre por todo, en el nombre de nuestro SEÑOR Jesucristo (Efesios 5.20).

4. Aunque no podemos invitar a Jesús a nuestra casa para una comida física, nosotros, como Simón, podemos tomarnos tiempo para expresarle gratitud. ¿De qué te ha sanado Jesús? ¿Por qué le estás agradecido? Crea una oración de gratitud a Jesús y escríbela en el espacio siguiente.

NINGUNA DUDA

Cuando observamos los eventos de la crucifixión que siguen, no podemos dejar de preguntarnos, *¿Y si...?* ¿Y si Pilato hubiera salido en defensa de los inocentes? ¿Y si Herodes le hubiera pedido a Jesús ayuda y no entretenimiento? ¿Y si el sumo sacerdote hubiera estado más preocupado de la verdad que de su posición? ¿Y si uno de ellos le hubiese dado la espalda a la multitud y puesto del lado de Jesús?

En Betania, estaba él sentado a la mesa en casa de Simón (Marcos 14.3)

Pero nadie lo hizo. La montaña de prestigio era demasiado alta. La caída habría sido demasiado estruendosa. Pero Simón lo hizo. Simón se arriesgó. Ofreció a Jesús una buena comida. No fue mucho, pero fue más que la mayoría. Y cuando los sacerdotes estaban acusando y los soldados estaban abofeteando a Jesús, quizá haya recordado lo que Simón hizo y se haya fortalecido. Y al recordar la cena de Simón, tal vez recordó el gesto de María.

Marta servía, y Lázaro era uno de los que estaban a la mesa con él (Juan 12.2).

En esa cena, Marta servía, y Lázaro era uno de los que estaban a la mesa con Jesús. No obstante, para María, la cena simplemente no era suficiente. Así es que «tomó entonces como medio litro de nardo puro, que era un perfume muy caro, y lo derramó sobre los pies de Jesús, secándoselos luego con sus cabellos. Y la casa se llenó de la fragancia del perfume» (Juan 12.3).

Esta vez, no leemos que Marta se opusiera. Parecía que había aprendido que hay un lugar para la alabanza y la adoración, y eso era lo que su hermana, María, estaba haciendo. María estaba adorando, porque a ella le encantaba hacerlo. El olor del perfume llenó la casa, así como un canto de alabanza puede llenar una iglesia. Jesús recibió el gesto como una demostración extravagante de amor, como un amigo que entrega su regalo más preciado.

Para Dios nosotros somos el aroma de Cristo entre los que se salvan (2 Corintios 2.15).

Mientras Jesús permanecía en la cruz, tenemos que preguntarnos, ¿no habrá detectado la fragancia en su piel? Es muy probable que sí la sintiera. Después de todo, eran doce onzas de perfume. Importado. Concentrado. Dulce. Suficientemente fuerte como para perfumar la ropa de alguien durante días.

¿No habrá revivido esos momentos mientras lo azotaban? ¿No habrá recordado el aceite que calmó su piel mientras abrazaba el poste romano y se preparaba para la próxima rasgadura en su espalda? ¿No habrá visto, entre los rostros de las mujeres que miraban fijamente, el rostro pequeño, suave y preocupado de María?

Ella fue la única que le creyó. Cada vez que hablaba de su muerte, los otros se encogían de hombros, los demás dudaban, pero María creyó. María creyó porque él habló con una firmeza que había escuchado antes. «¡Lázaro, sal fuera!», había ordenado, y su hermano había obedecido. Después de cuatro días en una tumba sellada, había salido. Al besarle las manos ahora calientes a su hermano que había muerto, se había vuelto para ver a Jesús. Las huellas de sus lágrimas ahora estaban secas y sus dientes brillaban. Sonreía.

En su corazón, en ese momento, sabía que nunca dudaría de sus palabras.

5. Lee Juan 12.1-3. ¿Cuándo tuvo lugar esta cena? ¿Cómo ungió María a Jesús?

____

____

____

____

____

____

6. Juan dice que el perfume que María usó era caro. Judas dijo que costaría unos 300 denarios. Un denario era el salario de un trabajador por un día, por lo que el costo del aceite correspondería aproximadamente al salario de un año.[1] ¿Qué revela esto sobre el gesto de María?

____

____

____

____

____

Vayamos hasta su morada; postrémonos ante el estrado de sus pies (Salmos 132.7).

7. ¿En qué sentido fue derramar este caro perfume sobre Jesús un acto de adoración por parte de María?

8. ¿Qué puedes derramar tú ante Jesús como un acto de adoración en este momento?

En el Antiguo Testamento, la ley de Dios ordenaba presentar ofrendas al Señor en el templo. Un carnero en el día de la expiación, la primera cosecha de un granjero, una paloma de un campesino: todo esto era sacrificado en el altar en el templo. Los sacrificios eran una forma en que el pueblo expresaba su adoración a Dios y su gratitud por el perdón de sus pecados. Pero, sobre todo, los sacrificios apuntaban al mayor sacrificio que habría de venir: la muerte de Cristo. La adoración amorosa de María a Cristo simbolizaba derramar una ofrenda sobre la mayor ofrenda jamás dada. Ella le dio a Jesús su posesión terrenal más cara al ungirlo por la muerte y sepultación que soportaría para pagar el precio por nuestros pecados. Todos debemos adorar como lo hizo María. Que lo amemos tanto que depositemos a sus pies todo lo que poseemos, cada persona que amamos, todo lo que somos.

Entró una sola vez y para siempre en el Lugar Santísimo. No lo hizo con sangre de machos cabríos y becerros, sino con su propia sangre, logrando así un rescate eterno (Hebreos 9.12).

Verdades para recordar

- ❖ Jesús merece que lo honremos y adoremos por la obra sanadora que ha hecho en nuestra vida.
- ❖ La adoración nos permite poner nuestra vida a los pies de Jesús.
- ❖ Nuestro sacrificio de adoración es una ofrenda de suave aroma que apunta a Jesús, el más grande sacrificio jamás hecho.

Oración para hoy

Jesús: Hoy te damos gracias por el sacrificio que hiciste por nosotros en la cruz. Gracias por derramar tu cuerpo ante el Padre para que nosotros pudiéramos estar ante ti en la eternidad. Tú eres digno de toda nuestra gloria y adoración. Te amamos. Amén.

Como éramos incapaces de salvarnos, en el tiempo señalado Cristo murió por los malvados (Romanos 5.6).

Día cinco: Un acto de amor para aprovechar

El aroma de la fe

Cuando Jesús habló de su muerte, María le creyó. Y cuando vio a Simón, a Jesús y a Lázaro juntos, no pudo resistirse. Simón, el leproso sanado, riendo a mandíbula batiente; Lázaro, el resucitado, inclinándose para escuchar mejor lo que decía Jesús. Y Jesús, la fuente de la vida para ambos, comenzando su broma por segunda vez.

Ahora es el momento, se dijo María. No se trataba de un acto provocado por un impulso. Había llevado el frasco de perfume desde su casa. No se trataba de un gesto espontáneo. Pero fue algo extravagante. El costo del perfume equivalía al salario de un año de un trabajador. ¿Sería lo único de valor que ella tendría en casa? Hacer lo que hizo no tiene lógica, pero ¿desde cuándo el amor se ha inspirado en la lógica?

Rompió el frasco y derramó el perfume sobre la cabeza de Jesús (Marcos 14.3).

La lógica no había tocado a Simón. El sentido común no había llorado ante la tumba de Lázaro. El sentido práctico no había alimentado a las multitudes ni había amado a los niños. El amor lo había hecho. Amor extravagante, arriesgado y atrevido. Y ahora alguien necesitaba mostrar lo mismo al dador de tal amor.

Y María lo hizo. Ella se puso detrás de él con el frasco en la mano. En un momento, todo el mundo estaba en silencio y todo ojo observaba cómo con sus dedos temblando de nervios, quitaba la tapa. Solo Jesús no estaba consciente de su presencia. Justo cuando Jesús notó que todos dirigían sus miradas a algo detrás de él, María comenzó a derramar el perfume. Sobre su cabeza. Sobre sus hombros. En sus espaldas. Si hubiese podido, ella misma se habría derramado.

La fragancia corrió por la habitación. Los olores de cordero cocido y hierbas se esfumaron ante el aroma del ungüento. «Donde quiera que vayas —dijo María con su gesto —respira el aroma y recuerda a alguien a quien le importas». En su piel, la fragancia de fe. En su ropa, el bálsamo de fe. Incluso cuando después los soldados romanos habrían de repartirse su ropa, el gesto de María fue como un ramo de flores frescas en un cementerio.

1. Lee Juan 12.4-11. ¿Por qué Judas objeta este acto de adoración de parte de María? ¿Cuál era, según lo revela Juan, el verdadero motivo detrás de su queja?

Dijo esto no porque se interesara por los pobres, sino porque era un ladrón (Juan 12.6).

Ella ha estado guardando este perfume para el día de mi sepultura (Juan 12.7).

2. ¿Cómo respondió Jesús a la objeción de Judas? ¿Qué quiso decir cuando dijo: «Ella hizo esto en preparación para mi entierro»? (v. 7).

Lo derramó sobre los pies de Jesús (Juan 12.3).

3. Vamos ahora a Mateo 26.7 y Juan 12.3. La costumbre de la época era ungir las cabezas de los invitados, pero María va un paso más allá y unge los pies de Jesús ¿Qué dice acerca de María que hubiese estado dispuesta a sentarse a los pies de Jesús? ¿Qué dice con relación a su relación con Cristo?

El que permanece en mí, como yo en él, dará mucho fruto (Juan 15.5).

4. El amor de María por Jesús era profundo. Es posible que tú ames a Jesús como lo amó María, pero quizá te cueste hacerlo. Independientemente de dónde esté depositado tu amor hoy, ¿cómo podrías amar más a Jesús? (Lee Juan 15.5-7 y 1 Juan 4.19).

UN ACTO PARA RECORDAR

Al ver esto, los discípulos se indignaron (Mateo 26.8).

Los otros discípulos, a diferencia de Judas, se burlaron de la extravagancia de María. La consideraron un desperdicio. ¡Qué ironía! Jesús había evitado que se ahogaran cuando la barca donde iban estuvo a punto de zozobrar en medio de un mar tempestuoso. Los había capacitado para que predicaran y sanaran; había dado sentido a sus vidas mediocres. Y ahora, estos mismos discípulos, los receptores del amor exorbitante de Jesús, reprobaban la generosidad de María.

A los pobres siempre los tendrán con ustedes, y podrán ayudarlos cuando quieran; pero a mí no me van a tener siempre (Marcos 14.7).

«¿Por qué desperdiciar un perfume tan caro? Pudo haberse vendido por una gran cantidad de dinero y usado para ayudar a los pobres» dijeron, con una expresión entre burlona y seria. No te pierdas la defensa inmediata que hace Jesús de María. «¿Por qué molestan a esta mujer? Ella ha hecho una obra hermosa conmigo» (Mateo 26.10). El mensaje de Jesús es tan poderoso hoy como lo fue entonces. No te lo pierdas: «Hay un tiempo para el amor arriesgado. Hay un tiempo para los gestos extravagantes. Hay un tiempo para derramar tus afectos en alguien que amas. Y cuando llegue el momento, aprovéchalo y no lo dejes ir».

El joven esposo está empacando las pertenencias de su esposa. Es una tarea solemne. Su corazón le pesa mucho. Nunca pensó que ella moriría tan joven. Pero el cáncer llegó implacable. ¡Y tan rápido! Entre las cosas de ella, encuentra una caja; y, en la caja, un camisón sin usar. Todavía dentro del envoltorio original. «Siempre esperaba usarlo para una ocasión especial —se dice—, siempre esperando…».

El niño en su bicicleta mira a sus compañeros cómo se ríen. Se están burlando de su hermanito. Sabe que debería intervenir y defender a su hermano, pero… son sus amigos. ¿Qué van a pensar? Y porque para él eso es importante, se vuelve y se aleja pedaleando.

Cuando el marido mira en el estuche de joyas, piensa: «Claro que ella querría el reloj, pero es demasiado caro. Ella es una mujer práctica. Le voy a comprar el brazalete hoy. Algún día le compraré ese reloj».

Algún día. El enemigo del amor que se arriesga es una serpiente cuya lengua ha dominado el lenguaje del engaño. «Algún día», sisea.

«Algún día, la llevaré a un crucero».

«Algún día, sacaré tiempo para llamarlo y conversar».

«Algún día, los niños entenderán por qué estaba tan ocupado».

¿Pero sabes una cosa? Lo sabes incluso antes de que yo lo escriba. Podrías decirlo mejor que yo. *Ese «algún día» nunca llega.* El precio del casi a veces es más alto que lo extravagante, pero la recompensa del amor arriesgado siempre es mayor que su costo. Haz el esfuerzo. Invierte el tiempo. Escribe esa carta. Discúlpate. Compra ese regalo. Hazlo. Aprovechar las oportunidades produce gozo. Dejar pasar las oportunidades produce arrepentimiento.

¡Y eso que ni siquiera saben qué sucederá mañana! […]. Ustedes son como la niebla, que aparece por un momento y luego se desvanece (Santiago 4.14).

5. En algún momento todos, como los discípulos, hemos juzgado un acto extravagante de adoración de otra persona ya sea por celos, por malentendidos o por autojustificación. Pero ¿qué nos revela esta historia sobre el tipo de adoración que Dios desea de nosotros?

6. ¿De qué maneras has adorado tú a Dios con amor que se arriesga? ¿Cuáles fueron los resultados de adorar a Dios de esa manera, tanto para ti como para los demás?

Muchos de los judíos se enteraron de que Jesús estaba allí, y fueron a ver no solo a Jesús, sino también a Lázaro, a quien Jesús había resucitado. Entonces los jefes de los sacerdotes resolvieron matar también a Lázaro (Juan 12.9-10).

7. Como su nombre lo indica, el amor que se arriesga implica *riesgos*. ¿Qué leemos que sucedió al final de esta historia? (ver Juan 12.9-11). ¿Cuáles fueron las consecuencias para María y su familia por su acto de amor arriesgado? ¿Crees que valió la pena para ella?

8. Nuestros actos de amor que se arriesga por Cristo deberíamos darlos a los demás. ¿Cuál sería a lo menos una manera en que podrías demostrarle a alguien un acto de amor como el que María le demostró a Jesús? ¿Cómo podrías poner en acción este amor que se arriesga sin que confíes en hacerlo «algún día»?

Les aseguro que en cualquier parte del mundo donde se predique el evangelio, se contará también, en memoria de esta mujer, lo que ella hizo (Marcos 14.9).

Al final de la historia, Jesús dijo, «[María] ha hecho una obra hermosa conmigo [...]. Al derramar ella este perfume sobre mi cuerpo, lo hizo a fin de prepararme para la sepultura. Les aseguro que en cualquier parte del mundo donde se predique este evangelio, se contará también, en memoria de esta mujer, lo que ella hizo» (Mateo 26.10, 12-13). El gesto de María de adoración a su Señor nunca se olvidaría. Su acto de amor que se arriesga al ungir a Jesús para su sepultura fue un regalo de riesgo ofrecido en el tiempo correcto.

Lo que nos lleva de vuelta a la historia de Artful Eddie, el mafioso de Chicago al que nos referimos al comienzo de esta lección. Como recordarás, Eddie delató a Al Capone para que su hijo tuviera una oportunidad justa, y pagó el precio cuando la mafia lo silenció para siempre. ¿Valió la pena? Creo que Eddie hubiera dicho que sí si hubiera vivido para ver crecer a su hijo Butch.

Creo que se habría sentido orgulloso de saber que su hijo había sido aceptado en la Marina de Estados Unidos; se habría sentido orgulloso cuando se convirtió en piloto de la Marina durante la Segunda Guerra Mundial; se habría sentido orgulloso al saber que su hijo había derribado cinco bombarderos enemigos y salvado la vida de cientos de tripulantes del portaviones Lexington; que había dignificado el apellido O'Hare; y que su hijo recibiera la Medalla de Honor del Congreso.

Cuando la gente menciona el nombre O'Hare en Chicago, ya no piensa en gánsteres, sino que piensa en el *heroísmo de un piloto de guerra*. Y cuando ahora pronuncia su nombre, tiene algo más en qué pensar: el eterno dividendo del amor que se arriesga. Piénsalo la próxima vez que lo escuches. Piénsalo la próxima vez que llegues o salgas del aeropuerto internacional de Chicago que lleva el nombre de O´Hare International Airport en honor del hijo de Artful Eddie.

Hoy, puedes seguir el ejemplo del amor que se arriesga que María modeló para Cristo. Hay un anciano en tu vecindario que acaba de perder a su esposa. Una hora de tu tiempo sería como un mundo para él. Algunos niños en la ciudad donde vives no tienen papá; no tienen un padre que los lleve a ver una película o a patear una pelota. Quizá tú puedas. Seguramente no te van a poder devolver el favor con dinero. Ni siquiera tendrán para comprar un refresco. Pero sonreirán como una rebanada de melón ante tu gesto amable.

¿O qué tal este? Al final del pasillo de tu casa hay alguien que lleva el mismo apellido tuyo. Sorprende a esa persona con un acto de amabilidad. Algo extravagante. Tu tarea llevada a cabo sin quejas. Una taza de café antes de que despierte. Una carta de amor escrita para ella sin un motivo especial. Alabastro derramado... solo eso.

¿Quieres soltarte de las cadenas de aburrimiento? Lleva a cabo acciones generosas, algo que esté más allá de la retribución. Bondad sin compensación. Haz algo por lo que no te puedan pagar. Arriésgate con tus actos de amor, así como María se arriesgó con el suyo.

Panal de miel son las palabras amables: endulzan la vida y dan salud al cuerpo (Proverbios 16.24).

VERDADES PARA RECORDAR

- ❖ Jesús es el autor del amor que se arriesga, y él quiere que nosotros expresemos ese mismo tipo de amor hacia los demás.
- ❖ Hay un tiempo para que podamos hacer una obra de amor extravagante. Y la recompensa por estos actos es siempre más grande que el costo.
- ❖ Necesitamos involucrarnos en actos generosos, en actos de amabilidad sin compensación, y actos de servicio más allá de la retribución, porque este es el amor que Dios nos muestra.

ORACIÓN PARA HOY

Señor Jesús: Tú eres nuestro ejemplo del amor que se arriesga, porque nos diste el regalo supremo de ti mismo a través de tu muerte en la cruz. Hoy nos sentimos humildes y rebosantes de gratitud por tu sacrificio a nuestro favor. Ayúdanos para que podamos compartir generosamente tu increíble amor con los demás. En tu nombre oramos. Amén.

VERSÍCULO DE LA SEMANA PARA MEMORIZAR

Y este es mi mandamiento: que se amen los unos a los otros, como yo los he amado. Nadie tiene amor más grande que el dar la vida por sus amigos.

JUAN 15.12-13

Para lectura adicional

Las selecciones a través de esta lección han sido tomadas de *Y los ángeles guardaron silencio* (Nashville: Grupo Nelson, 2009); *Todavía remueve piedras* (Nashville: Grupo Nelson, 2011); *El trueno apacible* (Nashville: Grupo Nelson, 1996); *Mi Salvador y vecino* (Nashville: Grupo Nelson, 2003); *No se trata de mí* (Nashville: Grupo Nelson, 2011).

Notas

1. Earl Radmacher, Ronald B. Allen, H. Wayne House, editores. *Nelson ´s New Illustrated Bible Commentary* (Nashville: Thomas Nelson, 1999), p. 1343.

LECCIÓN 9

MARÍA MAGDALENA

UN ENCUENTRO CON EL DIOS DE LAS SORPRESAS

SABEMOS CÓMO LEER UNA HISTORIA QUE CREEMOS CONOCER, pero al leerla de nuevo, vemos algo que nunca habíamos visto antes. Sabemos cómo leer cien veces el mismo relato, pero en la lectura ciento uno salta a la vista algo que nos hace preguntarnos si las veces anteriores estábamos dormidos que no lo vimos.

Quizá fue porque comenzamos en el medio de la historia en lugar de al principio. O tal vez fue porque alguien la leyó en voz alta e hizo una pausa en un lugar donde nosotros habíamos pasado de largo y ¡salta lo nuevo! Y nos golpea. Agarramos entonces el libro y lo examinamos, sospechando que alguien copió o leyó algo mal. Pero luego volvemos a leerlo y bueno, todo está en orden.

Esto me pasó a mí. Hoy. Solo Dios sabe cuántas veces he leído la historia de la resurrección. Al menos un par de docenas durante la Semana Santa y un par de cientos de veces en el resto del año. La he enseñado. He escrito sobre ella. He meditado sobre ella y la he subrayado. Pero lo que vi hoy nunca lo había visto antes.

¿Qué vi? Antes de decírtelo, déjame contarte la historia.

Es la madrugada del domingo; todavía no empieza a aclarar. Juan lo dice, con estas palabras: «Cuando todavía estaba oscuro» (Juan 20.1). Estamos hablando, entonces, de un oscuro domingo por la mañana. El viernes había sido un día oscuro. Oscuro por la negación de Pedro. Oscuro por la traición de los discípulos. Oscuro por la cobardía de Pilato. Oscuro por la angustia de Cristo. Oscuro por la alegría de Satanás. La única chispa

El primer día de la semana, muy de mañana, cuando todavía estaba oscuro, María Magdalena fue al sepulcro (Juan 20.1).

Estaban allí, mirando de lejos, muchas mujeres... (Mateo 27.55).

... muchas mujeres [...] habían seguido a Jesús desde Galilea para servirle. (Mateo 27.55).

José tomó el cuerpo [...] y lo puso en un sepulcro nuevo de su propiedad [...]. Allí estaban, sentadas frente al sepulcro, María Magdalena y la otra María (Mateo 27.59-61).

de luz es el pequeño grupo de mujeres de pie «mirando de lejos» a la cruz (Mateo 27.55).

Entre ellas hay dos Marías. Una, la madre de Santiago y José y la otra es María Magdalena. ¿Por qué están ellas ahí? Están allí para pronunciar el nombre de Jesús. Para ser las voces finales que escucha Jesús antes de su muerte. Para preparar su cuerpo para el entierro. Están allí para limpiar la sangre de su barba. Para limpiar el rojo de sus piernas. Para cerrarle los ojos. Tocar su cara. Están allí. Las últimas en salir del Calvario y las primeras en llegar a la tumba.

De modo que, temprano ese domingo por la mañana, dejan sus jergones y caminan en silencio por la senda sombreada de los árboles. La suya es una tarea sombría. La mañana promete solo un encuentro: un encuentro con un cuerpo sin vida. Recuerda, María Magdalena y la otra María no saben que esta es la primera Pascua. No esperan encontrarse con una tumba vacía. No hablan sobre cómo reaccionarán cuando vean el cuerpo de Jesús. Sus sueños han quedado frustrados.

No tienen la más mínima idea de que la tumba ha sido desocupada.

Dichoso el que halla sabiduría, el que adquiere inteligencia (Proverbios 3.13).

1. En Santiago 1.5, leemos: «Si a alguno de ustedes le falta sabiduría, pídasela a Dios, y él se la dará, pues Dios da a todos generosamente sin menospreciar a nadie». ¿Qué nueva perspectiva necesitas de parte de Dios hoy por ese problema que estás enfrentando?

2. ¿De qué manera te sientes estancado en tu caminar con Dios? ¿En qué aspectos de tu vida necesitas enfrentarte con el «Dios de las sorpresas»?

Jesús [...] soportó la cruz, menospreciando la vergüenza (Hebreos 12.2).

Las lágrimas de María Magdalena nos indican que aquella madrugada de domingo no se despertó esperando que Jesús estuviera vivo. Su Señor estaba muerto, y ella estaba devastada. Sin embargo, a pesar de que Jesús fue ejecutado en una cruz, una vergonzosa forma de morir, ella no estaba avergonzada de él. Ni estaba enojada con él. No lo traicionó. Fue la última en la cruz y la primera en la tumba. María Magdalena encarna la lealtad. Sin que le importara lo que los demás dijeran de él, lo que había entendido de él, o lo desesperanzada que se sintiera, decidió estar junto a Jesús. Lo sirvió hasta el final, o lo que ella creía que era el final. Esta lección, cuando nos detenemos a observar su fe, debe hacernos pedirle a Dios que nos dé la devoción de María Magdalena. Que nos ayude a mantenernos firmes junto a él y seguir sirviéndole sin importar lo que la vida traiga o lo desesperados que nos sintamos. Pidámosle que permita que la historia de la resurrección genere nuevas emociones en nuestros corazones y nos recuerde la devoción que nuestro Salvador resucitado merece.

Oración para la semana

¡Jesús, tú vives! ¡Y eres digno de nuestra adoración! Hoy, te pedimos que nos des un amor por ti firme e inquebrantable como el de María. Ayúdanos para que la promesa de la resurrección minimice cualquier desesperanza que podamos sentir y cualquier reto que tengamos que enfrentar. Amén.

Día uno: La mujer con los siete demonios

Oprimida por los demonios

La mujer que conocemos como María Magdalena es uno de los personajes más intrigantes que encontramos en el Nuevo Testamento. Se la menciona al menos doce veces en los cuatro Evangelios, más que a varios de los apóstoles. Sin embargo, conocemos poco de su vida antes de que se encontrara con Jesús. Sí sabemos dónde nació, ya que Magdalena se deriva del nombre Magdala, y Magdala era una ciudad que en los días de Jesús se asentaba en la costa occidental del Mar de Galilea.

Lo acompañaban los doce, y también algunas mujeres que habían sido sanadas de espíritus malignos y de enfermedades: María, a la que llamaban Magdalena (Lucas 8.1-2).

Una breve nota en dos de los Evangelios revela otro detalle fascinante sobre su vida: había sido poseída por siete demonios antes que Jesús los expulsara (Lucas 8.2). No tenemos idea exactamente cuándo o cómo se transformó en una mujer endemoniada, pero otra historia que encontramos en los Evangelios de Mateo, Marcos y Lucas nos da una idea de cómo se manifiesta esa posesión y cómo es que Jesús los expulsó.

María [...], de la que habían salido siete demonios (Lucas 8.2).

En este segundo caso, la persona a quien Jesús sanó no estaba siendo atormentada por siete demonios sino quizá por *miles*. Jesús se encontró con él poco después de realizar el milagro de calmar el viento y las olas que amenazaban con volcar la barca en el Mar de Galilea. Después de esa angustiosa experiencia, Jesús y los discípulos bajaron a tierra en una región conocida como Gadara. Ahí se encontraron con otra escena aterradora.

Navegaron hasta la región de los gerasenos, que está al otro lado del lago, frente a Galilea. Al desembarcar Jesús, un endemoniado que venía del pueblo le salió al encuentro (Lucas 8.26-27).

> «Tan pronto como desembarcó Jesús, un hombre poseído por un espíritu maligno le salió al encuentro de entre los sepulcros. Este hombre vivía en los sepulcros, y ya nadie podía sujetarlo, ni siquiera con cadenas. Muchas veces lo habían atado con cadenas y grilletes, pero él los destrozaba, y nadie tenía fuerza para dominarlo. Noche y día andaba por los sepulcros y por las colinas, gritando y golpeándose con piedras» (Marcos 5.2-5).

Hacía mucho tiempo que este hombre no se vestía; tampoco vivía en una casa, sino en los sepulcros (Lucas 8.27).

Imagina a este hombre que vieron los discípulos ese día. Enjuto, cabellera apelmazada, una barba que le llegaba al pecho con manchas de sangre seca. Ojos furtivos, mirando en todas direcciones sin detenerse en nada. Desnudo, sin ningún tipo de calzado ni ropa que lo protegieran de las piedras o de las rocas del lugar. Castigaba su cuerpo con piedras. Tenía moretones por todas partes. Las llagas y las heridas abiertas atraían a las moscas.

Su hogar era un mausoleo de piedra caliza, un cementerio de la costa de Galilea con cuevas labradas en las paredes de roca viva. Parecía sentirse más seguro entre los muertos que entre los vivos. Lo que agradaba a los vivos a él lo desconcertaba. ¿Ves los grilletes rotos en sus piernas y las cadenas desmenuzadas en sus muñecas? Ni con grilletes ni con cadenas se lo podía controlar. ¿Cómo se puede manejar el caos?

Atemorizada, la gente evitaba acercarse a ese lugar debido a que los demonios «eran tan violentos que nadie se atrevía a pasar por aquel camino» (Mateo 8.28). Los gadarenos tenían un problema; nosotros tenemos un panorama: la obra de Satanás.

1. La Biblia nos dice poco sobre el pasado de María Magdalena y cómo ella vino a seguir a Jesús. Lee el breve relato que encontramos en Lucas 8.1-3. De estos pocos versículos, ¿qué cosas adviertes a primera lectura sobre María? ¿Qué hizo ella después de que Cristo la sanó?

Noche y día andaba por los sepulcros y por las colinas, gritando y golpeándose con piedras (Marcos 5.5).

2. Lee Marcos 5.1-5. Así como Jesús liberó a María de los demonios que la poseían, liberó de los demonios a un hombre que vivía en la costa del Mar de Galilea. ¿Qué causaban los demonios que hiciera este hombre? ¿Cómo era su vida?

¿Tú crees que hay un solo Dios? ¡Magnífico! También los demonios lo creen, y tiemblan (Santiago 2.19).

3. «*Tan pronto* como desembarcó Jesús, un hombre poseído por un espíritu maligno le salió al encuentro de entre los sepulcros» (Marcos 5.2, énfasis añadido). No todas las traducciones incluyen las palabras *tan pronto*, pero en el griego original, Marcos las incluye. ¿Por qué estas dos palabras son importantes en el relato? ¿Qué nos dicen acerca de Jesús y del mundo de los demonios?

4. ¿Qué pasó cuando la gente de la región trató de controlar al hombre con cadenas? ¿Qué dice esto sobre el poder de la carne contra el mundo espiritual?

Los objetivos de Satanás

Satanás no se queda quieto en este mundo. Un vistazo a la situación de este hombre que vive en condiciones infrahumanas revela sus intenciones para contigo y para conmigo. *Dolor autoimpuesto*. El uso demoniaco de piedras. Nosotros en la actualidad somos menos salvajes: usamos drogas, sexo, trabajo, violencia, licor y comida. El infierno provoca que nos hagamos daño a nosotros mismos.

Sabemos que somos hijos de Dios, y que el mundo entero está bajo el control del maligno (1 Juan 5.19).

La obsesión con la muerte y la oscuridad. Aun libre de sus cadenas, el endemoniado merodeaba entre los muertos. En ese ambiente, el mal se siente como en casa; se comunica con los muertos, echando por la borda el valor de la vida, una fascinación morbosa con la muerte y con el morir. Esta no es la obra de Dios.

Inquietud sin fin. De día y de noche, el hombre andaba dando voces en los montes y en los sepulcros (Marcos 5.5). Satanás engendra un frenesí incontrolable. Jesús dijo: «Cuando un espíritu maligno sale de una persona, va por lugares áridos, buscando descanso sin encontrarlo» (Mateo 12.43).

Aislamiento. El hombre está solo en su sufrimiento. Es lo que quiere Satanás. «Su enemigo el diablo ronda como león rugiente, buscando a *quién* devorar» (1 Pedro 5.8, énfasis añadido). La convivencia fraternal frustra sus planes; la soledad los fortalece.

¿Y Jesús? Jesús arruina su trabajo. Baja de la barca disparando: «¡Sal de este hombre, espíritu maligno!» (Marcos 5.8). Nada de charla, ni de sutilezas ni saludos. Los demonios no se lo merecen. Se arrojan a los pies de Jesús y le piden misericordia. El líder de la horda habla por los demás: «¿Por qué te entrometes, Jesús, Hijo del Dios Altísimo? —gritó con fuerza—. ¡Te ruego por Dios que no me atormentes!» (v. 6-7).

El Hijo de Dios fue enviado precisamente para destruir las obras del diablo (1 Juan 3.8).

Cuando Jesús ordena al demonio que se identifique: «Me llamo Legión —respondió—, porque somos muchos» (v. 9). *Legión* es un término militar romano. Una legión romana estaba compuesta por 6000 soldados. Pensar en tantos demonios habitando en este hombre es escalofriante pero muy realista. Lo que los murciélagos son para una cueva, los demonios son para el infierno, muchos para poder contarlos.

«¿Cómo te llamas?», le preguntó Jesús. «Legión», respondió, ya que habían entrado en él muchos demonios (Lucas 8.30).

5. Lee Marcos 5.6-9. ¿Qué hizo Jesús cuando vio al hombre? ¿Cómo respondieron a Jesús los demonios dentro de su víctima?

Es que Jesús le había ordenado al espíritu maligno que saliera del hombre... (Lucas 8.29).

... el demonio lo arrastraba a lugares solitarios (Lucas 5:29).

6. Satanás lo mantuvo cautivo a través del dolor autoimpuesto, la obsesión con la muerte y la oscuridad, infinitas inquietudes y el aislamiento. ¿En qué formas el enemigo ha usado estas armas contra ti o contra alguien a quien amas? ¿Cómo combatiste esos ataques?

Practiquen el dominio propio y manténganse alerta [...]. Resístanlo [al diablo], manteniéndose firmes en la fe... (1 Pedro 5.8-9).

7. Lee 1 Pedro 5.8-9. ¿Qué nos dice Pedro en estos versículos que debemos hacer como cristianos? ¿Qué significa ser «sobrio»? ¿Cómo podemos «resistir» al diablo?

8. C. S. Lewis escribió: «Hay dos errores iguales y opuestos en los que la raza humana puede caer en cuanto a los demonios. Uno es no creer que existen; el otro, es creer que sí existen, pero sentir por ellos un interés excesivo y poco saludable».[1] «¿Cuál de estos «errores» tiendes tú a cometer? ¿Cuál es el lado negativo de cada uno de estos errores?

No somos de la noche ni de la oscuridad [...], sino mantenernos alerta y en nuestro sano juicio (1 Tesalonicenses 5.5-6).

El enemigo de nuestras almas está al acecho. A él le encanta cuando nos olvidamos de que existe, porque así, tendemos a bajar nuestras defensas. También le gusta cuando nos obsesionamos con su existencia, porque así nos concentramos menos en la existencia y el poder de Dios. Hay una línea espiritual muy fina por donde podemos andar. Porque mientras que es verdad que el diablo es tan real hoy como lo era durante el tiempo de María Magdalena, hoy procura hacer de la gente personas cautivas, así como lo hizo con el hombre de Gadara. Dios no quiere que nos obsesionemos por él. Como dice Pedro, debemos «mantener la cabeza fría y estar siempre alerta». Debemos estar alerta, pero alerta con una cabeza fría. Deberíamos ser pacíficamente conscientes de la existencia de este enemigo; estar conscientes de sus estrategias, de modo que estemos siempre listos para pelear, pero en paz porque sabemos que el Vencedor está de nuestro lado.

VERDADES PARA RECORDAR

- ❖ Satanás usa el dolor autoimpuesto, la oscuridad y el aislamiento para tratar de mantenernos alejados de Dios y de los planes que el Señor tiene para nosotros.
- ❖ Jesús llega a nosotros cuando estamos retenidos en cautividad por el enemigo, nos libera del poder de Satanás y nos regala sanidad y restauración.
- ❖ Necesitamos reconocer el mal en el mundo y luchar contra él a través del poder de Cristo Jesús que habita en nosotros.

Al que nos ama y que por su sangre nos ha librado de nuestros pecados (Apocalipsis 1.5).

ORACIÓN PARA HOY

Señor: Ayúdanos a resistir al diablo y sus estratagemas. Ayúdanos a mantenernos alerta para no caer en las trampas del demonio sino vivir en paz porque sabemos que tú eres el Señor, sobre todo, incluyendo a nuestro enemigo. Que no dudemos que en ti no hay nada que temer. Amén.

Día dos: La autoridad de Cristo

A LOS CERDOS

Los demonios en este hombre eran numerosos, tal como lo eran en el caso de María Magdalena, y tienen que haber estado bien equipados, tomando en cuenta que en términos militares una legión es un batallón de soldados bien armados. Satanás y sus secuaces vienen a pelear. Por lo tanto, es urgente para nosotros ponernos toda la armadura de Dios, para que cuando llegue el día malo podamos resistir hasta el fin con firmeza. (Lee Efesios 6.13).

Dejemos a un lado las obras de la oscuridad y pongámonos la armadura de la luz (Romanos 13.12).

Es imperativo para nosotros hacerlo ya que ellos están bien organizados, «porque nuestra lucha no es contra seres humanos, sino contra poderes, contra autoridades, contra potestades que dominan este mundo de tinieblas, contra fuerzas espirituales malignas en las regiones celestiales» (v. 12). Jesús habló de las «puertas del Hades» (Mateo 16.18, RVR1960), frase que sugiere algo así como «el consejo del infierno». Nuestro enemigo tiene un ejército espiritual complejo y confabulador. Olvídate de aquella imagen que presenta al diablo vestido de rojo, con un tridente en la mano, cuernos y una cola terminada en punta. El diablo es un demonio poderoso.

Pero —y este es el punto del pasaje—, ante la presencia de Dios, el diablo es un cobarde. Satanás es a Dios lo que un mosquito es a una bomba atómica. Como Jesús pudo expulsar a los siete demonios de María Magdalena, así pudo echar fuera de la vida del hombre, aquella legión de demonios. La

¡Anímense! Yo he vencido al mundo (Juan 16.33).

cantidad no tenía ninguna importancia para Jesús, porque él tiene autoridad sobre *todos* los demonios.

Marcos nos dice que por allí cerca había una gran piara de cerdos. Entonces todos los demonios le suplicaron a Jesús «mándanos a los cerdos; déjanos entrar en ellos» (Marcos 5.12). ¡Cómo se acobardan los agentes del infierno ante la presencia de Cristo! Los demonios se inclinan ante él, le ruegan y le obedecen. Ni siquiera pueden entrar en un cerdo sin su permiso. Entonces «los espíritus malignos salieron del hombre, entraron en los cerdos [...], y la manada se precipitó al lago por el despeñadero y allí se ahogó» (v. 13).

Y con insistencia le suplicaba a Jesús que no los expulsara de aquella región (Marcos 5.10).

1. Lee Marcos 5.10-14. ¿Qué pidió Legión, o el ejército de demonios dentro del hombre, a Jesús? ¿Qué pasó como resultado?

Pónganse toda la armadura de Dios para que puedan hacer frente a las artimañas del diablo (Efesios 6.11).

2. Vamos ahora a Efesios 6.10-20. ¿Cuál es «toda la armadura de Dios»? ¿Por qué Pablo dice que tenemos que ponernos esta armadura? ¿Con qué frecuencia debemos usarla?

Nuestra lucha no es contra seres humanos, sino contra [...] fuerzas espirituales malignas en las regiones celestiales (Efesios 6.12).

3. Según el v. 12, ¿contra quién batallamos? ¿De qué manera recordar este versículo te dará una mejor perspectiva la próxima vez que surjan los conflictos?

Tomen el escudo de la fe, con el cual pueden apagar todas las flechas encendidas del maligno (Efesios 6.16).

4. La parte más importante de la armadura que describe Pablo es el escudo de fe (v. 16). Normalmente, el escudo de un soldado romano medía desde setenta y cinco centímetros de ancho por un metro treinta de alto, suficiente para ofrecer protección a todo el cuerpo. ¿De qué manera la fe protege todo tu cuerpo de los ataques de Satanás? ¿Cómo extingue la fe las flechas del enemigo?

La serpiente aplastada

Su simiente te aplastará la cabeza, pero tú le morderás el talón (Génesis 3.15).

María Magdalena fue liberada de siete demonios. Este hombre de los gadarenos fue liberado de miles. Estas historias nos recuerdan que, aunque Satanás puede perturbarnos, no puede vencernos. La cabeza de la serpiente está aplastada (lee Génesis 3.15).

Fui testigo ocular de una escena como la que acabo de describir cuando hablo de la cabeza aplastada de la serpiente. Una compañía petrolera estaba contratando espaldas fuertes y mentes débiles para tender una tubería por territorio estadounidense. Debido a que califiqué, gran parte de las vacaciones de verano de la escuela secundaria pasé pala en mano a lo largo de varios kilómetros en el oeste de Texas. Una gran excavadora iba delante de nosotros abriendo las zanjas y nosotros íbamos detrás limpiándolas de tierra y rocas.

Una tarde, la excavadora removió más que tierra y rocas. «¡Una serpiente!», gritó el capataz. Salimos de la zanja más rápido que si hubiésemos sido catapultados por un resorte. Ya a salvo, volvimos la mirada a la zanja para ver un nido de serpiente de cascabel. Mamá serpiente siseando y las pequeñas hijas retorciéndose. Volver al trabajo no era una opción. Uno de los trabajadores la atacó con su pala y decapitó a la mamá serpiente. Desde donde estábamos vimos cómo, sin cabeza, se retorcía. Aunque ya sin sus colmillos, seguía causándonos pavor.

¡Vaya, Max! Gracias por la imagen tan inspiradora. ¿Inspiradora? No lo creo. Esperanzadora, quizá. Esa escena en la zanja texana es una parábola de dónde estamos en la vida. ¿No es el diablo una serpiente? Juan lo llama «aquella serpiente antigua que es el diablo y Satanás» (Apocalipsis 20.2). ¿No ha sido ya decapitada? No con una pala, sino con una cruz. «[Dios] desarmó a los poderes y a las potestades, y por medio de Cristo los humilló en público al exhibirlos en su desfile triunfal» (Colosenses 2.15).

Así fue expulsado el gran dragón, aquella serpiente antigua que se llama Diablo y Satanás, y que engaña al mundo entero (Apocalipsis 12.9).

Entonces, ¿cómo nos deja eso? *Confiados.* El golpe de gracia de este pasaje es el poder de Jesús sobre Satanás. Una palabra de Jesús y los demonios se van al fondo del lago con cerdos y todo mientras que al hombre, que había sido degradado a la categoría de animal, lo encontramos ahora «sentado, vestido, y en su sano juicio» (Marcos 5.15). ¡Solo una orden! Nada de espiritismo. Nada de pases mágicos. Tampoco cantos ni velas encendidas. El infierno es un hormiguero aplastado por la aplanadora del cielo. Jesús «les da órdenes [...] a los espíritus malignos, y le obedecen» (Marcos 1.27). La serpiente en la zanja y Lucifer en el abismo: ambos han encontrado el lugar al que pertenecen.

Encontraron, sentado a sus pies, al hombre de quien habían salido los demonios [...], vestido y en su sano juicio (Lucas 8.35).

5. Lee Marcos 5.15-20. ¿Por qué crees que la gente tuvo miedo cuando vieron al hombre en su sano juicio? ¿Por qué le pidieron a Jesús que se fuera de allí?

____

____

____

Los que habían presenciado estos hechos le contaron a la gente lo que había sucedido con el endemoniado y con los cerdos. Entonces la gente comenzó a suplicarle a Jesús que se fuera de la región (Marcos 5.16-17).

6. ¿Qué le pidió a Jesús el hombre liberado? ¿Por qué crees que Jesús se negó? ¿Crees que el hombre fue un testigo de Cristo en su ciudad natal, donde la gente antes le había tenido miedo?

____

____

____

El que había estado endemoniado le rogaba que le permitiera acompañarlo (Marcos 5.18).

«La serpiente me engañó, y comí», contestó ella (Génesis 3.13).

Su simiente te aplastará la cabeza (Génesis 3.15).

7. Vamos ahora a Génesis 3.9-15. Después de que Adán y Eva pecaron, Dios emitió una maldición contra ellos y la serpiente (Satanás). ¿Qué dijo Dios que pasaría entre ellos? ¿Qué quiso decir cuando declaró que la «simiente» de la mujer aplastaría la cabeza de Satanás?

Cuando llegue la tentación, él les dará también una salida a fin de que puedan resistir (1 Corintios 10.13).

Todo el que ha nacido de Dios vence al mundo (1 Juan 5.4).

8. Cristo destruyó el poder de Satanás en la cruz, pero el enemigo aún anda rondando, tentándonos con frutos prohibidos. Lee 1 Corintios 10.13 y 1 Juan 5.4. ¿Qué promesa se nos da en estos versículos si resistimos las asechanzas del diablo? ¿De qué manera estás viviendo tú por la victoriosa verdad de esta promesa?

No te dejes vencer por el mal; al contrario, vence el mal con el bien (Romanos 12.21).

Por último, fortalézcanse con el gran poder del SEÑOR (Efesios 6.10).

Cristo no solo declaró la victoria sobre el mal cuando se levantó de la tumba, sino que también nos dio la victoria sobre el mal en este mundo caído. Si nos encontramos abatidos por las mentiras de Satanás o atrapados en sus tentaciones, significa que estamos haciendo una de dos cosas: 1) *no creemos* en el poder de la cruz; o 2) no permanecemos en el poder de la cruz. Ambos son importantes porque para el primero se necesita tener fe en Jesús, mientras que para el otro se necesita tener una relación con Jesús. Solo si creemos en Jesús y permanecemos en el centro de su poder podremos luchar contra el enemigo (ver Efesios 6.10). Solo cuando confiamos en el poder de nuestro Señor y Salvador, como María Magdalena y como el hombre gadareno, estaremos libres de la oscuridad en nuestra vida. Como escribió Juan: «Ustedes, queridos hijos, son de Dios y han vencido a esos falsos profetas, porque el que está en ustedes es más poderoso que el que está en el mundo» (1 Juan 4.4).

VERDADES PARA RECORDAR

- ❖ No deberíamos subestimar la fuerza del diablo porque él es un enemigo poderoso. Sin embargo, no debemos olvidar que su poder no se puede comparar con el poder de la cruz.
- ❖ Cuando nos aprovisionamos de toda la armadura de Dios, podemos resistir al diablo y enfrentar sus ataques.
- ❖ Aunque Satanás puede *desafiar* a los que somos seguidores de Cristo, podemos estar seguros de que no puede *derrotarnos*.

ORACIÓN PARA HOY

¡Jesús, tú estás vivo! ¡Tú eres vencedor! Y por medio de ti se nos ha dado el poder supremo sobre el enemigo hoy y siempre. Gracias por la cruz. Gracias porque la batalla es tuya. Y gracias por tus promesas de que nosotros siempre podemos confiar en tu poder. En tu nombre, Señor, oramos. Amén.

Día tres: María ante la cruz

LA MUJER QUE PERMANECIÓ

Como ya he dicho, no sabemos si la liberación de María Magdalena por parte de Jesús ocurrió de esta misma manera, pero sí sabemos que los *efectos* de la sanidad fueron iguales. Después de que Jesús sanó al gadareno, este se convirtió en su seguidor. Después de que Jesús sanó a María, ella también se convirtió en una seguidora devota. Hipólito de Roma, un teólogo del siglo III, llegaría a llamarla «el apóstol a los apóstoles».[2]

María, a la que llamaban Magdalena [...]; Juana, esposa de Cuza, el administrador de Herodes; Susana y muchas más que los ayudaban con sus propios recursos (Lucas 8.2-3).

La devoción de María la llevó a quedarse en Jerusalén mientras Jesús era llevado a la muerte. Los líderes religiosos habían estado preocupados por los discípulos de Jesús. Habían ido a Pilato y le habían dicho: «Ordene usted que se selle el sepulcro hasta el tercer día, no sea que vengan sus discípulos, se roben el cuerpo y le digan al pueblo que ha resucitado» (Mateo 27.64). Pero esa preocupación no era realmente necesaria. Los discípulos estaban colapsados.

Llévense una guardia de soldados —les ordenó Pilato—, y vayan a asegurar el sepulcro lo mejor que puedan (Mateo 27.65).

Cuando Jesús fue arrestado, «todos los discípulos lo abandonaron y huyeron» (Mateo 26.56). Pedro lo siguió desde la distancia, pero se derrumbó y maldijo a Jesús. Juan lo vio morir, pero no sabemos si pensó que volvería a verlo. Los otros seguidores ni siquiera se quedaron. Corrieron a esconderse por miedo a la cruz que llevaba sus nombres. Pero no María. Ella había escuchado a los líderes exigir la sangre de Jesús. Había sido testigo de los latigazos que desgarraban la espalda de Jesús. Hizo una mueca de dolor cuando vio cómo las espinas le horadaban la frente y había llorado por el peso de la cruz.

Pedro se acordó de lo que el SEÑOR le había dicho: «Hoy mismo, antes de que el gallo cante, me negarás tres veces». Y saliendo de allí, lloró amargamente (Lucas 22.61-62).

En el museo del Louvre hay un cuadro de la escena en la cruz. En esta obra de arte las estrellas parecen muertas y el mundo está envuelto en oscuridad. En las sombras se puede ver una figura arrodillada. Es María. Mantiene sus manos y sus labios contra los pies sangrantes de Jesús. No sabemos si en realidad lo hizo, pero sí sabemos que bien pudo haberlo hecho. Ella estaba allí. Estaba allí para cerrarle los ojos. Estaba allí para sostener con su brazo a María, la madre de Jesús. Ella estaba allí.

Había allí muchas otras [mujeres] que habían subido con él a Jerusalén (Marcos 15.41).

Hiere al pastor para que se dispersen las ovejas (Zacarías 13.7).

1. Lee Mateo 26.31-35. ¿Qué predijo Jesús que pasaría esa noche? Observa que Jesús hizo referencia a una profecía (busca Zacarías 13.7). A pesar de eso, ¿qué dijeron Pedro y los otros discípulos?

Pero, entonces, ¿cómo se cumplirían las Escrituras que dicen que así tiene que suceder? (Mateo 26.54).

2. Lee los vv. 47-56. ¿Cómo se hicieron realidad las palabras de Jesús? ¿Por qué Jesús dijo que estas cosas tenían que suceder?

Junto a la cruz de Jesús estaban su madre, la hermana de su madre, María la esposa de Cleofas, y María Magdalena (Juan 19.25).

3. Vamos ahora a Juan 19.23-26. ¿Dónde estaba María Magdalena cuando Jesús murió? ¿Cómo, ante la multitud furiosa, la presencia de María en la cruz mostró su devoción a Cristo?

Si somos infieles, él sigue siendo fiel, ya que no puede negarse a sí mismo (2 Timoteo 2.13).

4. ¿Recuerdas alguna vez cuando actuaste como los discípulos que traicionaron a Jesús? ¿Y recuerdas un momento en que mostraste tu devoción a él como María? ¿Qué palabras de consuelo ofrece Pablo en 2 Timoteo 2.13 para esos momentos de fidelidad o de infidelidad a él?

DEMASIADO TARDE PARA LO INCREÍBLE

Pero ellos no entendían lo que quería decir con esto, y no se atrevían a preguntárselo (Marcos 9.32).

María Magdalena, María la madre de Jacobo, y Salomé compraron especias aromáticas para ir a ungir el cuerpo de Jesús (Marcos 16.1).

Dada la devoción de María por Jesús, no es sorprendente que quisiera ir a su tumba al día siguiente. Pero, de nuevo, al leer el relato, podemos ver que nadie estaba esperando un milagro ese domingo de madrugada. María no se pregunta *¿Cómo irá a aparecer?* Ella y los discípulos no se están dando ánimo unos a los otros haciendo referencia a su regreso prometido. Podrían haberlo hecho porque por lo menos en cuatro ocasiones Jesús les había dicho: «El Hijo del hombre va a ser entregado en manos de los hombres. Lo matarán, y a los tres días de muerto resucitará» (Marcos 9.31).

Uno podría pensar que a alguien tendría que habérsele ocurrido sacar cuentas partiendo de esta profecía. «Veamos. Jesús murió ayer. Hoy es el segundo día. Él prometió resucitar al tercer día. Mañana es el tercer día... ¡Muchachos, creo que será mejor que nos levantemos mañana muy temprano!». Pero el sábado no fue testigo de tales planes. Entonces, en la penumbra de la madrugada, se levantan las dos Marías, toman sus especias y perfumes, y se van, pasan por la Puerta de Gennat y caminan por una ladera. Anticipan una tarea triste. Seguramente el cuerpo ya estará hinchado. El rostro de Jesús, blanco. El olor de la muerte, penetrante.

Para María, es demasiado tarde para lo increíble. Los pies que caminaron sobre el agua habían sido perforados. Las manos que curaban a los leprosos habían sido aquietadas. Las más nobles aspiraciones habían sido clavadas en la cruz aquel viernes. María había venido solamente a poner aceites tibios en un cuerpo frío y a despedirse del hombre que le había dado razón para su esperanza.

5. Los Evangelios incluyen múltiples relatos de Jesús prediciendo su muerte y su resurrección. ¿Qué detalles proporciona Jesús a sus discípulos en los siguientes pasajes? ¿Cómo reaccionan los discípulos en cada caso?

Maltratado y humillado, ni siquiera abrió su boca; como cordero, fue llevado al matadero (Isaías 53.7).

Marcos 8.31-32: «El Hijo del hombre tiene que sufrir muchas cosas y ser rechazado por los ancianos, por los jefes de los sacerdotes y por los maestros de la ley. Es necesario que lo maten y que a los tres días resucite. Habló de esto con toda claridad. Pedro lo llevó aparte y comenzó a reprenderlo».

Mateo 17.22-23: «Estando reunidos en Galilea, Jesús les dijo: "El Hijo del hombre va a ser entregado en manos de los hombres. Lo matarán, pero al tercer día resucitará". Y los discípulos se entristecieron mucho».

Mateo 20.17-19: «Mientras subía Jesús rumbo a Jerusalén, tomó aparte a los doce discípulos y les dijo: "Ahora vamos rumbo a Jerusalén, y el Hijo del hombre será entregado a los jefes de los sacerdotes y a los maestros de la ley. Ellos lo condenarán a muerte y lo entregarán a los gentiles para que se burlen de él, lo azoten y lo crucifiquen. Pero al tercer día resucitará"».

6. Dado el número de veces que Jesús hizo estas predicciones, ¿por qué crees que los discípulos no corrieron a la tumba el domingo por la

Así como tres días y tres noches estuvo Jonás en el vientre de un gran pez, también tres días y tres noches estará el Hijo del hombre en las entrañas de la tierra (Mateo 12.40).

mañana junto a María esperando verlo vivo? ¿Qué crees que les impidió ver que Jesús resucitaría de entre los muertos?

Muy de mañana el primer día de la semana, apenas salido el sol, se dirigieron al sepulcro. Iban diciéndose unas a otras: «¿Quién nos quitará la piedra de la entrada del sepulcro?» (Marcos 16.2-3).

7. Lee Marcos 16.1-3. ¿Cuáles son las preocupaciones de las mujeres a medida que se acercan a la tumba de Jesús? ¿Cómo revela esto que María Magdalena no haya esperado encontrar un Cristo resucitado?

8. Para María, todo parecía sin esperanza después de la crucifixión; no obstante, se levantó de madrugada para ser la primera en verlo en la tumba el domingo por la mañana. ¿Qué nos dice esto sobre su amor por Jesús? ¿Qué actos de servicio estás haciendo tú para demostrar tu amor por Cristo?

Si morimos con él, también viviremos con él; si resistimos, también reinaremos con él (2 Timoteo 2.11-12).

No importa cuántas veces escuchemos o leamos un pasaje de la Escritura, es fácil que nos olvidemos de las promesas de Dios cuando estamos en el ardor de un momento. Un amigo nos hiere con palabras ofensivas. Un ser querido muere. No conseguimos el trabajo que andamos buscando. En momentos como estos, perdemos de vista las promesas de Dios. Su promesa de nunca dejarnos, su promesa de ser fuerte en nuestra debilidad, su promesa de producir perseverancia en nuestro sufrimiento. Al igual que los discípulos, olvidamos las palabras que Jesús nos ha dicho y nos dejamos derrotar por las preocupaciones, los miedos, las tristezas, las angustias, las dudas. Cuando estamos sumidos en estos momentos, necesitamos recordar el ejemplo de María. A pesar de estar confundida y ver muy incierto su futuro, decidió despertar el domingo antes que aclarara e ir a Jesús. De la misma manera, no importa cuán devastados nos podamos sentir, o hasta qué punto nos parece que nos hemos salido de las promesas de Dios, decidamos despertar temprano e ir a Jesús.

Verdades para recordar

- ❖ La promesa de Dios es que aun cuando nosotros le fallamos en nuestra fidelidad, él siempre nos ama y se mantiene fiel.
- ❖ Recordar las promesas que Dios nos ha hecho en su Palabra puede librarnos de miedos, penas, dudas y los engaños del enemigo.
- ❖ Cuando la vida es incierta y no estamos seguros de qué camino tomar, debemos ir siempre a Jesús y buscar nuestra seguridad en él.

Oración para hoy

Señor: Gracias por mantenerte fiel cuando nosotros nos olvidamos de tus promesas. Gracias por mantenerte fiel aun si llegamos a traicionar nuestra fe. Aunque no siempre podamos entender por qué las cosas no salen como deberían, sabemos que podemos encontrar las fuerzas en ti y que podemos buscarte en nuestros tiempos de necesidad. Danos una más profunda devoción por ti. Amén.

¡Muy grande es su fidelidad! (Lamentaciones 3.23).

Día cuatro: Una sorpresa en la tumba

Mantener el curso

Después del sábado, al amanecer del primer día de la semana, María Magdalena y la otra María fueron a ver el sepulcro (Mateo 28.1).

No, no es esperanza lo que lleva a las dos Marías a la tumba. Es *servicio.* Devoción pura. No esperan nada a cambio, porque ¿cómo podría retribuirles un hombre muerto? Las dos Marías no están yendo a la tumba a recibir sino a dar. Punto.

No hay motivación más noble. Hay ocasiones en que nosotros también somos llamados a amar, sin esperar nada a cambio. Cuando se nos pide que demos una ayuda monetaria a personas que nunca podrán retribuirnos el favor, o a perdonar a quienes no nos perdonarán, o llegar temprano e irnos tarde sin que nadie se dé cuenta. Servicio motivado simplemente por servir. Este es el llamado del discipulado.

María y María sabían lo que tenían que hacer: preparar el cuerpo de Jesús para el entierro. Pedro no se ofreció para hacerlo. Andrés no dio un paso al frente como voluntario. La adúltera perdonada o los leprosos sanados no aparecen por ninguna parte. Así es que las dos Marías deciden hacerlo.

Me pregunto si camino de la tumba no se habrán detenido a pensar. ¿Qué habría pasado si mirándose la una a la otra se hubieran encogido de hombros? «¿Vale la pena?». ¿O si se hubieran dado por vencidas? ¿Si una se hubiera arrojado a los brazos de la otra en señal de frustración y lamentándose: «¡Estoy cansada de ser la única que se preocupa! Que Andrés haga algo; o que Nataniel muestre un poco de liderazgo».

No nos cansemos de hacer el bien (Gálatas 6.9).

Ya sea que hubiesen estado tentadas a renunciar, me alegro de que se hayan mantenido en curso. Porque si no lo hubieran hecho, habría sido trágico. Nosotros sabemos algo que ellas no sabían. Sabemos que el Padre estaba observándolo todo. María y María creían que estaban solas, pero no lo estaban. Pensaban que nadie se había enterado de su viaje a la tumba. Estaban muy equivocadas. Dios lo sabía. Él estaba midiendo cada paso que daban. Se sonreía por sus corazones y se emocionaba por su devoción. Y, además, tenía para ellas una sorpresa.

No hagan nada por egoísmo o vanidad; más bien, con humildad consideren a los demás como superiores a ustedes mismos (Filipenses 2.3).

1. María decidió servir a Cristo a pesar de que no se le había prometido nada a cambio. ¿De qué manera te sientes motivado, de manera idéntica o en forma diferente a como se sintió María cuando se ha tratado de servir a Dios? ¿Qué obstáculos tienden a interponerse en el camino de servir desinteresadamente a Cristo?

2. Jesús es el ejemplo supremo de dar sin esperar recibir nada a cambio. ¿Qué dicen los siguientes versículos acerca de lo que él dio por nosotros?

Lucas 24.46-47: «Esto es lo que está escrito —les explicó—: que el Cristo padecerá y resucitará al tercer día, y en su nombre se predicarán el arrepentimiento y el perdón de pecados a todas las naciones».

2 Corintios 8.9: «Ya conocen la gracia de nuestro Señor Jesucristo, que, aunque era rico, por causa de ustedes se hizo pobre, para que mediante su pobreza ustedes llegaran a ser ricos».

Filipenses 2.5-7: «La actitud de ustedes debe ser como la de Cristo Jesús, quien, siendo por naturaleza Dios, no consideró el ser igual a Dios como algo a qué aferrarse. Por el contrario, se rebajó voluntariamente, tomando la naturaleza de siervo y haciéndose semejante a los seres humanos».

Hebreos 12.2: «Fijemos la mirada en Jesús, el iniciador y perfeccionador de nuestra fe, quien, por el gozo que le esperaba, soportó la cruz, menospreciando la vergüenza que ella significaba, y ahora está sentado a la derecha del trono de Dios».

3. En Job 34.21 leemos: «Los ojos de Dios ven los caminos del hombre; él vigila cada uno de sus pasos». Dios siempre nos está cuidando, así como él estaba cuidando a María mientras se dirigía a la tumba de Jesús. ¿Qué sentimientos genera en ti saber que Dios está preocupado de todo lo que haces? Explícalo.

Yo me acuesto, me duermo y vuelvo a despertar, porque el SEÑOR me sostiene (Salmos 3.5).

4. Al igual que María, la forma en que amamos y servimos a Dios debería ser la forma en que servimos a los demás, sin ninguna expectativa de recibir algo a cambio. Tómate un momento para pensar en algunas personas que sirven en tu casa, en tu lugar de trabajo, o en la iglesia. ¿Qué podrías hacer esta semana para mostrarles tu amor sin esperar nada a cambio?

La piedra es quitada

Ahora, lee cuidadosamente la siguiente parte de la historia, porque esto es lo primero que noté hoy. «Sucedió que hubo un terremoto violento, porque un ángel del Señor bajó del cielo y, acercándose al sepulcro, quitó la piedra y se sentó sobre ella. Su aspecto era como el de un relámpago, y su ropa era blanca como la nieve. Los guardias tuvieron tanto miedo de él que se pusieron a temblar y quedaron como muertos» (Mateo 28.2-4).

¿Por qué el ángel quitó la piedra? ¿Para quién lo hizo? ¿Para Jesús? Eso es lo que siempre pensé. Que el ángel había quitado la piedra que cubría la boca de la tumba para que Jesús pudiera salir. Pero pensemos en eso por un momento. ¿Tenía que quitarse la piedra para que Jesús pueda salir? ¿Tenía

Pues la piedra era muy grande. Pero, al fijarse bien, se dieron cuenta de que estaba corrida (Marcos 16.4).

Al entrar en el sepulcro vieron a un joven vestido con un manto blanco, sentado a la derecha, y se asustaron (Marcos 16.5).

necesidad Dios de una ayuda como esta? ¿Era el conquistador de la muerte tan débil que no podía hacerlo por sí solo? («¡Hola! ¿Hay alguien allí afuera que pudiera quitar esa piedra para que yo pueda salir?»).

No lo creo. ¡El texto da la impresión de que Jesús ya estaba afuera cuando se quitó la piedra! En ninguna parte de los Evangelios encontramos que se diga que el ángel movió la piedra para Jesús. ¿Para quién, entonces, si no fue para Jesús? Escuchemos lo que dice el ángel: «Vengan a ver el lugar donde lo pusieron» (v. 6). La piedra no fue movida por causa de Jesús, sino por causa de las mujeres. Dios no mandó a su ángel a mover la piedra para que Jesús pudiera salir sino para que las mujeres pudieran entrar y ver «donde lo habían puesto».

¡Ha resucitado! No está aquí. Miren el lugar donde lo pusieron (Marcos 16.6).

Cuando María entra, se da cuenta de que las palabras del ángel son ciertas: *el cuerpo de Jesús no está allí.* Sus pensamientos se disparan. Y entonces corre a despertar a Pedro y a Juan. Estos corren para ver por sí mismos lo que María les ha dicho. Ella trata de correr a la velocidad de ellos, pero no puede. Pedro sale de la tumba desconcertado y Juan sale creyendo. María se sienta llorando enfrente de la tumba. Los dos hombres se van y la dejan sola.

Temblorosas y desconcertadas, las mujeres salieron huyendo del sepulcro (Marcos 16.8).

Así que fue corriendo a ver a Simón Pedro y al otro discípulo (Juan 20.2).

Pero una sorpresa más la espera. Porque mientras permanece allí sentada, algo le dice que no está sola. Quizá oye un ruido. Quizá sea un susurro. O es su propio corazón que le dice que eche un vistazo. Cualquiera que haya sido el motivo, lo hace. Se inclina, se asoma por la entrada de la tumba y espera que sus ojos se adapten a la oscuridad.

1. Lee Mateo 28.1-10. ¿Cuál es tu primera reacción a la idea de que la piedra no se movió para Jesús, sino para que las mujeres miraran dentro de la tumba? ¿Por qué crees que Dios quería que María viera la tumba vacía?

No se asusten —les dijo—. Ustedes buscan a Jesús el nazareno, el que fue crucificado (Marcos 16.6).

2. Lee Marcos 16.4-7. ¿Qué le dijo el ángel a María según este pasaje? ¿Qué instrucción le dio después de que ella vio que el cuerpo de Jesús no estaba en la tumba?

El sudario no estaba con las vendas, sino enrollado en un lugar aparte (Juan 20.7).

3. Vamos ahora a Juan 20.1-11. ¿Qué detalles proporciona Juan sobre lo que Pedro y Juan vieron en la tumba? ¿Qué importancia tienen, en tu opinión, estos detalles?

4. ¿Qué «piedras» ha movido Dios en tu vida para que puedas ver mejor su gloria? ¿En qué formas te está él enseñando más acerca de su poder milagroso a través de las pruebas, las victorias e incluso a través de las cosas rutinarias que ejecutas todos los días?

____

____

____

____

____

____

____

____

María Magdalena mantuvo el curso. Amaba a Jesús, lo servía sin esperar nada a cambio y dedicó su vida a él incluso cuando creía que estaba muerto. ¿Cómo pudo hacer todo esto? Es posible que la respuesta la encuentres en algo que dijo Lucas acerca de ella: «Lo *acompañaban* los doce, y también [...] María, a la que llamaban Magdalena» (Lucas 8.1-2, énfasis añadido). María estaba con Jesús. Lo miraba, hablaba con él y dejaba que influyera en su vida. Su amor por Cristo no surgió de ella sino de estar con él, porque él es la esencia misma del amor (1 Juan 4.8). Entonces, si queremos amar a Jesús como María lo amaba, tenemos que pasar tiempo con el mismísimo Amor. Tenemos que pedirle más de su amor, no del nuestro. Al hacerlo, encontraremos que todo lo que hacemos, lavar, planchar y doblar la ropa, escuchar a un amigo necesitado, darle un plato de comida a un desamparado, todo eso nos llevará a servir sin condiciones y sin esperar retribuciones... solo gozo.

He peleado la buena batalla, he terminado la carrera, me he mantenido en la fe (2 Timoteo 4.7).

El que no ama no conoce a Dios, porque Dios es amor (1 Juan 4.8).

Verdades para recordar

- ❖ Jesús ve los actos de servicio fiel que ejecutamos en su nombre y nos recompensa por mantener el curso y seguirlo.
- ❖ Debemos amar y servir a los demás de la misma manera que amamos y servimos a Dios.
- ❖ Nuestro amor por Cristo no se genera dentro de nosotros mismos, sino que surge por estar con él.

Oración para hoy

Señor: Nuestra tendencia es amarte a ti y a los demás con motivos equivocados. Nuestra naturaleza humana nos impulsa a querer saber lo que hay para nosotros o de qué manera nos beneficiaremos al hacer el bien a los demás. Hoy te pedimos que cambies nuestros corazones y nos ayudes a dar nuestras vidas de la misma manera que tú diste la tuya. Gracias por tu amor y por tu ejemplo hacia nosotros. Amén.

Día cinco: La sorpresa suprema

EL HOMBRE MISTERIOSO

«¿Por qué lloras, mujer?», le preguntaron los ángeles (Juan 20.13).

Mientras los ojos de María se adaptan a la oscuridad, escucha una voz que le dice: «¿Por qué lloras mujer?». María ve lo que parece ser un hombre, pero es blanco, radiantemente blanco. Es una de las dos luces en cada extremo de la losa vacía. Dos velas ardientes en un altar. *¿Por qué lloras?* Una pregunta poco común para hacer en un cementerio. De hecho, es impertinente, a menos que el que la hace sepa algo que la otra persona no sabe.

«Es que se han llevado a mi Señor, y no sé dónde lo han puesto» (Juan 20.13). María todavía lo llama «mi Señor». Para ella, los labios de su Señor están silenciosos. Se imagina que ladrones de tumbas se han robado el cuerpo; pero, a pesar de todo, para ella sigue siendo su Señor.

Tal devoción conmueve a Jesús y hace que se acerque a ella. Tan cerca que María siente su respiración. Se vuelve, y allí está él; no obstante, ella cree que es el jardinero. En este punto, Jesús pudo haberle dicho quién era; o pudo haber llamado a uno de los ángeles o a un coro celestial para anunciar su presencia allí. Pero no lo hizo.

Jesús le dijo: «¿Por qué lloras, mujer? ¿A quién buscas?». Ella, pensando que se trataba del que cuidaba el huerto, le dijo: «SEÑOR, si usted se lo ha llevado, dígame dónde lo ha puesto, y yo iré por él» (Juan 20.15).

«¿Por qué lloras, mujer? ¿A quién buscas?». María todavía piensa que es el jardinero. «Si usted se lo ha llevado, dígame dónde lo ha puesto, y yo iré por él» (v. 15). Jesús no la deja divagando más tiempo, solo el necesario para que nosotros recordemos que a él le gustan las sorpresas. Él espera que nos despojemos de toda fortaleza humana y luego interviene con la celestial. Dios espera que nos demos por vencidos y luego... ¡sorpresa!

«María», le dijo Jesús. Ella se volvió y exclamó: «¡Raboni!», (que en *arameo significa: Maestro*) (Juan 20.16).

«María», le dice con una voz suave.

¡Sorpresa! Dios se ha hecho presente en los lugares más extraños. Haciendo las cosas más inverosímiles. Poniendo sonrisas donde había ceños fruncidos. Chisporroteos de alegría donde solo había lágrimas. Dando una luminosidad espectacular a una estrella en un cielo oscuro. Poniendo un arcoíris en medio de nubes tormentosas. Pronunciando nombres en un cementerio.

María está conmocionada. Después de todo, no ocurre con frecuencia escuchar tu nombre pronunciado en una lengua eterna. Pero cuando ella la oyó, la reconoció. Y cuando la reconoció, reaccionó correctamente. Y lo adoró.

Es que se han llevado a mi SEÑOR (Juan 20.13).

1. Lee Juan 20.12-18. María sigue llamando a Jesús «mi Señor». ¿Qué dice esto sobre el estado de su corazón respecto de Cristo aunque ella creía que estaba muerto? ¿Qué dice esto sobre el impacto que hizo Jesús en su vida?

2. ¿Por qué crees que Jesús prefirió hacerle esas dos preguntas a María antes de revelarse a sí mismo? ¿Por qué querría saber la causa de sus lágrimas?

3. María dejó la tumba afirmando: «¡He visto al Señor!» (v. 18). ¿Cuándo fue que Dios te reveló su señorío? ¿Qué impacto tuvo esa experiencia en tu vida?

Al regresar del sepulcro, les contaron todas estas cosas a los once y a todos los demás (Lucas 24.9).

4. Todos los relatos de los Evangelios concuerdan en que María Magdalena fue una de las primeras personas que vio a Jesús resucitado. A primera vista, esto parece extraño, pues en la cultura judía del siglo primero el testimonio de las mujeres se consideraba inferior al de los hombres. ¿Qué te enseña esto sobre la forma en que Dios opera en el mundo? ¿En qué formas Dios nos está sorprendiendo frecuentemente?

Las mujeres eran María Magdalena, Juana, María la madre de Jacobo, y las demás que las acompañaban. Pero a los discípulos el relato les pareció una tontería, así que no les creyeron (Lucas 24.10-11).

Preparada para una sorpresa

El Dios de las sorpresas había atacado de nuevo. Es como si hubiera dicho: «No puedo esperar más. María llegó hasta aquí para verme. Voy a bajar a visitarla». Dios hace eso por los fieles. Como cuando Sara, pese a que se había vuelto demasiado vieja, quedó encinta. O como cuando David, pese a haber cometido un pecado demasiado grave como para alcanzar gracia, Dios lo perdonó. O como cuando las cosas se pusieron demasiado oscuras para María, el ángel la iluminó, el Salvador llegó y ella nunca volvió a ser la misma.

En eso Jesús les salió al encuentro y las saludó. Ellas se le acercaron, le abrazaron los pies y lo adoraron (Mateo 28.9).

¿Cuándo fue la última vez que dejaste que Dios te sorprendiera? A veces creemos que es demasiado sencillo poner a trabajar a Dios; que sabemos exactamente lo que hace; que somos capaces de descifrar sus códigos; que no tenemos problemas para graficar sus tendencias. Y tomamos a Dios como si fuera una computadora o una máquina de música accionada con monedas. Apretamos un par de botones, damos el diezmo que corresponde; o insertamos una moneda y ya tenemos la música celestial que queremos escuchar. Nada de variaciones. Nada de alteraciones.

Miro a través de mi escritorio y veo una caja de pañuelos. Diez minutos atrás, esa caja estaba en el regazo de una joven de unos treinta, madre de tres hijos. Me ha contado de la llamada telefónica que recibió de su marido esa mañana. Le pedía el divorcio. Tuvo que salir de su trabajo a llorar.

Necesitaba una palabra de esperanza. Le recordé que Dios está en su mejor momento cuando nuestra vida está en su peor momento. A Dios se le conoce como el que organiza una celebración en el cementerio.

Le dije: «Prepárese; puede que se lleve una sorpresa».

¿Has descubierto a Dios? ¿Has visto a Dios en un organigrama o en un franelógrafo? Si es así, entonces escucha. Escucha las sorpresas de Dios.

Escucha cómo las piedras destinadas a la mujer adúltera son depositadas una a una en el suelo. Escucha cómo Jesús invita a un convicto condenado a muerte a viajar con él al reino en el asiento delantero de la limusina. Escucha cómo el Mesías le susurra a la mujer samaritana: «Ese soy yo, el que habla contigo». Escucha a la viuda de Naín conversando mientras come con su hijo que se supone que tendría que estar muerto. Y escucha la sorpresa que experimenta María cuando oye su nombre pronunciado por un hombre al que ama y al que ella misma había sepultado.

Y ser fortalecidos en todo sentido con su glorioso poder. Así perseverarán con paciencia en toda situación, dando gracias con alegría al Padre (Colosenses 1.11-12).

¿La lección? Tres palabras. *No te rindas.* ¿Es el camino oscuro? No te atemorices. ¿Es el camino largo? No te detengas. ¿Es la noche negra? No te acobardes. Dios está observando. Por lo que sabemos, en este preciso momento puede estar diciéndole al ángel que remueva la piedra.

Por eso me regocijo en debilidades, insultos, privaciones, persecuciones y dificultades que sufro por Cristo; porque, cuando soy débil, entonces soy fuerte (2 Corintios 12.10).

5. Dios espera que dejemos de confiar en nuestras propias fuerzas humanas para intervenir con su poder celestial. ¿Cuándo fue la última vez que el poder de Dios te sorprendió durante un momento de desesperación? ¿Cómo te levantó y te devolvió la paz?

6. ¿Te sientes culpable de creer que tenías a Dios ya «resuelto»? ¿Qué lecciones podrías aprender de la historia de María sobre la manera en que a Dios le gusta sacudir nuestro mundo, sacarnos de nuestra zona de confort y sorprendernos?

Ninguna mente humana ha concebido lo que Dios ha preparado para quienes lo aman (1 Corintios 2.9).

7. Lee 1 Corintios 2.9. ¿Cuál es la esperanza que Pablo ofrece en este versículo a todos los creyentes? ¿Qué nos dice a aquellos de nosotros que queremos mover a Dios a nuestra voluntad?

8. El autor de Hebreos escribe: «Sin fe es imposible agradar Dios» (11.6). Piensa en una situación en tu vida en la que has perdido la esperanza. En el espacio de abajo escribe una oración a Dios pidiéndole que intervenga en esta situación aparentemente imposible. Pídele a Dios

que te dé devoción hacia él como la tuvo María por Jesús y que te sorprenda con el resultado.

La escena entre María Magdalena y Jesús fuera de la tumba tiene todos los elementos de una celebración sorpresa: confidencialidad, admiración, asombro, gratitud. Pero esta celebración es apocada en comparación con la que está planeada para el futuro. Será similar a la de María, pero mucho más grande. Se abrirán muchas más tumbas. Se dirán muchos más nombres. Muchas más rodillas se doblarán. Muchos más buscadores celebrarán. Y todos recibiremos nuevos cuerpos resucitados.

¡Alegrémonos y regocijémonos y démosle gloria! Ya ha llegado el día de las bodas del Cordero (Apocalipsis 19.7).

Si quieres un adelanto de cómo será ese nuevo cuerpo, solo mira el cuerpo resucitado de nuestro Señor. Cuando Jesús se apareció a María, no era como una niebla, o como un viento o como un fantasma espectral. Se presentó con un cuerpo. Un cuerpo que mantuvo una conexión sustancial con el cuerpo que había tenido originalmente. Un cuerpo que tenía carne y huesos. ¿Acaso no les dijo a sus seguidores: «Un espíritu no tiene carne y huesos como ves que los tengo» (Lucas 24.39)?

Miren mis manos y mis pies. ¡Soy yo mismo! (Lucas 24.39).

El cuerpo resucitado de Jesús era un cuerpo real. Lo suficientemente real como para que María lo confundiera con el jardinero. Lo suficientemente real como para caminar rumbo a Emaús con dos de sus discípulos (Lucas 24.13-35). Lo suficientemente real como para desayunar con el resto de los discípulos en Galilea (Juan 21). Lo suficientemente real como para que Tomás tocara las marcas de los clavos y creyera (Juan 20.24-29).

Luego le dijo a Tomás: «Pon tu dedo aquí y mira mis manos. Acerca tu mano y métela en mi costado» (Juan 20.27).

Al mismo tiempo, este cuerpo no era un «clon» de su cuerpo terrenal. Marcos nos dice que Jesús «se apareció en otra forma» (Marcos 16.12). Aunque era el mismo, era diferente. Tan diferente que María Magdalena, sus discípulos en el camino a Emaús, y sus discípulos en el mar no lo reconocieron. Aunque Jesús invitó a Tomás a tocar su cuerpo, había pasado a través de una puerta herméticamente cerrada para estar en presencia de Tomás.

Aunque las puertas estaban cerradas, Jesús entró y, poniéndose en medio de ellos, los saludó (Juan 20.26).

¿Qué sabemos, entonces, acerca del cuerpo resucitado de Jesús? Era diferente a cualquier otro que se haya visto alguna vez. ¿Qué sabemos acerca de nuestros cuerpos resucitados? Serán diferentes a todo lo que hayamos imaginado. Solo tomará un segundo, tan rápido como pestañear, cuando la última trompeta suene. «Sonará la trompeta y los muertos resucitarán con un cuerpo incorruptible, y nosotros seremos transformados» (1 Corintios 15.52).

El SEÑOR mismo descenderá del cielo con [...] trompeta de Dios, y los muertos en Cristo resucitarán primero (1 Tesalonicenses 4.16).

Una celebración era lo último que María Magdalena esperaba cuando se acercó a la tumba en ese domingo por la mañana. Pero el Dios de las sorpresas se reunió con ella y la hizo temblar, literalmente, y la llevó a entender lo que Pablo más tarde escribiría para nosotros: «Ningún ojo ha visto, ningún oído ha escuchado, ninguna mente humana ha concebido lo que Dios ha preparado para quienes lo aman» (1 Corintios 2.9).

¡Dichosos los que han sido convidados a la cena de las bodas del Cordero! (Apocalipsis 19.9).

El Dios de las sorpresas tenía una gran celebración planeada para María en la tumba. También tiene una gran celebración planeada para nosotros al final de nuestra vida. Y yo, por mi parte, pienso asegurarme de que mi nombre esté en la lista de invitados. ¿Y tú?

Verdades para recordar

- ❖ Jesús espera que dejemos de confiar en nuestras propias fuerzas humanas para luego intervenir con su propio poder celestial.
- ❖ Nunca debemos perder las esperanzas porque el Señor siempre está activo en nuestro mundo e interviene en nuestras vidas aun en las peores circunstancias.
- ❖ Las sorpresas de Dios son grandes cosas planeadas para los que lo aman.

Oración para hoy

Gracias, Dios, porque podemos descansar en tus fuerzas. Ayúdanos a perseverar fielmente cada día mientras te servimos con nuestras vidas. Esperamos con gozosa expectativa tus sorpresas y esa celebración final el día que te veamos cara a cara. Amén.

Versículo de la semana para memorizar

¿Acaso no lo sabes? ¿Acaso no te has enterado? El Señor es el Dios eterno, creador de los confines de la tierra. No se cansa ni se fatiga, y su inteligencia es insondable. Él fortalece al cansado y acrecienta las fuerzas del débil.

ISAÍAS 40.28-29

Para lectura adicional

Las selecciones a lo largo de esta lección han sido tomadas de *Todavía remueve piedras* (Nashville: Grupo Nelson, 2011); *Cuando Cristo venga* (Nashville; Grupo Nelson, 1999); *Él escogió los clavos* (Nashville: Grupo Nelson, 2014); *Seis horas de un viernes* (Miami, Editorial Vida, 1992); *La historia de Dios, tu historia* (Editorial Vida, 2011).

Notas

1. C. S. Lewis, The Screwtape Letters (San Francisco: HarperOne, 2015).
2. Hippolytus, *Commentary of the Cantile of Cantiles*, 8.2; 24,60.

LECCIÓN 10

SAFIRA

HACER EL BIEN... *EN SILENCIO*

SAFIRA Y SU ESPOSO ESTÁN SENTADOS A LA MESA EN LA COCINA. En silencio, miran el cheque por 15 000 dólares. Ninguno de los dos dice nada. La última media hora había sido una pelea a doce asaltos con golpes y ganchos verbales. Ella lo culpa a él por la idea.

Un hombre llamado Ananías [...] vendió una propiedad [...] en complicidad con su esposa Safira (Hechos 5.1).

—¿Tenías que decir que íbamos a donar ese dinero a la iglesia, eh? —reprocha ella.

—Pero a ti te encantó cuando te aplaudieron... Bueno, nos aplaudieron, ¿verdad? —responde él.

—¡Quién iba a pensar que nos irían a comprar ese pedazo de tierra por lo que nos pagaron!

Ananías, en efecto, no esperaba obtener 15 000 dólares. Diez mil a lo mucho; incluso ocho mil. Pero no 15 000. ¿Esta cantidad por media hectárea sin desarrollar lejos del camino al sur de Jerusalén? Era mucho dinero.

Había heredado la propiedad de su tío Ernie, que le había dejado una nota con el testamento: «No te deshagas de esta tierra, Ananías. Uno nunca sabe. Si el camino se transforma en una carretera de cuatro vías, su valor se irá a las nubes».

Ananías había seguido el consejo de su tío. Había puesto la escritura en la caja fuerte y había dejado de pensar en ello... Hasta que Safira, su esposa, supo de una generosa donación que había hecho Bernabé.

—Vendió su condominio frente al mar y le dio el dinero a la iglesia.

Quienes poseían casas o terrenos los vendían, llevaban el dinero de las ventas y lo entregaban a los apóstoles (Hechos 4.34-35).

—¡Estás bromeando! ¿El condominio en Haifa?

—Eso fue lo que oí.

—Vaya. ¡Pero eso vale una fortuna!

Ananías había conocido a Bernabé en el Club Rotario. Por supuesto, todos conocían a Bernabé. El hombre tenía más amigos que sacerdotes tenía el templo. Para Ananías no pasó desapercibido la forma en que la gente se expresaba de Bernabé cuando hablaban de la donación que había hecho. Respeto. Admiración. *¡Qué bueno sería que se expresaran así de nosotros!*, pensaba. Entonces le habló a su esposa de la media hectárea.

—Nunca vamos a construir allí. Creo que podríamos obtener 8000 dólares. Y le damos ese dinero a la iglesia. ¿Qué te parece?

—¿Todo?

—¿Por qué no?

1. *Dar para obtener gloria.* Ananías y Safira no son los únicos que han tenido que luchar con este deseo. ¿En qué forma te puedes relacionar con la escena que acabamos de leer?

2. ¿Por qué crees que es una gran tentación para nosotros querer que los demás vean nuestras buenas obras? ¿Por qué a menudo es tan difícil dar sin esperar recibir algo a cambio?

Esfuérzate por presentarte a Dios aprobado, como obrero que no tiene de qué avergonzarse y que interpreta rectamente la palabra de verdad (2 Timoteo 2.15).

Nos gusta que los demás nos aplaudan. Queremos que los demás nos admiren y nos respeten. Esta hambre por lograr la aprobación de las demás personas puede ser voraz. ¿Pero qué pasa si nuestro deseo de ser vistos por otros tiene sus raíces en un deseo más profundo? ¿Qué pasa si anhelamos la aprobación de los demás porque, en el fondo, queremos la aprobación de nuestro Creador? Nuestras almas quieren ser vistas, notadas y amadas por Dios, y este anhelo profundo se desborda en nuestras relaciones. Mientras más creemos y recibimos el amor de Dios, menos viviremos por el amor de los demás. Pero cuanto más distantes estamos del amor de Dios, más hambre tendremos por la aprobación de otros. Tan hambrientos, en realidad que, como Safira, podríamos encontrarnos comprometiendo nuestra integridad.

ORACIÓN PARA LA SEMANA

Señor: Sabemos que todos nuestros anhelos de aprobación, reconocimiento y afirmación se pueden encontrar en ti. Ayúdanos a sentir tu amor hoy y a volvernos a ti para cumplir tales anhelos y evitar ser tentados a buscar la aprobación de otros. Perdónanos cuando hacemos buenas obras buscando la aprobación de los demás en lugar de hacerlo para tu gloria. Oramos en el nombre de Jesús. Amén.

Día uno: Una buena acción que termina mal

En boca cerrada...

A Ananías y Safira les habría ido mejor si hubiesen hecho la donación sin decir una palabra. No necesitaban decírselo a nadie. Pero Ananías nunca sobresalió en el manejo de la boca. Durante el siguiente domingo, el apóstol Pedro dio oportunidad para testimonios y peticiones de oración. Ananías se puso de pie y pasó al frente.

Un hombre llamado Ananías también vendió una propiedad y, en complicidad con su esposa Safira, se quedó con parte del dinero y puso el resto a disposición de los apóstoles (Hechos 5.2).

«Safira y yo hemos sido bendecidos más allá de lo que las palabras pueden expresar desde que llegamos a esta iglesia. Queremos decir gracias. Estamos vendiendo un terreno de nuestra propiedad y nos comprometemos a donar el producto de la venta a la iglesia».

La congregación, constituida por varios miles de miembros, irrumpió en aplausos. Ananías hizo un gesto a Safira para que saludara, lo que ella hizo sin demora. Se puso de pie y se volvió hacia la congregación lanzando por último un beso a su marido. Él le devolvió el gesto y saludó a Pedro. Pero Pedro no estaba sonriendo. Ananías no se fijó en ese detalle y volvió a su asiento.

Más tarde esa noche, Ananías llamó a un agente de bienes raíces y puso en venta la propiedad. Al irse a la cama, se durmió pensando en un salón con su nombre.

La intuición del tío Ernie había sido acertada. Dos urbanizadores quisieron comprar la propiedad. Ambos estuvieron de acuerdo con el precio, aunque al final de la puja, Ananías y Safira recibieron un cheque por 15 000 dólares.

1. Lee Hechos 4.32-37. ¿Cómo describirías la actitud de los creyentes en la iglesia primitiva? ¿De qué manera se amaban y se cuidaban unos a otros?

Todos los creyentes eran de un solo sentir y pensar. Nadie consideraba suya ninguna de sus posesiones, sino que las compartían (Hechos 4.32).

2. ¿Qué hizo José, mejor conocido como Bernabé, por la comunidad? ¿Por qué crees que Lucas, el autor del Libro de los Hechos, destacó esta acción de Bernabé?

Bernabé [...] vendió un terreno que poseía, llevó el dinero y lo puso a disposición de los apóstoles (Hechos 4.36-37).

Era un hombre bueno, lleno del Espíritu Santo y de fe (Hechos 11.24).

3. Lucas nos dice que el nombre Bernabé significa «Consolador» (v. 36). Vamos ahora a Hechos 11.19-29. ¿En qué manera ves tú a Bernabé haciéndole honor a su nombre? ¿Qué dice Lucas acerca de su carácter (v. 24)?

Durante todo un año se reunieron los dos con la iglesia y enseñaron a mucha gente (Hechos 11.26).

4. ¿En qué manera eres como Bernabé cuando se trata de consolar a otros, compartir tus dones y talentos, y servir al pueblo de Dios en amor? ¿En qué formas podrías ser más como Bernabé?

El plan

La pareja se sentó a la mesa de la cocina en silencio. Safira preparó café. Ananías miró el cheque. Entonces Safira sugirió el plan.

—¿Qué pasaría si les decimos que vendimos la propiedad por solo 10 000 dólares?

—¿Que qué?

—¡Nadie tiene que saberlo!

Ananías pensó por un momento.

—Sí, dejaremos que todos piensen que cerramos la venta por 10 000 dólares; así ganamos el reconocimiento de la iglesia y nos queda algo para lo que queramos.

No te dejes impresionar por su apariencia ni por su estatura, pues yo lo he rechazado. La gente se fija en las apariencias, pero yo me fijo en el corazón (1 Samuel 16.7).

Safira sonrió.

—¿Qué tal un pago inicial de 5000 dólares por un departamento en condominio en Haifa?

—Sería fabuloso.

—Ya lo creo que sí.

Al domingo siguiente, Ananías se paró frente a la iglesia otra vez. Agitó un cheque y anunció: «Vendimos la propiedad en 10 000 dólares», y depositó el cheque en la canasta de las ofrendas. Los aplausos que siguieron lo llenaron de alegría. Le indicó a Safira que se pusiera de pie, lo que ella hizo.

Quien ama el dinero, de dinero no se sacia. Quien ama las riquezas nunca tiene suficiente (Eclesiastés 5.10).

Pensaron que su encubrimiento había sido un éxito.

Por la tarde de ese mismo domingo, los apóstoles llamaron a Ananías a una reunión.

—Seguramente quieren agradecernos —le dijo a Safira mientras se ajustaba el nudo de la corbata—. Probablemente me van a preguntar si aceptaríamos un banquete a modo de reconocimiento.

—No sería mala idea —le contestó ella.

Sonriendo, Ananías abrió la puerta y salió. Nunca pensó que no regresaría.

5. Lee Hechos 5.1-2. ¿Por qué crees que Ananías y Safira decidieron quedarse con parte del dinero? ¿Estaban equivocados al hacerlo?

6. Vamos ahora a Mateo 6.1-4. ¿Qué les enseñó Jesús a sus seguidores en cuanto a dar dinero a los necesitados? ¿Qué crees que quiso decir cuando dijo que los fariseos, a quienes les gustaba que los vieran, habían recibido la recompensa en su totalidad?

Cuídense de no hacer sus obras de justicia delante de la gente para llamar la atención. Si actúan así, su Padre que está en el cielo no les dará ninguna recompensa. Por eso, cuando des a los necesitados, no lo anuncies al son de trompeta, como lo hacen los hipócritas en las sinagogas y en las calles para que la gente les rinda homenaje (Mateo 6.1-2).

7. ¿De qué manera la vida en nuestra cultura de hoy magnifica la tentación de hacer alarde de nuestras buenas obras?

8. ¿Recuerdas algún momento en tu vida en el que llevaste a cabo un acto de servicio del que nadie se dio cuenta? ¿Te resultó difícil no hablar de lo que hiciste y no esperar la alabanza de los demás? ¿Qué recompensas has visto que Dios ha dado a tu vida por alguna acción de servicio desinteresada que has hecho para otra persona?

¿De qué sirve ganar el mundo entero si se pierde la vida? (Mateo 16.26).

Ananías y Safira querían ser como Bernabé, que había dado a la iglesia el producto de la venta de un campo... o, por lo menos, querían el *reconocimiento* que Bernabé había recibido cuando hizo la generosa donación. El problema fue sus motivos egoístas. No solo retuvieron su dinero de Dios, sino que también retuvieron sus corazones. De la misma manera, cuando damos con nuestras manos, pero nuestros corazones no están involucrados en ese dar, este pierde su valor. Tal vez no monetariamente, pero sí espiritualmente. A la inversa, cuando damos con un corazón sincero, sin nada que ocultar sino solo confiando en que el Señor satisfará nuestras necesidades, nos llegan las bendiciones espirituales. Como leemos en Proverbios: «El que es generoso prospera» (11.25), pero «el tacaño ansía enriquecerse, sin saber que la pobreza lo aguarda» (Proverbios 28.22).

Cuando piden, no reciben porque piden con malas intenciones, para satisfacer sus propias pasiones (Santiago 4.3).

VERDADES PARA RECORDAR

La gracia de Dios se derramaba abundantemente sobre todos ellos, pues no había ningún necesitado en la comunidad (Hechos 4.33-34).

- ❖ El Cuerpo de Cristo se fortalece cuando, en una actitud de amor, comparte sus dones y talentos con el pueblo de Dios.
- ❖ Dios recompensa los actos de servicio desinteresados, cuando damos sin esperar nada a cambio. Solo confiando en la provisión del Señor recibiremos bendiciones espirituales.
- ❖ Cuando ofrecemos a Dios nuestro servicio, pero no nuestro corazón, nuestros dones pierden su valor. Dios no necesita nuestros dones, sino que él quiere nuestros corazones.

ORACIÓN PARA HOY

Señor: Tenemos que reconocer ante ti que nos cuesta dar. Nos gusta que los demás se den cuenta de las cosas buenas que hacemos y procuramos acumular cosas terrenales para nosotros mismos. Hoy oramos para que cambies nuestros corazones y nos ayudes a dar en la forma en que tú diste; con gozo y con un corazón generoso. Gracias, Señor. Amén.

Día dos: El veredicto

LAS CUATRO PREGUNTAS DE PEDRO

Ananías —le reclamó Pedro—, ¿cómo es posible que Satanás haya llenado tu corazón para que le mintieras al Espíritu Santo y te quedaras con parte del dinero que recibiste por el terreno? ¿Acaso no era tuyo antes de venderlo? Y una vez vendido, ¿no estaba el dinero en tu poder? ¿Cómo se te ocurrió hacer esto? ¡No has mentido a los hombres, sino a Dios! (Hechos 5.3-4).

De acuerdo con el Libro de Hechos, la reunión duró solo el tiempo suficiente para que Pedro hiciera cuatro preguntas y emitiera un único veredicto. La primera pregunta fue: «¿Cómo es posible que Satanás haya llenado tu corazón para que le mintieras al Espíritu Santo y *te quedaras con* parte del dinero que recibiste por el terreno?» (Hechos 5.3, énfasis añadido). Demasiado para ocultarlo. La frase de Lucas *para que te quedaras con* significa «malversar». Los apóstoles interpretaron la trama de la pareja como un fraude financiero.

La segunda pregunta fue: «¿Acaso no era tuyo antes de venderlo?» (v. 4). Nadie forzó a Ananías y Safira para que vendieran la propiedad. Habían actuado por su propia cuenta vendiéndola por su propia voluntad.

La tercera pregunta fue esta: «Y una vez vendido, ¿no estaba el dinero en tu poder?» (v. 4). En cualquier momento, la pareja podría haber cambiado de opinión o alterar su contribución. Su pecado no fue quedarse con una parte del producto de la venta sino pretender que lo estaban entregando íntegramente. Querían aparentar sacrificio sin sacrificio.

La cuarta y última pregunta fue: «¿Cómo se te ocurrió hacer esto?» (v. 4). La acción de Ananías y Safira no fue una ocurrencia impulsiva; una decisión de un momento, sino que fue un engaño premeditado y fríamente calculado. Su intención era engañar a la iglesia. ¿No se dieron cuenta de que estaban mintiéndole a Dios?

Pedro lo dejó claro con este veredicto: «¡No has mentido a los hombres, sino a Dios!» (v. 4). Lucas nos dice lo que sucede a continuación: «Al oír estas palabras, Ananías cayó muerto. Y un gran temor se apoderó de todos los que se enteraron de lo sucedido» (v. 5).

No agravien al Espíritu Santo de Dios, con el cual fueron sellados para el día de la redención (Efesios 4.30).

1. Lee Hechos 5.3-6. ¿Qué quiso decir Pedro cuando dijo que Ananías le había «mentido al Espíritu Santo» (v. 3)?

2. Pedro le dijo a Ananías que Satanás había llenado su corazón y lo había llevado a mentirle a la iglesia. ¿Qué dicen los siguientes pasajes de la Escritura sobre el pecado de mentir?

Proverbios 12.22: «El Señor aborrece a los de labios mentirosos, pero se complace en los que actúan con lealtad».

Proverbios 19.9: «El testigo falso no quedará sin castigo; el que difunde mentiras perecerá».

Salmos 101.7: «Jamás habitará bajo mi techo nadie que practique el engaño; jamás prevalecerá en mi presencia nadie que hable con falsedad».

Lucas 8.17: «No hay nada escondido que no llegue a descubrirse, ni nada oculto que no llegue a conocerse públicamente».

Colosenses 3.9-10: «Dejen de mentirse unos a otros, ahora que se han quitado el ropaje de la vieja naturaleza con sus vicios, y se han puesto el de la nueva naturaleza, que se va renovando en conocimiento a imagen de su Creador».

Santiago 1.26: «Si alguien se cree religioso, pero no le pone freno a su lengua, se engaña a sí mismo, y su religión no sirve para nada».

Ustedes son de su padre, el diablo, cuyos deseos quieren cumplir. Desde el principio este ha sido un asesino, y no se mantiene en la verdad, porque no hay verdad en él. Cuando miente, expresa su propia naturaleza, porque es un mentiroso. ¡Es el padre de la mentira! (Juan 8.44).

3. Pedro dice que Satanás llenó el corazón de Ananías. Lee Juan 8.44. ¿Cómo llama Jesús a Satanás en este versículo? Explica una ocasión en que el «padre de mentiras» plantó el engaño en tu corazón, tú creíste y actuaste sobre este engaño.

4. Cuando mentimos o engañamos, es fácil pasar por alto el hecho de que nuestro pecado no es solo contra una o varias personas, sino también contra Dios. ¿De qué manera la mentira afecta nuestras relaciones con los demás y con Dios? ¿Es posible separar nuestra relación con Dios de nuestras relaciones con otros? Explica lo que te parece a este respecto.

La última oportunidad para Safira

Al oír estas palabras, Ananías cayó muerto. Y un gran temor se apoderó de todos los que se enteraron de lo sucedido. Entonces se acercaron los más jóvenes, envolvieron el cuerpo, se lo llevaron y le dieron sepultura (Hechos 5.5-6).

Los jóvenes de la comunidad se levantaron y se llevaron el cuerpo de Ananías y lo enterraron antes de que Safira supiera lo que había sucedido. Cuando ella llegó para encontrarse con Pedro, esperaba una palabra de agradecimiento.

Pedro le dio la oportunidad de salir bien.

—Dime —le preguntó Pedro—, ¿vendieron ustedes el terreno por tal precio? (Hechos 5.8).

Vamos, Safira, di la verdad. Tienes la oportunidad de hacerlo. Si lo haces, podrás vivir para contarlo. Ella no lo hizo.

—Sí —dijo ella—, por tal precio. (v. 8).

Pedro lo rechaza con un movimiento de cabeza.

—¿Por qué se pusieron de acuerdo para poner a prueba al Espíritu del Señor? —le recriminó Pedro—. ¡Mira! Los que sepultaron a tu esposo acaban de regresar y ahora te llevarán a ti (v. 9).

Mientras llevan a Safira a reunirse con su esposo en el cementerio, nosotros también movemos la cabeza. ¿Nos atrevemos a decir en voz alta lo que nos estamos preguntando mentalmente? ¿Nos atrevemos a preguntar lo que todos estamos pensando? Bueno, ya que nadie lo hace, lo haré yo.

¿Era esto realmente necesario? Quiero decir, Ananías y Safira merecían un castigo, sin duda. Quizá un castigo severo. ¿Pero *la pena de muerte*? ¿Se corresponde el castigo con el crimen? Lo que hicieron fue malo. ¿Pero fue *tan* malo?

En ese mismo instante ella cayó muerta a los pies de Pedro. Entonces entraron los jóvenes y, al verla muerta, se la llevaron y le dieron sepultura al lado de su esposo. Y un gran temor se apoderó de toda la iglesia y de todos los que se enteraron de estos sucesos (Hechos 5.10-11).

5. Lee el resto de la historia en Hechos 5.7-11. ¿En qué forma le dio Pedro a Safira la oportunidad de decir la verdad? ¿Por qué piensas que Safira persistió en la mentira?

____

____

____

6. Pedro le dijo a Ananías que había mentido al Espíritu Santo. ¿Qué le dijo a Safira que había hecho? ¿Qué crees que quiso decir con esto?

____

____

____

¿Por qué se pusieron de acuerdo para poner a prueba al Espíritu del SEÑOR? (Hechos 5.9).

7. De acuerdo con lo que lees sobre la iglesia primitiva en Hechos 4.32-37, ¿por qué crees que Satanás trató de tentar a algunos de los miembros a pecar contra otros miembros? ¿Por qué crees que fue importante para Pedro lidiar rápidamente con la situación?

____

____

____

8. En tu opinión, ¿se ajusta el castigo al crimen? ¿Por qué piensas que Dios decidió castigar a Ananías y Safira con la muerte?

____

____

____

Los creyentes en la iglesia primitiva «eran de un solo sentir y pensar [...]. La gracia de Dios se derramaba abundantemente sobre todos ellos» (Hechos 4.32-33). Cada día más y más personas se unían al cuerpo de Cristo y experimentaban el poder transformador de Dios en nuevas y profundas maneras (ver Hechos 2.41-47). La salvación estaba llegando a los perdidos, se estaba cuidando a los necesitados y había una gran unidad de propósito entre los primeros creyentes. Dado esto, no es de extrañar que Satanás

Los apóstoles enseñaban a la gente y proclamaban la resurrección, que se había hecho evidente en el caso de Jesús (Hechos 4.2).

Se mantenían firmes en la enseñanza de los apóstoles, en la comunión, en el partimiento del pan y en la oración. Todos estaban asombrados por los muchos prodigios y señales que realizaban los apóstoles. Todos los creyentes estaban juntos y tenían todo en común (Hechos 2.42-44).

tratara de romper la unidad en ese compañerismo. En Ananías y Safira encontró a dos personas en quienes la gracia de Dios no estaba trabajando con poder. Y esto no ocurrió porque esa gracia no estuviera disponible para ellos, sino porque no la habían recibido. La lección de sus vidas nos revela que, para *dar* generosamente, primero tenemos que *recibir* generosamente, recibir de la gracia de Dios.

Verdades para recordar

- ❖ Cuando mentimos, tenemos que recordar que también le estamos mintiendo a Dios y al Espíritu Santo.
- ❖ Enfrentar rápidamente nuestros errores y no encubrirlos evita que el cuerpo de Cristo se haga complaciente con el pecado y muestra que Dios no tolera la hipocresía ni el engaño.
- ❖ El don de la gracia, que recibimos mediante la fe en Jesús, nos permite librarnos de la culpa del pecado, vivir generosamente y permanecer unidos en el servicio a Dios.

Oración para hoy

Satanás mismo se disfraza de ángel de luz (2 Corintios 11.14).

Señor: Perdónanos cuando nos alejamos de tu corazón y de tu mente y creemos las mentiras del enemigo. Perdónanos cuando pecamos contra otros miembros de tu familia y producimos división en la iglesia en lugar de unidad. Queremos vivir basados en la gracia que nos has dado, gracia que es poderosa para obrar en nosotros de modo que podamos ser generosos al dar a los demás. Amén.

Día tres: Engaño mortal

Ponerse una máscara

Si alguien ama al mundo, no tiene el amor del Padre (1 Juan 2.15).

Pensemos por un momento en la historia de Ananías y Safira. ¿Qué fue, exactamente, lo que hicieron? Para empezar, usaron la iglesia para autopromocionarse. Se aprovecharon de la familia de Dios para su beneficio personal. Intentaron convertir a una congregación en un escenario personal a través del cual poder pavonearse.

Hay una palabra bastante fuerte que Dios usa para referirse a tal comportamiento: *hipocresía*. Cuando Jesús la usaba, la gente se escabullía. Una vez arremetió contra los fariseos con este soplete: «Todo lo hacen para que la gente los vea [...]; se mueren por el lugar de honor en los banquetes y los primeros asientos en las sinagogas, y porque la gente los salude en las plazas y los llame "Rabí"» (Mateo 23.5-7).

Pero Jesús no se quedó ahí, sino que dijo todavía más: «¡Ay de vosotros, escribas y fariseos, hipócritas! porque cerráis el reino de los cielos delante de los hombres [...]; porque devoráis las casas de las viudas, y como pretexto hacéis largas oraciones; por esto recibiréis mayor condenación [...]; porque limpiáis lo de fuera del vaso y del plato, pero por dentro estáis llenos de robo y de injusticia» (v. 13-14, 25, RVR1960).

Después [...] Jesús dijo a la gente y a sus discípulos: «Los maestros de la ley y los fariseos tienen la responsabilidad de interpretar a Moisés. Así que ustedes deben obedecerlos y hacer todo lo que les digan. Pero no hagan lo que hacen ellos, porque no practican lo que predican» (Mateo 23.1-3).

Jesús nunca le había hablado a nadie con tanta intensidad, pero cuando vio a los religiosos hipócritas, perdió la compostura y los trató como lo que en realidad eran. «Cuando oren, no sean como los hipócritas, porque a ellos les encanta orar de pie en las sinagogas y en las esquinas de las plazas para que la gente los vea. Les aseguro que ya han obtenido toda su recompensa» (Mateo 6.5).

La definición funcional de *hipocresía* es «para que la gente los vea». La palabra griega para hipócrita, *hupokrites*, originalmente significa «actor». (Uno de los primeros usos que se hace de la palabra aparece en los escritos de Demóstenes, un orador griego del siglo IV A.C. que la utilizó para ridiculizar a uno de sus rivales que había sido un actor exitoso). Los actores del primer siglo usaban máscaras.

Profesan conocer a Dios, pero con sus acciones lo niegan (Tito 1.16).

Un hipócrita, entonces, es aquel que se pone una máscara, una cara falsa. Dios dice de ellos: «Este pueblo me honra con los labios, pero su corazón está lejos de mí. En vano me adoran; sus enseñanzas no son más que reglas humanas» (15.8-9).

1. Detengámonos en las palabras de Jesús en Mateo 23.1-12. ¿Qué semejanza encuentras entre Ananías y Safira y los fariseos y los líderes religiosos que Jesús describe en estos versículos? ¿Qué dijo Jesús que buscaban cuando hacían buenas obras?

____
____
____
____
____

Porque el que a sí mismo se enaltece será humillado, y el que se humilla será enaltecido (Mateo 23.12).

2. ¿De qué manera dijo Jesús que los fariseos y los líderes religiosos no practicaban lo que predicaban? ¿Basados en qué sabemos que esto también fue cierto en la iglesia primitiva, considerando el caso de Ananías y Safira?

____
____
____
____

3. Cuando Jesús se encontró con religiosos hipócritas, perdió la paciencia y los trató con excepcional dureza. ¿Por qué crees que reaccionó así?

Pero todo lo que la luz pone al descubierto se hace visible (Efesios 5.13).

¿Cómo crees que Jesús les estaba manifestando amor mientras apuntaba a la manera en que se estaban comportando con el pueblo de Dios?

Saca primero la viga de tu propio ojo, y entonces verás con claridad (Mateo 7.5).

4. Lee ahora Mateo 7.3-5. ¿En qué circunstancias te sientes tú más tentado a ponerte una máscara para mantener las apariencias como lo hicieron Ananías y Safira? Escribe una oración, pidiéndole a Dios que te libre de cualquiera tendencia a la hipocresía.

El encanto de la falsedad

En ti confían los que conocen tu nombre, porque tú, SEÑOR, jamás abandonas a los que te buscan (Salmos 9.10).

El pecado de Ananías y Safira no fue, en el fondo, quedarse con parte del dinero producto de la venta de la propiedad, sino tergiversar la verdad. Muchos de nosotros podemos entender su tentación, porque no confiamos en la verdad. Y podemos simpatizar con el tipo aquel que recibió una llamada telefónica de su esposa cuando ella estaba a punto de embarcarse de regreso a casa desde Europa.

—¿Cómo está mi gato? —preguntó ella.

—Muerto.

—Oh, cariño, no seas tan cruel para decirme las cosas. Debiste habérmelo dicho en forma suave y de a poco. Me has arruinado el viaje.

—¿Qué quieres decir?

—Bueno, podrías haberme dicho que el gato estaba en el tejado. Entonces cuando te llamé desde París, podrías haberme dicho que se notaba un poco retardado en el caminar. Luego, cuando te llamé desde Londres, podrías haberme dicho que lo notabas enfermo, y cuando te llamé desde Nueva York, podrías haberme dicho que habías tenido que llevarlo al veterinario. Y cuando llegué a casa, podrías haberme dicho que el pobre había muerto.

El esposo nunca había tenido que someterse a tal protocolo, pero como estaba dispuesto a aprender, le dijo: —Está bien. Lo haré mejor la próxima vez.

—Por cierto —le preguntó su esposa—. ¿Cómo está mamá?

Hubo un largo silencio.

—¡Oh! ¿Tu mamá? Está en el tejado.

La luz vino al mundo, pero la humanidad prefirió las tinieblas a la luz (Juan 3.19).

Lo cierto es que nuestro credo es, a menudo, *Conocerás la verdad, y la verdad te va a doler*. Nuestra aversión por la verdad comenzó cuando mamá entró a nuestra habitación y nos preguntó: «¿Tú le pegaste a tu hermanito?».

Sabíamos en ese momento que reconocer la verdad tendría sus consecuencias. Así que aprendimos a... Ehh... Bueno, no es realmente mentir... Aprendimos a *encubrir* las cosas. «¿Qué si yo le pegué a mi hermanito? Bueno, todo depende de cómo se interprete la palabra *golpear*. Seguro que entré en contacto con él, pero no creo que un juez llegue a considerar esto pegar. Todo es relativo, ¿sabes?».

Desde pequeños aprendemos que la verdad no es divertida; por eso, la evitamos. Queremos caerle bien al jefe, entonces lo adulamos. A eso, Dios lo llama mentira. Queremos que los demás nos admiren, entonces exageramos. A eso lo llamamos estirar la verdad. Para Dios eso es una mentira. Queremos que la gente nos respete, entonces vivimos en casas que no podemos pagar. A eso lo llamamos *el estilo americano*. Dios lo llama mentira.

Nunca Jeremías fue más profeta que cuando dijo: «Nada hay tan engañoso como el corazón» (Jeremías 17.9). Y ese engaño, como lo muestra la historia de Ananías y Safira, siempre conduce a desafortunadas consecuencias.

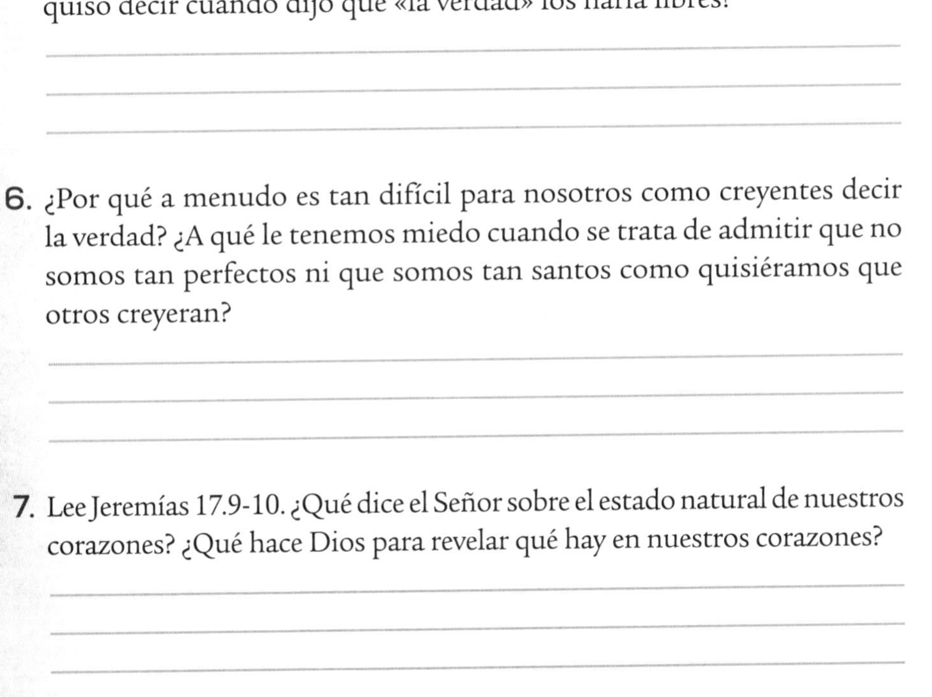

5. Lee Juan 8.31-32. ¿A quién se dirigía Jesús en estos versículos? ¿Qué quiso decir cuando dijo que «la verdad» los haría libres?

Jesús se dirigió entonces a los judíos que habían creído en él, y les dijo: «Si se mantienen fieles a mis enseñanzas, serán realmente mis discípulos; y conocerán la verdad, y la verdad los hará libres» (Juan 8.31-32).

6. ¿Por qué a menudo es tan difícil para nosotros como creyentes decir la verdad? ¿A qué le tenemos miedo cuando se trata de admitir que no somos tan perfectos ni que somos tan santos como quisiéramos que otros creyeran?

7. Lee Jeremías 17.9-10. ¿Qué dice el Señor sobre el estado natural de nuestros corazones? ¿Qué hace Dios para revelar qué hay en nuestros corazones?

Yo, el SEÑOR, sondeo el corazón y examino los pensamientos, para darle a cada uno según sus acciones (Jeremías 17.10).

8. Vamos ahora a Ezequiel 36.26. ¿Qué esperanza nos da este versículo cuando se manifiesta el estado engañoso de nuestros corazones? ¿Cómo has visto a Dios cumplir estas palabras en tu vida?

Les daré un nuevo corazón, y les infundiré un espíritu nuevo; les quitaré ese corazón de piedra que ahora tienen, y les pondré un corazón de carne (Ezequiel 36.26).

No tenemos que haber asistido a la Academia Juilliard para convertirnos en actores expertos, porque actuar es parte de nuestra naturaleza caída. Todos somos culpables por ponernos, de vez en cuando, la máscara de la inocencia, recitar unas cuantas líneas y usar el correspondiente atavío religioso. Nos quedamos sin aliento cuando escuchamos que otro pastor ha sido atrapado en un desliz. Nos burlamos del evangelista de la televisión sorprendido haciendo mal uso de las ofrendas. Negamos con la cabeza

Esta justicia de Dios llega, mediante la fe en Jesucristo, a todos los que creen. De hecho, no hay distinción, pues todos han pecado y están privados de la gloria de Dios, pero por su gracia son justificados gratuitamente mediante la redención que Cristo Jesús efectuó (Romanos 3.22-24).

cuando escuchamos que alguien ha sido atrapado en una mentira. «Estoy tan contento de no ser como *ese*», nos decimos a nosotros mismos. Pero la verdad es que *todos* somos hipócritas. Todos hemos engañado a otros al esconder nuestro pecado. Todos hemos adorado a Dios con la misma boca que juzga a otros. Mientras no reconozcamos quiénes realmente somos: pecadores necesitados de gracia, no dejaremos de luchar con el engaño. Mientras no adoptemos la mentalidad del recaudador de impuestos en la parábola de Jesús que dijo: «¡Oh Dios, ten compasión de mí, que soy pecador!» (Lucas 18.13), nunca experimentaremos la humildad que Dios desea que tengamos. Así que hoy, dejemos la actuación para Hollywood y aceptemos humildemente nuestro quebrantamiento. Porque cuando lo hagamos, tendremos corazones que honrarán a Dios.

Verdades para recordar

- ❖ A un hipócrita le interesa que los demás lo admiren y usará la mentira para guardar las apariencias.
- ❖ Podemos ser tentados a falsificar la verdad porque nos hace sentirnos mal y la honestidad puede tener consecuencias que no estemos dispuestos a aceptar.
- ❖ Si reconocemos nuestra necesidad de gracia y honestamente aceptamos que somos pecadores, podemos honrar a Dios en nuestros corazones.

Oración para hoy

De una misma boca salen bendición y maldición. Hermanos míos, esto no debe ser así (Santiago 3.10).

Señor: Gracias por amarnos tal como somos. Gracias porque no tenemos que ocultar nuestra propia verdad de ti y que tampoco podríamos si quisiéramos. Perdónanos por las veces que te adoramos con la misma boca con que maldecimos a otros. Danos corazones honestos y transparentes para que todo lo que hagamos te agrade. En el nombre de Jesús. Amén.

Día cuatro: La mentira lleva a la muerte

Fiel en lo poco

Cuando se entregan a alguien para obedecerlo, son esclavos de aquel a quien obedecen (Romanos 6.16).

Más de una vez escuché a alguien referirse a la historia de Safira y su esposo, Ananías, diciendo con una sonrisita nerviosa: «Me alegra que Dios ya no castigue con la muerte a las personas que mienten». Yo no estoy tan seguro de que no lo haga. A mí me parece que la paga de la mentira sigue siendo la muerte.

Quizá no sea la muerte del cuerpo. Pero puede conducir a la muerte de un matrimonio, porque las falsedades son termitas en el tronco del árbol de la familia. O la muerte de una conciencia, porque la tragedia de la segunda mentira es que siempre resulta más fácil decirla que la primera. O la muerte de una carrera. Solo pregunte al estudiante que fue expulsado por hacer trampa o al empleado que fue despedido por desfalco. O la muerte de la fe de uno. El lenguaje de la fe y el lenguaje de la falsedad tienen dos vocabularios diferentes. Aquellos que dominan el lenguaje de la falsedad encuentran muy difíciles de pronunciar términos como *confesión* y *arrepentimiento*.

Es ancha la puerta y espacioso el camino que conduce a la destrucción, y muchos entran por ella (Mateo 7.13).

También podríamos enumerar las muertes de amistades, confianza, paz, credibilidad y respeto a uno mismo. Pero tal vez la muerte más trágica que ocurre a partir de la mentira es nuestro testimonio. El tribunal no escuchará el testimonio de un testigo falso. Tampoco lo hará el mundo. ¿Crees que nuestros compañeros de trabajo creerán en nuestra palabra sobre Jesús si ni siquiera pueden creer cómo manejamos nuestra cuenta de gastos? Aún más importante, ¿crees que Dios nos va a usar como testigos si no decimos la verdad?

Cada equipo de fútbol americano de la escuela secundaria tiene un jugador cuya tarea es llevar la voz del entrenador al grupo. ¿Qué pasa si el jugador no dice la verdad? ¿Qué pasa si el entrenador ordena un pase, pero el mensajero trasmite una carrera? De una cosa podemos estar seguros: Ese jugador no durará mucho en esa posición de confianza. Dios dice que, si somos fieles con las cosas pequeñas, él nos confiará cosas más grandes (Mateo 25.21). ¿Puede él confiarte cosas pequeñas?

¡Hiciste bien, siervo bueno y fiel! En lo poco has sido fiel; te pondré a cargo de mucho más (Mateo 25.21).

1. Lee la parábola de los talentos en Mateo 25.14-30. ¿Qué representa el dinero que el amo dio a cada uno de sus siervos? ¿Qué esperaba el amo que los siervos hicieran con el dinero?

___

___

___

A uno le dio cinco mil monedas de oro, a otro dos mil y a otro solo mil, a cada uno según su capacidad (Mateo 25.15).

2. Observa que el amo dio al primer siervo más de lo que dio al segundo. ¿Qué le dijo a cada uno de los siervos? ¿Qué nos dice esto acerca de cómo Dios espera que usemos los dones y las habilidades que nos ha dado?

___

___

___

Su señor le respondió: «¡Hiciste bien, siervo bueno y fiel!» (Mateo 25.21).

3. ¿Por qué el amo llamó al tercer siervo perezoso y malvado? ¿Por qué no se alegró de que el tercer siervo guardara el dinero?

___

___

___

Pues debías haber depositado mi dinero en el banco, para que a mi regreso lo hubiera recibido con intereses (Mateo 25.27).

Porque a todo el que tiene, se le dará más, y tendrá en abundancia (Mateo 25.29).

4. El amo dijo al primero y al segundo siervo: «¡Hiciste bien, siervo bueno y fiel! En lo poco has sido fiel; te pondré a cargo de mucho más» (vv. 21, 23). ¿Qué nos dice esto sobre lo que Dios espera cuando se trata de decir la verdad? ¿Por qué no existe tal cosa como una «mentirita»?

Enfrentar la verdad de la música

Se cuenta la historia de un supuesto músico que, a pesar de no saber tocar ningún instrumento, logró que lo aceptaran en la orquesta del emperador de China. Durante los ensayos y durante las presentaciones públicas, el hombre sostenía una flauta pegada a los labios, pretendiendo tocar, pero sin emitir ningún sonido. Recibía un salario modesto y disfrutaba de una vida cómoda.

Un día, el emperador pidió a cada músico que interpretara algo. El supuesto flautista entró en pánico. No tenía suficiente tiempo como para aprender a tocar el instrumento. Fingió estar enfermo, pero el médico real no certificó su supuesta enfermedad. El mismo día en que tenía que tocar algo para el emperador, se suicidó. La explicación de su suicidio se puede encontrar en la frase: «No pudo con la verdad de la música».

Dejando la mentira, hable cada uno a su prójimo con la verdad, porque todos somos miembros de un mismo cuerpo (Efesios 4.25).

La cura para el engaño es simplemente *enfrentar la verdad de la música.* Di la verdad. Algunos estamos viviendo en el engaño; en las sombras. Las mentiras de Ananías y Safira resultaron en su muerte... y también en la nuestra. Algunos de nosotros hemos enterrado un matrimonio, partes de una conciencia e incluso partes de nuestra fe, todo porque no dijimos la verdad.

¿Estás en un dilema, preguntándote si deberías decir la verdad o no? Las preguntas que te deberías hacer son: *¿Bendecirá Dios mi engaño? ¿Bendecirá, quien odia las mentiras, una estrategia basada en mentiras? ¿Bendecirá el Señor, que ama la verdad, un negocio fundamentado en falsedades? ¿Honrará Dios la carrera de un manipulador? ¿Vendrá Dios en ayuda de un tramposo? ¿Bendecirá Dios mi deshonestidad?* Yo no lo creo.

Y si tú tampoco lo crees, entonces examina tu corazón. Hazte unas cuantas preguntas difíciles. *¿Estoy siendo completamente honesto con mi cónyuge e hijos? ¿Están mis relaciones marcadas por la sinceridad? ¿Cómo van las cosas en mi trabajo o en mi entorno escolar? ¿Soy honesto en mis tratos? ¿Soy un estudiante confiable? ¿Un contribuyente honesto? ¿Un testigo confiable?*

¿Dices siempre la verdad?

Si no, comienza hoy. No esperes hasta mañana. La onda de la mentira de hoy es la ola del mañana y la inundación del próximo año. Empieza hoy. Sé como Jesús. Di la verdad, toda la verdad, y nada más que la verdad.

Al que no tiene se le quitará hasta lo que tiene (Mateo 25.29).

5. ¿Cuáles fueron, en la parábola de los talentos, las consecuencias de la infidelidad del tercer siervo? ¿En qué manera has visto la

bendición de Dios en tu vida cuando has sido fiel en las cosas pequeñas?

6. Quizá la muerte más trágica que ocurre por la mentira sea la muerte de nuestro testimonio. ¿De qué manera has visto la hipocresía y el engaño en la iglesia rechazando a los incrédulos? ¿Qué tipo de daño hace esto cuando se trata de atraer personas a Jesús?

Estén siempre preparados para responder a todo el que les pida razón de la esperanza que hay en ustedes (1 Pedro 3.15).

7. Jesús habló con frecuencia sobre el poder de la verdad. ¿Qué dijo en los siguientes versículos sobre lo que es la verdad y cómo deberíamos hacerla guía de nuestras vidas?

Juan 8.32: «Y conocerán la verdad, y la verdad los hará libres».

Juan 14.6: «Yo soy el camino, la verdad y la vida —le contestó Jesús—. Nadie llega al Padre sino por mí».

Juan 16.13: «Pero, cuando venga el Espíritu de la verdad, él los guiará a toda la verdad, porque no hablará por su propia cuenta, sino que dirá solo lo que oiga y les anunciará las cosas por venir».

Juan 17.17: «Santifícalos en la verdad; tu palabra es la verdad».

Juan 18.37: «Eres tú quien dice que soy rey. Yo para esto nací, y para esto vine al mundo: para dar testimonio de la verdad. Todo el que está de parte de la verdad escucha mi voz».

Con respecto a la vida que antes llevaban, se les enseñó que debían quitarse el ropaje de la vieja naturaleza, la cual está corrompida por los deseos engañosos (Efesios 4.22).

8. Lee Efesios 4.20-24. ¿Cómo podemos nosotros superar el problema de la mentira? ¿Cómo podemos despojarnos de nuestro yo anterior para vestirnos del nuevo yo, como Pablo nos instruye en este pasaje?

El Espíritu dice claramente que, en los últimos tiempos, algunos abandonarán la fe para seguir a inspiraciones engañosas y doctrinas diabólicas. Tales enseñanzas provienen de embusteros hipócritas, que tienen la conciencia encallecida (1 Timoteo 4.1-2).

Vivimos en un mundo tan retorcido por el enemigo que podemos llegar a ser insensibles al aguijón del engaño y de la mentira. Incluso podemos encontrarnos, sin darnos cuenta, diciendo mentiras y mentiritas sin que nuestra conciencia reaccione, «porque la tragedia de la segunda mentira es que siempre es más fácil de decir que la primera». La Escritura nos advierte sobre los falsos maestros que están llenos de hipocresía y que tienen la conciencia «encallecida» (1 Timoteo 4.2). Cuanto más nos alejamos de la verdad, cuanto más cómodos nos sentimos con las mentiras, y nuestros ojos más se adaptan a la oscuridad, y nuestras conciencias más se encallecen. Huyamos del padre de la mentira y corramos hacia el Padre de la verdad. Mantengámonos «firmes, ceñidos con el cinturón de la verdad, protegidos por la coraza de justicia» (Efesios 6.14). Y a medida que llenamos nuestras mentes y corazones con la verdad de Dios, se desbordará a través de nuestros labios y nuestras acciones. «Porque de lo que abunda en el corazón habla la boca» (Lucas 6.45).

VERDADES PARA RECORDAR

- ❖ La mentira conduce a la muerte, de una forma u otra, y termina destruyendo nuestro testimonio por Jesús.
- ❖ Decir la verdad es parte de ser fiel en las cosas pequeñas que Dios demanda de nosotros y que lo lleva a encomendarnos cosas mayores.
- ❖ La cura para la mentira es decir la verdad, sabiendo que Dios odia la mentira, pero honra a quienes poseen un corazón honesto.

ORACIÓN PARA HOY

Señor: Examina nuestros corazones hoy y revela cualquier área en nuestra vida donde no estemos siendo completamente honestos en nuestro proceder. Ayúdanos a decir siempre la verdad sin importar las dificultades que pudiéramos ver. Sabemos que solo a través de ti nuestros corazones permanecerán limpios y centrados en tu verdad. Amén.

Día cinco: Una solemne advertencia para nosotros

Un Dios celoso

Los juicios de Dios nunca han sido un problema para mí. De hecho, siempre me han parecido correctos. ¿Fuego y azufre sobre Sodoma y Gomorra? Buen trabajo, Dios. ¿Los egipcios tragados en el Mar Rojo? Se lo merecían. ¿Cuarenta años vagando por el desierto para aflojar los cuellos rígidos de los israelitas? Yo habría hecho lo mismo. ¿Ananías y Safira? *Seguro.*

Son puestas como escarmiento, al sufrir el castigo de un fuego eterno (Judas 1.7).

La historia de la pareja es una advertencia solemne para nosotros. Hasta este punto, en la iglesia primitiva todos habían sido días de gloria. Milagros, sermones, bautismos y crecimiento. El Libro de Hechos, buenos frutos y fanfarria... hasta Ananías y Safira. Cuando esta pareja decidió quedarse con lo que le pertenecía a Dios, el viejo problema del pecado entró en la ecuación.

En materia de confianza, Dios es celoso. No nos *pide* que confiemos en él, ni lo *sugiere* ni lo *recomienda.* Lo *exige.* Su mensaje sin ambages es claro: «Confía en mí y solo en mí». Sobre este tema de fe, Dios es serio. Muy serio.

No tengas otros dioses además de mí (Éxodo 20.3).

Los israelitas habían descubierto esta verdad siglos antes, cuando Dios los condujo a la tierra prometida. La primera parada fue Jericó, donde el Señor derribó milagrosamente las murallas de la ciudad. Pero junto con el milagro, le dio al pueblo una orden: «No vayan a tomar nada de lo que ha sido destinado al exterminio para que ni ustedes ni el campamento de Israel se pongan en peligro de exterminio y de desgracia. El oro y la plata y los utensilios de bronce y de hierro pertenecen al Señor: colóquenlos en su tesoro» (Josué 6.18-19).

La instrucción no podía ser más clara. No toquen nada. Ni los collares de oro, ni los medallones de bronce, tampoco los adornos ni las baratijas. Ninguna joya de los jericoenses. Esto es muy serio. Sin embargo, un israelita de nombre Acán vio algunas cosas en el botín que le parecieron irresistibles y se olvidó de la orden de Dios. Las tomó para sí y las escondió, las enterró en el suelo de su tienda.

Los israelitas desobedecieron al SEÑOR conservando lo que él había decidido que fuera destinado a la destrucción [...], Acán, guardó para sí parte del botín (Josué 7.1).

Dios no se tardó en castigar la desobediencia de Acán. La disciplina fue terrible. Josué, satisfecho con la victoria de Jericó, supuso que conquistar la pequeña ciudad de Hai sería «pan comido». Pero las cosas no resultaron así. Los habitantes de Hai se les plantaron y los israelitas tuvieron que salir huyendo, desalentados, derrotados y hechos una calamidad. No fue que el ejército de Hai fuera formidable. El problema estaba en el campamento de Israel. Dios le dijo a Josué, en pocas palabras, que buscara la manzana podrida antes que echara a perder todo el canasto.

El ejército israelita [...] fue perseguido desde la puerta de la ciudad hasta las canteras. Allí, en una pendiente, fueron vencidos (Josué 7.5).

Todos los israelitas apedrearon a Acán y a los suyos (Josué 7.25).

El juicio fue rápido y el castigo ejemplar. Acán y su familia fueron ejecutados públicamente y sus posesiones quemadas. En el lugar de la ejecución se levantó un monumento a modo de advertencia para que nadie repitiera el error de Acán. Aquel fue un día solemne en Gilgal.

Acán le replicó: [...] Vi en el botín un hermoso manto de Babilonia, doscientas monedas de plata y una barra de oro [...] y me apropié de ellos (Josué 7.20-21).

1. Lee Josué 7.1-26. ¿Cuál es la similitud entre el pecado de Acán y el de Ananías y Safira? ¿En qué manera su confesión fue diferente?

2. Ananías y Safira eran parte de la iglesia de primera generación. Acán era parte de la nueva generación de Israel. ¿Qué parecido encuentras entre estas dos instancias?

3. ¿Cuál fue el resultado del pecado de Acán? ¿A quién o a quiénes afectó? ¿De qué manera los pecados de Safira y Ananías también afectaron más que a ellos mismos?

Josué exclamó: «¿Por qué has traído esta desgracia sobre nosotros? ¡Que el SEÑOR haga caer sobre ti esa misma desgracia!» (Josué 7.25).

4. La nueva iglesia y el nuevo Israel estaban en su infancia y tenían pasión por seguir a Dios, pero también eran susceptibles a engaño, división y pecado. Sabiendo esto, ¿por qué crees que Dios castigó a Ananías, Safira y Acán con tanta severidad y de forma tan pública?

RICO EN LA ETERNIDAD

Tengan, pues, cuidado de hacer lo que el SEÑOR su Dios les ha mandado; no se desvíen (Deuteronomio 5.32).

Acán en Gilgal. Ananías y Safira en Jerusalén. Sus tumbas nos recuerdan: *¡cuidado!* Por nuestro propio bien, no podemos poner nuestra confianza en las cosas. Como le dijo Pablo a Timoteo: «A los ricos de este mundo, mándales que no sean arrogantes ni pongan su esperanza en las riquezas, que son tan inseguras, sino en Dios, que nos provee de todo en abundancia para que lo disfrutemos» (1 Timoteo 6.17).

Recompensa de la humildad y del temor del SEÑOR son las riquezas, la honra y la vida (Proverbios 22.4).

Los «ricos en este mundo». Estos somos tú y yo. Si tienes suficiente educación como para leer esta página, suficientes recursos como para comprar este libro, puedes calificar como una persona próspera. Y eso está bien. La prosperidad es una consecuencia común de la fidelidad (anda a

Proverbios 22.4). Pablo no les dijo a los ricos que se sintieran culpables por ser ricos. Les dijo que tuvieran cuidado.

¿Por qué? La historia de Ananías y Safira nos dice la razón: *nada engendra más fracaso que el éxito*. El dinero es solo una condición a corto plazo. La abundancia o la falta de dinero es algo que aplica solo a esta vida; por eso, no podemos enredarnos en esto.

Al orgullo le sigue la destrucción; a la altanería, el fracaso (Proverbios 16.18).

Imagina que vivías en el sur de Estados Unidos durante la Guerra Civil y que tenías grandes sumas de dinero acumulado. Al darte cuenta de que el ejército confederado del Sur perdería la guerra, previste que corrías el peligro de que todo ese dinero quedara totalmente sin valor. ¿Qué harías, entonces? Con un buen sentido común, te desharías rápidamente de tu dinero cambiándolo por el que se impondría después que el ejército del Norte ganara, y te prepararías para el fin de la guerra.

¿Estás invirtiendo en el dinero del cielo? La economía mundial se está hundiendo. Tu billetera está llena de papel que pronto carecerá de valor. El dinero de este mundo no valdrá nada cuando mueras o cuando regrese Cristo; ambas cosas podrían suceder en cualquier momento. Si acumulas tesoros terrenales, ¿qué dice eso acerca de dónde estás depositando tu confianza?

El mundo se acaba con sus malos deseos, pero el que hace la voluntad de Dios permanece para siempre (1 Juan 2.17).

Pregúntate hoy con toda honestidad: *¿En quién confío? ¿En Dios o en el rey Más?* El rey Más es un gobernante engañoso. No satisface. Se corrompe; se pudre, pierde su valor; pasa de moda. De todas las promesas que hace, no puede mantener una sola. El rey Más romperá tu corazón.

¿Pero el Rey de reyes? Él no te dejará.

Mándales que hagan el bien, que sean ricos en buenas obras, y generosos, dispuestos a compartir lo que tienen. De este modo atesorarán para sí un seguro caudal para el futuro y obtendrán la vida verdadera (1 Timoteo 6.18-19).

5. Lee 1 Timoteo 6.17-19. ¿Cuáles son los mandamientos de Dios para los ricos de este mundo? ¿Qué deberían hacer si acatan estos mandamientos de acuerdo con el v. 19?

6. Pablo dice que aquellos que son ricos en buenas obras «atesorarán para sí un seguro caudal para el futuro y obtendrán la vida verdadera» (v. 19). ¿Cuál es la diferencia entre la vida en esta tierra y «la vida que es verdaderamente vida»? ¿Qué tipo de vida pretendían Ananías y Safira?

7. ¿Qué dicen los siguientes pasajes de la Escritura que debemos hacer para acumular riquezas en el cielo? ¿Cómo estamos aplicando estas verdades a nuestra vida?

Mateo 6.19-21: «No acumulen para sí tesoros en la tierra, donde la polilla y el óxido destruyen, y donde los ladrones se meten a robar. Más bien, acumulen para sí tesoros en el cielo, donde ni la polilla ni el óxido carcomen, ni los ladrones se meten a robar. Porque donde esté tu tesoro, allí estará también tu corazón».

Mateo 19.21: «Si quieres ser perfecto, anda, vende lo que tienes y dáselo a los pobres, y tendrás tesoro en el cielo. Luego ven y sígueme».

Hechos 20.35: «Con mi ejemplo les he mostrado que es preciso trabajar duro para ayudar a los necesitados, recordando las palabras del Señor Jesús: "Hay más dicha en dar que en recibir"».

Colosenses 3.1-2: «Ya que han resucitado con Cristo, busquen las cosas de arriba, donde está Cristo sentado a la derecha de Dios. Concentren su atención en las cosas de arriba, no en las de la tierra».

8. ¿Crees que sea posible que des todas tus posesiones terrenales motivado por sentimientos totalmente puros y sin ningún vestigio de hipocresía como fue el caso de Safira? Si tu respuesta es afirmativa ¿cómo lo harías? Escribe una explicación.

Como el cuerpo sin el espíritu está muerto, así también la fe sin obras está muerta (Santiago 2.26).

Al final, ¿qué vamos a hacer con la historia de Ananías y Safira? Sin duda alguna, el punto no es evitar ser hipócritas a través de dejar de hacer buenas obras, porque como Santiago lo dice, «la fe sin obras es estéril» (Santiago 2.20). Y algunas obras, tales como la benevolencia o la enseñanza, deberían ser vistas por otros para que tengan un impacto. Entonces, seamos claros: hacer algo bueno es bueno. Hacer el bien para ser visto, no lo es. De hecho, hacer el bien para ser visto es una seria ofensa. Aquí está el por qué.

La hipocresía aleja a las personas de Dios. Cuando algún alma hambrienta de Dios entra a una iglesia en cuya congregación hay aspirantes a superestrellas, ¿qué ocurre? Cuando los que están buscando a Dios ven cantantes exhibiéndose como si estuvieran en un casino de Las Vegas; o cuando escuchan a un predicador de un verbo resbaladizo, traje y peinado ostentosos entreteniendo a la gente y excluyendo a Dios; cuando otros miembros de la iglesia visten para ser vistos y ponen su dinero en el plato de la ofrenda de manera que todos lo vean; cuando la gente entra a una iglesia para ver a Dios pero no lo pueden ver porque los «adoradores» no se lo permiten, no pienses ni por un segundo que Dios se va a mantener impasible.

Ustedes son la sal de la tierra. Pero, si la sal se vuelve insípida, ¿cómo recobrará su sabor? Ya no sirve para nada, sino para que la gente la deseche y la pisotee (Mateo 5.13).

«Cuídense de no hacer sus obras de justicia delante de la gente para llamar la atención. Si actúan así, su Padre que está en el cielo no les dará ninguna recompensa» (Mateo 6.1). La hipocresía vuelve a las personas contra Dios. Y Dios tiene una política de no tolerancia. Deja que los cuerpos fríos y sin vida de Safira y su esposo emitan su advertencia. Tomemos la hipocresía tan en serio como la toma Dios.

¿Cómo hacerlo? Primero, *no esperando crédito por tus buenas acciones.* Esto significa que, si nadie nota lo bueno que hiciste, no te decepciones. Y si alguien lo nota, dale el crédito a Dios. Puedes probar tus motivos haciéndote esta pregunta: *Si nadie llegara a saber el bien que hago, ¿lo haría de todos modos?* Si la respuesta es no, sabrás que lo que estás haciendo, es para que te vean los demás.

Una segunda forma de evitar la hipocresía es *dar ayuda en dinero en forma anónima.* Eso anulará lo falso dentro de ti. A todos nos gusta que se nos vea ganándolo, y a todos nos gusta que nos vean dándolo. Pero Jesús dice: «Cuando des a los necesitados, que no se entere tu mano izquierda de lo que hace la derecha» (Mateo 6.3).

Una tercera forma de evitar la hipocresía es *no fingir espiritualidad.* Cuando vayas a la iglesia, no selecciones un asiento destacado para que todos te vean, ni cantes para que los demás digan qué lindo cantas. Si levantas las manos para adorar, hazlo en santidad, no en exhibición. Y cuando hables, no uses términos difíciles ni términos religiosos rebuscados. Nada huele más mal que un «alabado sea el Señor» falso, un «aleluya» que sale de los dientes para afuera o un «gloria a Dios» que sale de las vísceras y no del corazón.

Y al orar, no hablen solo por hablar como hacen los gentiles, porque ellos se imaginan que serán escuchados por sus muchas palabras (Mateo 6.7).

La conclusión es esta: no hagas de tu fe una obra de teatro. «¡Mírenme a mí! ¡Mírenme!», está bien en un salón de espectáculos, no en el reino de Dios. Así es que silenciemos las trompetas. Cancelemos los desfiles. Basta con el nombre. Si los elogios llegan, agradécelos cortésmente y antes que creas en ellos, quítalos de tu vista. Mata el deseo de ser visto. Atiza en ti el deseo de servir a Dios.

Presta atención al consejo de Cristo: «Limpia primero por dentro el vaso y el plato, y así quedará limpio también por fuera» (Mateo 23.26). Preocúpate de lo interno y lo externo se cuidará solo. Lleva tus preocupaciones a Dios cada día, cada hora. Como escribió el salmista: «Examíname, oh Dios, y sondea mi corazón; ponme a prueba y sondea mis

Aunque por fuera nos vamos desgastando, por dentro nos vamos renovando día tras día (2 Corintios 4.16).

pensamientos. Fíjate si voy por mal camino, y guíame por el camino eterno» (Salmo 139.23-24).

Haz lo bueno, pero hazlo en silencio. No lo hagas solo para ser visto. Después de todo, como lo muestra la historia de Ananías y Safira, podemos ser demasiado buenos para nuestro propio bien.

Verdades para recordar

- Debido a que la hipocresía aleja a las personas de Dios, el Señor es intransigente en sus demandas para que confiemos en él y lo obedezcamos.
- Nuestro pecado no solo tiene consecuencias para nosotros, sino que también las tiene sobre las vidas y la fe de los miembros de nuestra familia en la casa, en la iglesia y en la comunidad.
- Podemos invertir nuestra confianza en las riquezas temporales de este mundo y perderlo todo, o podemos invertirla en la fidelidad de Dios para la eternidad y la vida para siempre.

Oración para hoy

Señor: Perdónanos cuando ponemos nuestra esperanza en algo o alguien aparte de ti. Vivir para los placeres y las atenciones de este mundo no nos trae una vida verdadera. Tú eres la vida verdadera. Tú eres el real tesoro. Te amamos, Señor. Amén.

Versículo de la semana para memorizar

Humíllense delante del Señor, y él los exaltará.

SANTIAGO 4.10

Para lectura adicional

Las selecciones a lo largo de esta lección fueron tomadas de *Como Jesús* (Nashville: Grupo Nelson, 1999); *Cuando Dios susurra tu nombre* (Nashville: Grupo Nelson, 1995); *Más allá de tu vida* (Nashville: Grupo Nelson: 2010); *Días de gloria* (Nashville: Grupo Nelson, 2015).

Diez mujeres *de* la Biblia

GUÍA PARA EL LÍDER

Gracias por tu disposición a conducir un grupo a través de *Diez mujeres de la Biblia*. Los beneficios de ser un líder son diferentes de los beneficios que reciben los que participan, y esperamos que esta experiencia te ayude a profundizar tu caminar con Jesús. A lo largo de las diez lecciones que componen este estudio, ayudarás a tu grupo a explorar las vidas de diez personajes fascinantes de la Biblia a través de lecturas inspiradoras escritas por Max Lucado, de preguntas para debatir en grupo que les harán reflexionar y a través de ejercicios prácticos para llevar a casa. Hay varios elementos en esta guía del líder que te ayudarán a medida que estructuras tu estudio y reflexionas sobre él, de modo que te animo a seguir y beneficiarte de cada uno.

Antes de comenzar

Antes de tu primera reunión, haz que los participantes del grupo obtengan un ejemplar de *Diez mujeres de la Biblia* para que puedan empezar a familiarizarse con la guía de estudio y escribir sus respuestas con anticipación. O alternativamente, puedes repartir las guías de estudio en tu primera reunión y dar a los miembros del grupo un tiempo para que revisen el material y hagan preguntas preliminares. Durante tu primera reunión, haz circular una hoja para que los miembros anoten sus nombres, números de teléfono y dirección de correo electrónico. Esta información te permitirá mantener el contacto con ellos durante la semana.

Generalmente, el tamaño ideal para un grupo es entre ocho y diez personas, lo que garantiza que todos tengan tiempo suficiente para participar en las discusiones. Si tienes más personas, puedes dividir el grupo principal en subgrupos más pequeños. Alienta a los que acuden a la primera reunión para que se comprometan a asistir en forma regular durante toda la duración del estudio. Esto ayudará a los miembros del grupo a conocerse, a crear estabilidad entre ellos a la vez que contribuirá a que sepan cómo prepararse cada semana.

Ten en cuenta que cada una de las sesiones comienza con una historia de apertura de Max Lucado que se enfoca en el personaje de la Biblia de esa semana. Las dos preguntas que siguen sirven como un rompehielos para que los miembros del grupo piensen en la persona y en el tema que se desarrollará. Seguramente habrá alguien que quiera contar una historia extensa en respuesta a una de estas preguntas, pero el objetivo es hacer que las respuestas y los comentarios sean breves. Lo ideal es que todos tengan la oportunidad de responder a lo menos una de estas preguntas de apertura por lo cual deberás darle a cada respuesta un máximo de un minuto. Si tienes en tu grupo uno o más miembros parlanchines adviérteles desde un comienzo lo limitado del tiempo del que dispondrán.

Ofrece a todos la oportunidad de responder, pero que nadie se sienta presionado a hacerlo si no lo desea. Cuando se esté en medio del estudio mismo, generalmente no es una buena idea que todos respondan a cada pregunta; es preferible un flujo libre de discusión. Pero con las preguntas rompehielos de la apertura, puedes ir ofreciendo la oportunidad a cada uno. Sin embargo, junto con alentar a las personas a que intervengan, que nadie se sienta forzado a hacerlo si no lo desea.

Antes de tu primera reunión, deja que los miembros del grupo sepan que las lecciones se dividen en cinco días de material de lectura. El objetivo al estructurar el material en este formato es alentar a los miembros del grupo a pasar tiempo cada día con la Palabra de Dios. Durante el tiempo de discusión los participantes deberán basarse en las respuestas que anotaron durante la semana; por lo tanto, anímalos a que siempre lleguen con sus tareas hechas. También invítalos a traer cualquier pregunta o idea que hayan descubierto mientras leían el material para la siguiente reunión, especialmente si han experimentado algún avance o si no entendieron algo.

Preparación semanal

Como líder, hay algunas cosas que debes hacer para prepararte para cada reunión:

❖ *Lee la lección completa.* Te ayudará a familiarizarte con el contenido y a saber cómo estructurar los tiempos de discusión.

❖ *Decide qué preguntas quieres que se discutan.* Como cada lección contiene cuarenta preguntas de estudio bíblico (ocho por día), sería muy difícil cubrir todas las preguntas; por eso, selecciona dos o tres en la lectura de cada día que te hayan parecido más relevantes. Somete esas a discusión.

❖ *Familiarízate con las preguntas que deseas someter a discusión.* Cuando el grupo se reúna, tú vas a estar mirando el reloj, por lo que querrás asegurarte de que estás familiarizado con las preguntas que has seleccionado. Entonces puedes volver a dedicar tiempo al pasaje con el grupo ya reunido. De esta forma, te asegurarás de que el pasaje lo tienes bien posesionado en tu mente, más de lo que lo tienen los integrantes del grupo.

❖ *Ora por tu grupo.* Ora por los miembros de tu grupo a lo largo de toda la semana y pídele a Dios que los guíe mientras estudian su Palabra.

❖ *Trae suministros adicionales a la reunión.* Los miembros deben traer sus propias plumas para escribir notas, pero es una buena idea tener algún material extra para los que lo olvidan. Es posible que también quieras traer papel y Biblias adicionales.

Ten en cuenta que en muchos casos no habrá una respuesta «correcta» para la pregunta. Las respuestas variarán, especialmente cuando se les pida a los miembros del grupo que compartan sus experiencias personales.

Forma de estructurar el tiempo para discusión

Tendrás que determinar con tu grupo la duración de cada sesión semanal y luego, sobre esa base, planificar tu tiempo. Por lo general, la mayoría de los grupos prefieren que sea entre sesenta y noventa minutos; en tal caso, puedes usar uno de los siguientes esquemas:

SECCIÓN	60 MINUTOS	90 MINUTES
BIENVENIDA (los alumnos llegan y se acomodan en la sala)	5 minutos	10 minutos
ROMPER EL HIELO (discusión de las dos preguntas de apertura)	10 minutos	15 minutos
DIÁLOGO (diálogo de las preguntas del estudio bíblico seleccionadas con anticipación)	35 minutos	50 minutos
ORACIÓN/CLAUSURA (oración en grupo y despedida)	10 minutos	15 minutos

En tu condición de líder, dependerá de ti controlar el tiempo y lograr que la dinámica del grupo no decaiga ni se aparte del plan preestablecido. Tendrás que ser muy estricto en esto de modo que tú y los estudiantes sean conscientes de que deben restringir su participación a los minutos de que dispongan. (Si vas a utilizar un temporizador, ten en cuenta que hay algunas buenas aplicaciones de teléfono para temporizadores que emiten un sonido suave y agradable en lugar de un ruido molesto). No te sientas presionado para cubrir todas las preguntas que has seleccionado si el grupo desarrolla una buena dinámica. Nuevamente, no es necesario pedir a cada uno que compartan sus opiniones; que lo hagan en forma espontánea los que lo deseen. Siempre hay en cualquier grupo individuos que prefieren callar o que son más lentos para reaccionar. Déjalos que trabajen las ideas en sus mentes. Puede ser una experiencia nueva para ellos. Solo haz una pregunta y deja que flote en el ambiente hasta que alguien rompa el silencio. Luego puedes decir: «Gracias. ¿Alguien más quiere opinar? ¿Qué vino a sus mentes cuando leyeron el pasaje?».

Dinámica de grupo

Dirigir un estudio a través de *Diez mujeres de la Biblia* demostrará ser altamente gratificante para ti y para los miembros de tu grupo. No obstante, eso no significa que no encontrarás algún tropiezo en el camino. Las discusiones pueden desviarse. Los miembros del grupo pueden no ser sensibles a las necesidades e ideas de los demás. Es posible que algunos no se sientan cómodos si se espera de ellos que se refieran a asuntos que les son desagradables. Otros podrán expresar comentarios que generen desacuerdos. Para ayudar a aliviar cualquier tensión que pudiera presentarse, ten en cuenta las siguientes reglas básicas:

- Cuando alguien plantee una pregunta o comentario que esté fuera del tema, puedes sugerir que se ocuparán de ello en otro momento o, si te parece, que se le dará atención de inmediato. Informa al grupo que harán un paréntesis para tratarlo.

- Si alguien hace una pregunta que no sabes cómo responderla, admítelo y sigue adelante. Siéntete en libertad de invitar al grupo a comentar preguntas que requieran experiencias personales.

- Si encuentras que una o dos personas dominan el tiempo de debate, dirige algunas preguntas a otros miembros del grupo. En el momento que creas más apropiado, pide a los miembros dominantes que te ayuden a promover el interés por hablar entre los más quietos. Que, al pedírselo, hazlo de tal manera que se sientan parte de la solución en lugar de parte del problema.

- Cuando ocurra un desacuerdo, alienta a los miembros del grupo a procesar el asunto con amor. Anima a los que están en lados opuestos a repetir lo que escucharon sobre el asunto en el otro lado, y luego invita a cada lado a evaluar si esa percepción es la más adecuada. Guía al grupo a examinar otros pasajes de la Escritura relacionados con el tema y busca puntos en común.

Cuando surja cualquiera de estos problemas, alienta a los miembros de tu grupo a que sigan el consejo de la Palabra: «Que se amen los unos a los otros» (Juan 13.34); «Si es posible, y en cuanto dependa de ustedes, vivan en paz con todos» (Romanos 12.18); y «Todos deben estar listos para escuchar, y ser lentos para hablar y para enojarse» (Santiago 1.19).